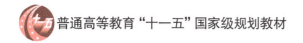 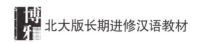

Boya Chinese

Advanced
Second Edition | 第二版

博雅汉语·高级飞翔篇

李晓琪　主编

金舒年　陈　莉　编著

图书在版编目(CIP)数据

博雅汉语.高级飞翔篇.Ⅲ/李晓琪主编;金舒年,陈莉编著.—2版.—北京:北京大学出版社,2020.10

(北大版长期进修汉语教材)

ISBN 978-7-301-31698-6

Ⅰ.①博⋯ Ⅱ.①李⋯②金⋯③陈⋯ Ⅲ.①汉语–对外汉语教学–教材 Ⅳ.① H195.4

中国版本图书馆CIP数据核字(2020)第188205号

书　　名	博雅汉语・高级飞翔篇 Ⅲ（第二版） BOYA HANYU・GAOJI FEIXIANGPIAN Ⅲ（DI-ER BAN）
著作责任者	李晓琪　主编　金舒年　陈　莉　编著
责任编辑	张弘泓　孙艳玲
标准书号	ISBN 978-7-301-31698-6
出版发行	北京大学出版社
地　　址	北京市海淀区成府路205号　100871
网　　址	http://www.pup.cn　新浪微博:@北京大学出版社
电子信箱	zpup@pup.cn
电　　话	邮购部 010-62752015　发行部 010-62750672　编辑部 010-62752028
印刷者	北京宏伟双华印刷有限公司
经销者	新华书店
	889毫米×1194毫米　16开本　18.5印张　405千字 2017年12月第1版 2020年10月第2版　2023年8月第2次印刷
定　　价	85.00元

未经许可,不得以任何方式复制或抄袭本书之部分或全部内容。
版权所有,侵权必究
举报电话:010-62752024　电子信箱:fd@pup.pku.edu.cn
图书如有印装质量问题,请与出版部联系,电话:010-62756370

第二版前言

2004年，《博雅汉语》系列教材的第一个级别——《初级起步篇》在北京大学出版社问世，之后其余三个级别《准中级加速篇》《中级冲刺篇》和《高级飞翔篇》也陆续出版。八年来，《博雅汉语》一路走来，得到了同行比较广泛的认同，同时也感受到了各方使用者的关心和爱护。为使《博雅汉语》更上一层楼，更加符合时代对汉语教材的需求，也为了更充分更全面地为使用者提供方便，《博雅汉语》编写组全体同人在北京大学出版社的提议下，于2012年对该套教材进行了全面修订，主要体现在：

首先，作为系列教材，《博雅汉语》更加注意四个级别的分段与衔接，使之更具内在逻辑。为此，编写者对每册书的选文与排序，生词的多寡选择，语言点的确定和解释，以及练习设置的增减都进行了全局的调整，使得四个级别的九册教材既具有明显的阶梯性，由浅入深，循序渐进，又展现出从入门到高级的整体性，翔实有序，科学实用。

其次，本次修订为每册教材都配上了教师手册或使用手册，《初级起步篇》还配有学生练习册，目的是为使用者提供最大的方便。在使用手册中，每课的开篇就列出本课的教学目标和要求，使教师和学生都做到心中有数。其他内容主要包括：教学环节安排、教学步骤提示、生词讲解和扩展学习、语言点讲解和练习、围绕本课话题的综合练习题、文化背景介绍，以及测试题和练习参考答案等。根据需要，《初级起步篇》中还有汉字知识的介绍。这样安排的目的，是希望既有助于教学经验丰富的教师进一步扩大视野，为他们提供更多参考，又能帮助初次使用本教材的教师从容地走进课堂，较为轻松顺利地完成教学任务。

再次，每个阶段的教材，根据需要，在修订方面各有侧重。

《初级起步篇》：对语音教学的呈现和练习形式做了调整和补充，强化发音训练；增加汉字练习，以提高汉字书写及组词能力；语言点的注释进行了调整和补充，力求更为清晰有序；个别课文的顺序和内容做了微调，以增加生词的重现率；英文翻译做了全面校订；最大的修订是练习部分，除了增减完善原有练习题外，还将课堂练习和课后复习分开，增设了学生练习册。

《准中级加速篇》：单元热身活动进行了调整，增强了可操作性；生词表中的英文翻译除了针对本课所出义项外，增加了部分常用义项的翻译；生词表后设置了"用刚学过的词语回答下面的问题"的练习，便于学生者进行活用和巩固；语言点的解释根据学生常出现的问题增加了注意事项；课文和语言点练习进行了调整，以更加方便教学。

《中级冲刺篇》：替换并重新调整了部分主副课文，使内容更具趣味性，词汇量的递增也更具科学性；增加了"词语辨析"栏目，对生词中出现的近义词进行精到的讲解，以方便教师和学习者；调整了部分语言点，使中高级语法项目的容量更加合理；加强了语段练习力度，增加了相应的练习题，使中高级语段练习更具可操作性。

《高级飞翔篇》：生词改为旁注，以加快学习者的阅读速度，也更加方便学习者查阅；在原有的"词语辨析"栏目下，设置"牛刀小试"和"答疑解惑"两个板块，相信可以更加有效地激发起学习者的内在学习动力；在综合练习中，增加了词语扩展内容，同时对关于课文的问题和扩展性思考题进行了重新组合，使练习安排的逻辑更加清晰。

最后，在教材的排版和装帧方面，出版社投入了大量精力，倾注了不少心血。封面重新设计，使之更具时代特色；图片或重画，或修改，为教材锦上添花；教材的色彩和字号也都设计得恰到好处，为使用者展现出全新的面貌。

我们衷心地希望广大同人都继续使用《博雅汉语》第二版，并与我们建立起密切的联系，希望在我们的共同努力下，打造出一套具有时代特色的优秀教材。

在《博雅汉语》第二版即将出版之际，作为主编，我衷心感谢北京大学对外汉语教育学院的八位作者。你们在对外汉语教学领域都已经辛勤耕耘了将近二十年，是你们的经验和智慧成就了本套教材，是你们的心血和汗水浇灌着《博雅汉语》茁壮成长，谢谢你们！我也要感谢为本次改版提出宝贵意见的各位同仁，你们为本次改版提供了各方面的建设性思路，你们的意见代表着一线教师的心声，本次改版也融入了你们的智慧。我还要谢谢北京大学出版社汉语编辑室，感谢你们选定《博雅汉语》进行改版，感谢你们在这么短的时间内完成《博雅汉语》第二版的编辑和出版！

李晓琪

2012年5月

第一版前言

语言是人类交流信息、沟通思想最直接的工具，是人们进行交往最便捷的桥梁。随着中国经济、社会的蓬勃发展，世界上学习汉语的人越来越多，对各类优秀汉语教材的需求也越来越迫切。为了满足各界人士对汉语教材的需求，北京大学一批长期从事对外汉语教学的优秀教师在多年积累的经验之上，以第二语言学习理论为指导，编写了这套新世纪汉语精品教材。

语言是工具，语言是桥梁，但语言更是人类文明发展的结晶。语言把社会发展的成果——固化在自己的系统里。因此，语言不仅是文化的承载者，语言自身就是一种重要的文化。汉语，走过自己的漫长道路，更具有其独特深厚的文化积淀，她博大、她典雅，是人类最优秀的文化之一。正是基于这种认识，我们将本套教材定名《博雅汉语》。

《博雅汉语》共分四个级别——初级、准中级、中级和高级。掌握一种语言，从开始学习到自由运用，要经历一个过程。我们把这一过程分解为起步——加速——冲刺——飞翔四个阶段，并把四个阶段的教材分别定名为《初级起步篇》（Ⅰ、Ⅱ）、《准中级加速篇》（Ⅰ、Ⅱ）、《中级冲刺篇》（Ⅰ、Ⅱ）和《高级飞翔篇》（Ⅰ、Ⅱ、Ⅲ）。全套书共九本，既适用于本科的四个年级，也适用于处于不同阶段的长、短期汉语进修生。这是一套思路新、视野广，实用、好用的新汉语系列教材。我们期望学习者能够顺利地一步一步走过去，学完本套教材以后，可以实现在汉语文化的广阔天空中自由飞翔的目标。

第二语言的学习，在不同阶段有不同的学习目标和特点。《博雅汉语》四个阶段的编写既遵循汉语教材的一般性编写原则，也充分考虑到各阶段的特点，力求较好地体现各自的特色和目标。

《初级起步篇》

运用结构、情景、功能理论，以结构为纲，寓结构、功能于情景之中，重在学好语言基础知识，为"飞翔"做扎实的语言知识准备。

《准中级加速篇》

运用功能、情景、结构理论，以功能为纲，重在训练学习者在各种不同情景中的语言交际能力，为"飞翔"做比较充分的语言功能积累。

《中级冲刺篇》

以话题理论为原则，为已经基本掌握了基础语言知识和交际功能的学习者提供经过精心选择的人类共同话题和反映中国传统与现实的话题，目的是在新的层次上加强对学习者运用特殊句型、常用词语和成段表达能力的培养，推动学习者自觉地进入"飞翔"阶段。

《高级飞翔篇》

　　以语篇理论为原则,以内容深刻、语言优美的原文为范文,重在体现人文精神、突出人类共通文化,展现汉语篇章表达的丰富性和多样性,让学习者凭借本阶段的学习,最终能在汉语的天空中自由飞翔。

　　为实现上述目的,《博雅汉语》的编写者对四个阶段的每一具体环节都统筹考虑,合理设计。各阶段生词阶梯大约为1000、3000、5000和10000,前三阶段的语言点分别为:基本覆盖甲级,涉及乙级——完成乙级,涉及丙级——完成丙级,兼顾丁级。《飞翔篇》的语言点已经超出了现有语法大纲的范畴。各阶段课文的长度也呈现递进原则:600字以内、1000字以内、1500~1800字、2000~2500字不等。学习完《博雅汉语》的四个不同阶段后,学习者的汉语水平可以分别达到HSK的3级、6级、8级和11级。此外,全套教材还配有教师用书,为选用这套教材的教师最大可能地提供方便。

　　综观全套教材,有如下特点:

　　针对性:使用对象明确,不同阶段采取各具特点的编写理念。

　　趣味性:内容丰富,贴近学生生活,立足中国社会,放眼世界,突出人类共通文化;练习形式多样,版面活泼,色彩协调美观。

　　系统性:词汇、语言点、语篇内容及练习形式体现比较强的系统性,与HSK协调配套。

　　科学性:课文语料自然、严谨;语言点解释科学、简明;内容编排循序渐进;词语、句型注重重现率。

　　独创性:本套教材充分考虑汉语自身的特点,充分体现学生的学习心理与语言认知特点,充分吸收现在外语教材的编写经验,力求有所创新。

　　我们希望《博雅汉语》能够使每个准备学习汉语的学生都对汉语产生浓厚的兴趣,使每个已经开始学习汉语的学生都感到汉语并不难学。学习汉语实际上是一种轻松愉快的体验,只要付出,就可以快捷地掌握通往中国文化宝库的金钥匙。我们也希望从事对外汉语教学的教师都愿意使用《博雅汉语》,并与我们建立起密切的联系,通过我们的共同努力,使这套教材日臻完善。

　　我们祝愿所有使用这套教材的汉语学习者都能取得成功,在汉语的天地自由飞翔!

　　最后,我们还要特别感谢北京大学出版社的各位编辑,谢谢他们的积极支持和辛勤劳动,谢谢他们为本套教材的出版所付出的心血和汗水!

李晓琪

2004年6月于勺园

lixiaoqi@pku.edu.cn

编写说明

《博雅汉语·高级飞翔篇》是由北京大学对外汉语教育学院教师编写、北京大学出版社出版的新世纪系列汉语精读课本《博雅汉语》中的高级本。本篇共有Ⅰ、Ⅱ、Ⅲ三册，前两册各10课，第三册8课，适合中等水平以上（相当于汉语水平考试五、六级）的汉语学习者使用。

本书于2004年第一次出版发行，这次修订，我们在多年使用的基础上，充分听取了使用者的意见和建议，本着便于教学和使用的原则，对部分内容和版式进行了调整，修改了原来教材中存在的一些问题，并替换了个别补充阅读的篇目。

在这里，我们觉得有必要再次强调本套教材的特点。汉语学习者在初、中等阶段，学习的一般都是编写者根据他们的水平编写或改写的语料，这样做的好处是教材很适合学习者的水平和需要，使他们学习起来得心应手。而具有中等以上水平的学习者，已经掌握了相当数量的词汇、汉语的基本语法结构及一般的表达方法，具有了比较高的听、说、读、写、译的能力和用汉语进行一般交际的能力，对中国社会和中国文化也有了一定程度的了解。他们迫切需要接触原汁原味的汉语语料，以进一步提高自己的阅读、理解和鉴赏能力，扩大并加深各方面的知识面和信息量。同时，《高等学校外国留学生汉语教学大纲》把对高级阶段学习者在阅读方面的教学目标规定为："能读懂生词不超过4%、内容较为复杂、语言结构较难的原文，并能较为准确地理解文章的深层含义。"并规定了相应的教学内容："学习反映当代中国社会生活和民族文化特点的多种题材、体裁、语体、风格的文章。""提高词语辨析和运用能力。""在语言表达上，由语段训练向语篇训练过渡，要求语言比较准确、得体。逐步注重相关的文化知识及语用知识的学习。"这些规定都表明，对高级水平的学生来说，能够在语言、文化等各个不同的层面上把握"中国人写给中国人看的东西"而非"中国人编给外国人看的东西"，应该是一个追求的目标。

鉴于高级阶段汉语学习者的特点和《高等学校外国留学生汉语教学大纲》的有关规定，我们在编写中，本着体现人文精神、突出人类共通文化的编写理念，以内容丰富深刻、语言典范优美的原文作为选择的对象，并注重所选语料的话题和体裁的多样性。在课文的编排上，既依据了先易后难、循序渐进的原则，同时也注意穿插安排各种内容、各种题材的文章，力求使学习者有丰富多彩的感觉，避免单一和乏味。

鉴于目前没有新的权威的词汇等级大纲的现状，在词汇方面，我们还是以《汉语水平词汇与汉字等级大纲》（以下简称《大纲》）为主要参考对象。《高级飞翔篇Ⅲ》把《大纲》中的丙级难词、丁级词以及超出《大纲》的词作为每一课的生词，并适当控制了超纲词的数量。对生词的解释主要依据的是《现代汉语词典》和《现代汉语规范词典》；为了便于学生理解,有些词语还加了英语翻译。同时,我们还增加了近义词辨析的内容,目的是帮助学习者更加准确地运用这些词汇,同时也是为了让这一水平的学习者培养起区别近义词的意识,从而更加准确、得体地使用汉语词汇。

我们把课文中出现的专门名称、方言、俗语、典故和有关中国文化风俗等内容列入"注释",并进行了简明扼要的解释。

在"语言点"这部分,我们解释并举例说明了课文中难用词语、句式的意义和语法;在有些地方,我们用"链接"的形式对这些词语或句式与相近的词语或句式进行解释或辨析,说明它们的相同或不同之处。另外,在每一个语言点的下面,我们都设计了若干个有语境的练习,使学习者在学完以后马上就能有实践的机会。

我们深知,输入的目的是为了更好地输出。所以,对于本册教材的练习,我们也进行了精心的设计。一方面提供了相当充足的习题量,另一方面也安排了丰富、新颖的练习形式。我们除了在"词语辨析"和"语言点"中设计了适当的练习以外,又把"综合练习"分为"词语练习"和"课文理解练习"两部分,并在本册中结合课文内容设计了由语段至语篇的循序渐进的练习过程。希望通过这些循序渐进的训练,有效提高学生的成段表达和语篇表达能力。这些练习并非要求学生全部完成,教师可以根据学生情况,有选择地要求学生完成其中的某些部分。

最后,为了扩充每一课的信息量,给学有余力的学习者提供课外学习的材料,同时也给教学留有余地,我们在本册每一课的最后都安排了"阅读与理解"。这部分所选用的文章也都是中文原作,并在文章的后面设计了相关的"阅读练习",学习者可以通过练习进一步加深对文章的理解,引发思考和讨论。

以上就是我们编写本册教材的思路和具体做法。我们深知,一套真正的好教材必须经得起时间和使用者的检验。这次我们根据自己的经验和使用者的意见进行了修订,我们还将怀着诚挚的心情继续等待着各位的宝贵意见和建议。

在这里,我们要向北京大学出版社汉语编辑室以及责任编辑张弘泓老师老师致以深切的感谢,他们的热情鼓励、积极支持和辛勤劳动为本册教材的修订再版提供了更好的保证。

很多使用过本教材第一版的北京外国语大学的老师和北京大学的老师在这次修订过程中给我们提出了宝贵的意见和建议;还有一些北京大学的研究生写出了以研究本教材为内容的毕业论文或课程报告,他们的意见对我们来说也有重要的参考价值。在此一并向以上这些老师和同学们表示衷心的、诚挚的感谢!

衷心希望更多的汉语教师喜欢和使用我们的教材,也衷心希望学习者通过学习我们的教材使自己的汉语水平更上一层楼,早日实现在汉语的广阔天空中自由飞翔的美好梦想!

编 者

目 录

页码	课文
1	1 网络颠覆了什么
27	2 中国城市大角力
65	3 中国社会发展的世界意义
93	4 保护城市生态刻不容缓
123	5 中国文化到底是什么样子的
167	6 论中国传统人生哲学的思想精华
213	7 安乐死是人道，还是合理谋杀
235	8 基因时代的恐慌与真相
264	附录一　词语索引
281	附录二　词语辨析索引
283	附录三　语言点索引

网络颠覆了什么

▶ 课前思考

1. 你喜欢上网吗？你经常利用网络做些什么？
2. 你对博客有兴趣吗？你知道哪些人有自己的博客？他们是怎样利用博客的？
3. 这篇文章讲述了网络对中国社会的影响。请你读一读，了解一下网络颠覆了中国人生活中哪些既定的规则。

课文

第一部分

突然之间,我们就进入了网络时代,网络成长得太快了,在很多人还没有反应过来的时候,它已经颠覆了我们生活中的某些既定的规则。

网络颠覆了含蓄

中国文化的特点之一是讲传承,重师承,敬长者,但网络却把这一切打个粉碎。远的不提,就看近的,从韩寒①和白烨②的斗争③中,我们可以看到网络的力量,传统印刷文化在网络文化面前不堪一击,老白的黯然退场反衬出了网络文化的喧嚣。中国文化讲究的是师徒终生,互相扶持,追求的是光大门楣,同气连枝。网络文化却可以说是最自我的文化,当你把自己的作品刊登在网络上,迎接各个层次、各个阶段、各位读者的评论时,你必须要有足够的自信和足够的承受力,你将一个人挑战全世界。在网络上,任何一个博客或者网名,一开始都是孤军奋战的,因为哪怕再多的托儿,在网坛④芸芸众生面前也只是一朵小小的浪花。狭路相逢勇者胜⑤,只有把最真实的自我表现出来,才可能赢得网民的尊重,因为在这个虚拟的世界里,最缺乏的永远都是真实。小韩意识到了这点,而老白却没有,仍把中国传统的道德挂到了网上,所以他败了,败在了网络手里。网络颠覆了传统文化中的含蓄、包容,他要求你张扬、自我。芙蓉姐姐⑥等的出名也恰恰证明了这点。

1	网络	wǎngluò	（名）	由各种设备相互连接组成的系统。(computer, telecom, etc.) network
2	颠覆	diānfù	（动）	翻倒。overturn, subvert（颠覆——推翻）
3	既	jì	（副）	已经。
4	含蓄	hánxù	（形）	（思想、感情）不轻易流露。reserved

网络颠覆了什么

5	传承	chuánchéng	（动）	传授和继承。inherit
6	师承	shīchéng	（名）	师徒相传的关系。
7	长者	zhǎngzhě	（名）	年纪和辈分都高的人。
8	不堪一击	bùkān-yìjī		堪：经得起。经不起一打。指力量十分薄弱。
9	黯然	ànrán	（形）	心里不舒服，情绪低落的样子。
10	退场	tuì chǎng		离开表演、比赛等的现场。
11	反衬	fǎnchèn	（动）	从反面来衬托。
12	喧嚣	xuānxiāo	（形）	声音杂乱，不清静。
13	扶持	fúchí	（动）	扶助支持。
14	光大	guāngdà	（动）	使荣耀、盛大。
15	门楣	ménméi	（名）	本指门框上面的横木，借指门第，整个家庭的社会地位和家庭成员的文化程度等。
16	同气连枝	tóngqì-liánzhī		比喻同胞兄弟。
17	博客	bókè	（名）	网络日记。Blog
18	孤军奋战	gūjūn-fènzhàn		没有援军，单独坚持战斗。比喻没有帮手独自坚持做事。
19	托儿	tuōr	（名）	〈方〉指从旁诱人受骗上当的人。
20	芸芸众生	yúnyún-zhòngshēng		芸芸：众多的样子；众生：泛指人类和一切动物。指众多的普通人。
21	浪花	lànghuā	（名）	波浪激起的四散的水，像许多花一样。
22	赢得	yíngdé	（动）	争取到；取得。（赢得——取得）
23	网民	wǎngmín	（名）	指互联网的用户。
24	虚拟	xūnǐ	（动、形）	①凭想象造出来。也指用技术手段模拟出真实的事物或场景。②虚拟出来的非现实的。
25	包容	bāoróng	（动）	接纳，宽容。
26	张扬	zhāngyáng	（动）	把隐秘的或不必让众人知道的事情声张出去；宣扬。

网络颠覆了忍让

　　中国的道德，无论出于儒家、道家还是佛家，都很推崇一个字：忍。中华民族这个苦难深重的民族，因忍惹来了各种灾难，也靠忍渡过了各种难关。忍者无敌，**多少看似**张扬的侵略者最后都被中国忍无可忍后爆发的强烈的民族力量所击退。中华民族引以为傲的就是这股厚积薄发的忍功。但网络上，却见不到一个忍字。无论是老叟还是毛孩子，都披上一件网名的外衣，把网络变成了快意恩仇的江湖⑦，没有谦虚，没有退让，一言不合即拔刀而上⑧。网络游戏里，争勇好斗的大侠永远是等级最高的。

27	忍让	rěnràng	（动）	容忍退让。
28	推崇	tuīchóng	（动）	推介并给予高度评价。
29	惹	rě	（动）	招引；引起（不好的事情）。
30	侵略者	qīnlüèzhě	（名）	侵犯别国的领土、主权的人。
31	忍无可忍	rěnwúkěrěn		再也不能忍受下去了。
32	引以为傲	yǐnyǐwéi'ào		为之感到骄傲。
33	厚积薄发	hòujī-bófā		厚积：充分积累。薄发：少量地慢慢地释放。形容积累丰富的学问而不轻易表现出来。
34	叟	sǒu	（名）	〈书〉年老的男人。
35	毛孩子	máoháizi	（名）	小孩儿，也指年轻无知的人。
36	快意	kuàiyì	（形）	心情爽快舒适。
37	江湖	jiānghú	（名）	旧时泛指四方各地。借指社会。
38	退让	tuìràng	（动）	后退，让步。
39	争勇好斗	zhēngyǒng-hàodòu		喜欢与人争斗。
40	大侠	dàxiá	（名）	旧时指有武艺、讲义气、肯舍己助人的人。

第二部分

网络颠覆了求稳心态

中国俗话总是说，聚沙成塔，做事要一步一个脚印⑨，工作要踏踏实实。但看看中国新生代的经济巨鳄⑩们，在网络泡沫中淘得第一桶金⑪的大有人在。他们通过自己的努力，抓住了时机，但对于中国传统来说，他们却颠覆了其中最重要的一点：求稳。网络时代是个探索新大陆的时代，冒险精神和骑士精神超越了稳健的作风。中国新一代的大亨们，就是用冒险来赢得了自己的未来。

41	心态	xīntài	（名）	心理状态。
42	聚沙成塔	jùshā-chéngtǎ		比喻积少成多。
43	新生代	xīnshēngdài	（名）	指新一代年轻人；新的一代。
44	泡沫	pàomò	（名）	聚在一起的许多小泡。比喻某一事物表面上看起来繁荣、兴旺而实际上没达到。
45	淘	táo	（动）	用器物盛颗粒状的东西，加水搅动，或放在水里摇动，使除去杂质。
46	大有人在	dàyǒu-rénzài		有很多人。
47	新大陆	Xīn Dàlù	（名）	美洲的别称。比喻新的领域、事物。
48	骑士	qíshì	（名）	欧洲中世纪封建主阶级的最低阶层，是领有土地的军人，为大封建主服骑兵兵役。
49	超越	chāoyuè	（动）	超出；越过。
50	稳健	wěnjiàn	（形）	稳而有力。稳重；不轻举妄动。
51	大亨	dàhēng	（名）	称某一地方或某一行业的有势力的人。

网络颠覆了话语权的垄断

话语权⑫，这个名词原本是精英们创造出来的，在中国也一直属于精英们。但网络却颠覆了它。任何一句真话或者流言，通过网络的无限放大和无限扭曲,就有可能变成一场风暴。甚至风暴过后,要再重新找到源头都是不可能的,这就是网络最大的魔力。**如同**当年美国某城市广播电台的一个外星人入侵节目,导致全城陷入疯狂,现在网络的一个喷嚏,也可能导致全世界的感冒。考证,在虚拟的世界里是最不需要的,网络的规则凌驾在世俗规则之上,想说就可以说,信不信则完全是你的事了。

52	原本	yuánběn	(副)	原来;本来。
53	精英	jīngyīng	(名)	在社会上或某一领域成就和表现特别突出的一些人。
54	流言	liúyán	(名)	没有根据的话(多指背后议论、诬蔑或挑拨的话)。
55	扭曲	niǔqū	(动)	扭转变形。比喻歪曲;颠倒(事实、形象等)。
56	风暴	fēngbào	(名)	刮大风而且往往同时有大雨的天气现象。比喻规模大而气势猛烈的事实或现象。
57	源头	yuántóu	(名)	水发源的地方。比喻事物的开端、来源。
58	魔力	mólì	(名)	比喻使人爱好、沉迷的吸引力。
59	外星人	wàixīngrén	(名)	称地球以外的天体上有可能存在的具有高等智慧的生物。
60	入侵	rùqīn	(动)	(敌军)侵入国境;(外来的或有害的事物)进入内部。
61	陷入	xiànrù	(动)	落在(不利的境地)。
62	喷嚏	pēntì	(名)	由于鼻黏膜受刺激,急剧吸气,然后很快地由鼻孔喷出并发出声音,这种现象叫打喷嚏。sternutation, sneeze
63	考证	kǎozhèng	(动)	研究文献或历史问题时,根据资料来考核、证实和说明。考察并证实。
64	凌驾	língjià	(动)	高出(别人);压倒(别的事物)。
65	世俗	shìsú	(名)	指人世间(对"宗教"而言)。

网络颠覆了界限

网络没有界限，不但没有道德界限，就连性别界限也都模糊了。现实中，你可能带有异性倾向，不敢表现出来，但在网上你可以大摇大摆地展示，没有人会取笑你。虚拟身份让人与人之间的交流比现实中更现实，不需要伪装，不需要客气，一切都凭自己的需求和欲望。网上聊天发展到网上交友，网上交友发展到网上恋爱，网上恋爱发展到网上婚姻。这一切都是在超脱现实的束缚后，才得到实现。

网络，发展出了新的语言体系、道德体系、社会体系，这标志着网络本身已经独立于现实之外，成为一个全新的世界。对于这个世界，我们要做的不是去消灭、排斥，因为，一个已经成熟而且成长起来的社会，是无法被抹杀的。我们该做的是制定规则，让它为我所用，而不是这样失控下去，任其自生自灭。

（作者：绯云　选自《社会观察》2006年第5期，有改动）

66	异性	yìxìng	（名）	指性别或性质不同的人或事物。
67	大摇大摆	dàyáo-dàbǎi		形容走路挺神气、满不在乎的样子。
68	展示	zhǎnshì	（动）	清楚地摆出来；明显地表现出来。（展示——展现）
69	取笑	qǔxiào	（动）	开玩笑；嘲笑。
70	伪装	wěizhuāng	（动）	假装。（伪装——假装）
71	需求	xūqiú	（名）	由需要而产生的要求。
72	超脱	chāotuō	（动）	超出；脱离。
73	抹杀	mǒshā	（动）	不顾事实，把本来存在的事物彻底勾销，不予承认。write off, deny completely
74	失控	shīkòng	（动）	失去控制。
75	自生自灭	zìshēng-zìmiè		自然地生长，又自然地消亡。形容不加过问，任其自然发展。

注释

① **韩寒**：车手，青年作家。1982年生，1999年在第一届"新概念作文大赛"中，作为高一学生以《杯中窥人》获一等奖。著有《三重门》《通稿2003》《长安乱》《一座城池》等。

② **白烨**：著名文学评论家，中国当代文学研究会会长，1998年参与著名长篇小说品牌"布老虎丛书"的策划与编辑工作，组编了一批有影响的长篇小说，其中包括《上海宝贝》一书。

③ **韩寒和白烨的斗争**：白烨写了一篇《80后的现状与未来》的评论，始发于《长城》杂志，后放入新浪网博客，这篇评论引发"80后"的强烈反响，韩寒回应了一篇千字短文《文坛是个屁》。紧接着白烨发表了题为《我的声明——回应韩寒》，之后韩寒以《有些人，话糙理不糙；有些人，话不糙人糙》回应。最后，白烨无奈众多韩寒迷的谩骂而以《我的告别辞》关闭博客。（"80后"指20世纪80年代出生的人。）

④ **网坛**：本文中指网络世界。

⑤ **狭路相逢勇者胜**：在很窄的道路上相遇，无地可让，这时往往是勇敢的一方胜利。

⑥ **芙蓉姐姐**：化名，其人最早出现在水木清华、北大未名和MOP网站上，由于其经常在网上贴自己的照片，成了网络人气火爆的人物。（芙蓉fúróng：荷花。）

⑦ **快意恩仇的江湖**：指因恩仇而任意搏杀的武林世界。

⑧ **一言不合即拔刀而上**：对方一句话说得不合适就拔出刀来去拼杀。

⑨ **一步一个脚印**：做事脚踏实地。

⑩ **经济巨鳄**：资金雄厚并且在经济方面有巨大影响力的人。（鳄è：一种爬行动物，俗称鳄鱼。）

⑪ **第一桶金**：指第一笔财富。

⑫ **话语权**：指以语言形成对他人的强制。也指自我表达的权利。

1 颠覆——推翻

【牛刀小试：把"颠覆"或"推翻"填入下面的句子中】

1. 一些无政府主义者企图（　　　）国家政权。
2. 所有的政府都会防止敌人搞（　　　）活动。
3. 因资金不能按时到位，他不得不把自己原来的计划全都（　　　）了。
4. 他没想到这个年轻人会（　　　）自己的方案。

【答疑解惑】

语义

都含有推翻原政权的意思。但"颠覆"侧重指用阴谋手段从内部使合法的政权垮台，一般用于非正义行动，是贬义词；"推翻"侧重于用公开的手段，多指用武力打倒某一政权，正义的和非正义的都可以，是中性词。

【例】（1）情报部门正在调查这一妄图颠覆/推翻国家政权的组织。

（2）1911年，孙中山领导的辛亥革命最终推翻了清王朝，结束了两千多年来的封建君主制度。

用法

词性：都是动词，但"颠覆"适用范围比"推翻"小。"颠覆"的对象是合法的政权或国家、政府；"推翻"的对象除了上述的以外，还有制度、阶级、势力、统治以及已有的计划、学说、决定等。

【例】（3）爱因斯坦（Elbert Einstein）的研究成果推翻了前人的一些结论。

（4）奴隶们忍无可忍，终于下决心推翻奴隶主的统治。

另外，"颠覆"可以作定语，"推翻"不能。

【例】（5）这个邪恶组织正在这个国家进行颠覆活动。

（6）我们已经破获了他们的颠覆阴谋。

2 赢得——取得

【牛刀小试：把"赢得"或"取得"填入下面的句子中】

1. 她的演讲（　　　　）了大家的赞赏。
2. 经过反复的讨论，在比赛的评分标准上大家终于（　　　　）了一致的意见。
3. 我也不知道怎么这么幸运，居然（　　　　）了最高分。
4. 在演唱会上，她一次又一次地（　　　　）了观众的掌声。

【答疑解惑】

语义

都有"得到"的意思。"赢得"侧重于"赢"，更强调经过努力而得到，是褒义词；"取得"本身没有"经过努力而得到"的意思，是中性词。

【例】（1）在奥运会上，中国跳水队赢得/取得了一次又一次的胜利。
　　　（2）他就是用这种低级的手段取得了政治上的成功。

用法

词性：都是动词，但"赢得"使用范围比"取得"小。"赢得"常与荣誉、赞赏、胜利、信任、掌声等词搭配，而且一般不能说"我赢得……"，否则显得不够谦虚；"取得"则搭配较自由。

【例】（3）他是经过了很长时间的努力，才赢得/取得了今天的这些荣誉。
　　　（4）我所取得的这点儿成绩离不开父母的支持。
　　　（5）我们在工作中直接取得了有关的知识和经验。
　　　（6）分别三十年以后，这对以前的恋人终于又取得了联系。

另外，"赢得"的主语可以是人，也可以是别的事物；但"取得"的主语一般是人。

【例】（7）她精彩的表演赢得了观众的赞赏。

3 展示——展现

【牛刀小试：把"展示"或"展现"填入下面的句子中】

1. 五十年来的生活，一幕一幕地（　　　　）在他面前。
2. 在这次展销会上，各地厂商们都向大众（　　　　）了他们的最新产品。

3. 一走进丽江，（　　　　）在眼前的就是一幅极美的图画。

4. 你最得意的画作呢？给我们（　　　　）一下吧。

【答疑解惑】

语义

都指清楚明显地表现出来让人看，但"展示"侧重指有意识地摆出来给人看或揭示出来让人了解；"展现"侧重在事物自身呈现出某种情景或状态，倾向于客观陈述。

【例】（1）这部电视剧较好地展示/展现了主人公乐观向上的精神面貌。

（2）在法庭上，证人向大家展示了证据。

（3）厂家向客户展示了最新推出的几款手机。

（4）走进大门，展现在眼前的是一个宽广的庭院。

（5）汽车驶入了西部，一片片沙漠展现在我们面前。

用法

词性：都是动词。"展现"常和"眼前""面前"一起使用，如（4）（5）。

4 伪装——假装

【牛刀小试：把"伪装"或"假装"填入下面的句子中】

1. 看见前男友走过来，玛丽赶快转过身，面对商店的橱窗，（　　　　）挑商品。

2. 这些人（　　　　）拥护改革而实际反对改革。

3. 几棵小树怎么移动起来了？原来是一些（　　　　）。

4. 他在这篇报道中剥开了这个政客的（　　　　），揭露出他的真面目。

【答疑解惑】

语义

都有故意做出某种动作或姿态来掩饰真相的意思。但"伪装"语义重。"伪装"侧重于有计划、有目的地装扮、隐蔽自己，以假代真，迷惑他人；"假装"往往是情况突变的场合，故意做出不真实的行为蒙骗对方。

【例】（1）在这次战争中，这个国家伪装/假装中立，暗地里和X国往来。

（2）他是一个善于伪装的人，虽然心地险恶，却总是表现出一副正人君子的样子，所以大家私下里都叫他"伪君子"。

（3）那个小偷看见警察走过来，马上假装看报，用报纸遮住自己的脸。

（4）听见开门声，李明马上用被子盖住头，假装睡着了。

另外，"伪装"还常常用在军事上。

（5）战士们把阵地伪装得像一片树林。

用法

词性：都是动词，但"伪装"还可以是名词。

【例】（6）士兵们折了几根树枝来做伪装。

（7）假的就是假的，伪装应该剥去。

语体

"伪装"多用于书面语；"假装"通用于书面语和口语。

语言点

1 中国文化的特点之一是讲传承，重师承，敬长者，但网络却把这一切打个粉碎。

【解释】动词+个+补语：量词"个"用于动词（多为单音节）和补语的中间，使补语略带宾语的性质。

【举例】（1）你看！大雨下个不停，怎么去爬山？

（2）他想：等我有了钱，一定要让这些孩子顿顿都吃个饱。

（3）这对好朋友终于又见面了，俩人在咖啡馆聊了个够。

（4）妹妹一放假就跑到云南去玩儿了个痛快。

（5）我干了一整天，把房间扫了个干干净净。

（6）真糟糕！老师让今天交作文，我把这件事忘了个干干净净。

【链接】动词+个+宾语："个"可用于带宾语的动词后，有表示动量的作用（原来不能用"个"的地方也用"个"），并含轻快、随便的色彩。

【举例】（7）爸爸退休以后，就爱画个画儿、写个字什么的，家里人都开玩笑叫他"书画家"。

（8）咱们最好见个面，光在电话里谈是谈不清楚的。

【练习】用"动词+个+补语"完成句子和对话:

(1) 这到底是怎么回事？我一定要找他问_____。

(2) 那孩子怎么哭_____？谁欺负她了？

(3) 家乡的水多甜啊！这次回到家乡,我一定要喝_____。

(4) A：为了准备考试，我已经一个星期没好好睡觉了。

　　B：我打算考完后睡_____。

(5) A：我让你买的牛奶呢？

　　B：我的记性怎么这么差！居然忘_____。

2 因为哪怕再多的托儿，在网<u>坛</u>芸芸众生面前也只是一朵小小的浪花。

【解释】坛：名词。多指文艺、体育等系统的界别。

【举例】文坛／诗坛／影坛／剧坛／歌坛／体坛／乒坛／棋坛／泳坛／政坛

【练习】选用上面的词语完成句子：

(1) 进入_____是我人生的梦想，不管父母如何反对，我也要一直坚持唱歌。

(2) 别小看这位年轻的作家，她可是_____的一颗新星。

(3) 赢得奥运会冠军的这些运动员成了_____的风云人物。

(4) 那位政治家突然发表声明，宣布放弃竞选，并从此退出_____。

(5) 如果你想了解当代中国_____，我推荐你看《大众电影》这本杂志。

3 忍者无敌，<u>多少</u>看似张扬的侵略者最后都被中国忍无可忍后爆发的强烈的民族力量所击退。

【解释】多少：代词。可表示数量多（用于肯定式），也可表示数量少（用于否定式）。

【举例】(1) 天气很坏，多少人都感冒了。

(2) 人们为了满足口腹之欲，把多少野生动物都变成了盘中之餐。

(3) 这是忙忙碌碌却没有多少收获的一天。

(4) 许多中国国内投资者表示，股价还将继续稳步攀升，而一些海外投资者则认为，目前过高的估值已经使股价没有多少上涨空间了。

【链接1】"多少"还可表示不定的数量,"多少"往往在句中出现两次,前后呼应。

【举例】(5)原材料不成问题,要**多少**给**多少**,我们公司保证充分供应。

(6)我没什么准备,想到**多少**说**多少**。

【链接2】副词"多少":意思是"或多或少"或者"稍微"。

【举例】(7)去别人家做客,**多少**得带点儿礼物,空着手去多不好意思啊!

(8)你翻翻这本书,**多少**知道点儿就行了。

【练习】用代词"多少"改写句子:

(1)在1976年的唐山地震中,很多孩子失去了父母。
_____。

(2)为了赢得这次比赛,他付出了很多代价。
_____。

(3)因为客人不多,这家西餐厅最终关了门。
_____。

(4)虽然已经上了大学,但是他的自立能力很差。
_____。

(5)我的财产很少,但是我并不觉得自己比别人贫穷。
_____。

4 **忍者无敌,多少<u>看似</u>张扬的侵略者最后都被中国忍无可忍后爆发的强烈的民族力量所击退。**

【解释】看似:看起来似乎。

【举例】(1)有的卡通片**看似**浅显、幼稚,实际上却包含着人生的哲理和深刻的思想。

(2)这台**看似**完美的二手笔记本电脑,却让我伤透了脑筋。

(3)一段**看似**没有结果的感情,该不该开始?

(4)这名侦探外表**看似**小孩儿般天真,却有着超乎常人的智慧。

【练习】用"看似"完成句子:

(1)_____,内心却很脆弱。

(2)_____,其实不同。

(3)_____,其实骨子里是一个争勇好斗的人。

（4）他们的婚姻_____。

（5）留学生活_____。

5 <u>如同</u>当年美国某城市广播电台的一个外星人入侵节目，导致全城陷入疯狂。

【解释】如同：动词。意思是"好像"。常用于书面语。

【举例】（1）做企业如同养育孩子。所有的企业都有一个成长的过程，好像孩子的成长一样。

（2）别人如同自己的一面镜子，在镜子中，看到的应是自己的好与坏，而不是别人的美与丑。

（3）莎士比亚说过："这世界是个舞台，男男女女都是演员，人人都有上台的时候，也有下台的时候。"既然人生如同一场戏，你就要扮演好自己的角色。

（4）古人云：起家如同针挑土，败家好似浪淘沙。像你这么大手大脚地花钱，怎么富得起来呢？

【练习】用"如同"改写句子：

（1）他那张满是皱纹的脸就像一本书，是需要花时间读一读的。

_____。

（2）人生好像一次旅行，每个地方都会给你新的启示。

_____。

（3）对中国人来说，黄河好像孕育自己的母亲。

_____。

（4）对我来说，电脑就好像一个永不疲倦的工作伙伴。

_____。

综合练习

I 词语练习

一 填入合适的名词

颠覆（　　　）　　扶持（　　　）　　光大（　　　）

赢得（　　　）　　包容（　　　）　　张扬（　　　）

推崇（　　　）　　陷入（　　　）　　抹杀（　　　）

含蓄的（　　　）　　黯然的（　　　）　　喧嚣的（　　　）

虚拟的（　　　）　　稳健的（　　　）　　世俗的（　　　）

不堪一击的（　　　）　　争勇好斗的（　　　）　　自生自灭的（　　　）

二 填入合适的量词

一（　　　）浪花　　淘得第一（　　　）金　　一（　　　）风暴

一（　　　）喷嚏　　一步一（　　　）脚印

三 填入合适的形容词

（　　　）的网络　　（　　　）的长者　　（　　　）的侵略者

（　　　）的大侠　　（　　　）的心态　　（　　　）的毛孩子

（　　　）的骑士　　（　　　）的大亨　　（　　　）的流言

（　　　）的风暴　　（　　　）的魔力　　（　　　）的外星人

四 选择合适的动词填空（每个词都只能用一次）

| 扶持 | 包容 | 张扬 | 推崇 | 扭曲 | 入侵 | 陷入 |
| 考证 | 凌驾 | 取笑 | 超脱 | 抹杀 | 失控 | |

1. 他十分（　　　）儒家的"己所不欲，勿施于人"的思想，认为这是建立和谐社会的关键。

2. 政府应该（　　　）新兴的环保企业，为他们提供良好的发展条件。

3. 经过学者（　　　　），这段长城是明代修建的。

4. 在保守的人看来，这些搞艺术的年轻人过于喜欢（　　　　）个性。

5. 这种杀毒软件可以增强电脑对病毒的抵抗力，有效抗击黑客（Hacker）（　　　　）。

6. 他被烦恼束缚，无法（　　　　）。

7. 他是一个自制力很强的人，但情绪偶尔也会（　　　　）。

8. （　　　　）多少带点儿恶意成分，和玩笑不一样。

9. 在婚姻中，夫妻双方需要互相关爱，不能一方（　　　　）于另一方之上。还要尽量（　　　　）对方的缺点，避免（　　　　）其优点。否则时间长了，感情就会越来越冷淡，原本正常的关系就会（　　　　），两人都会（　　　　）痛苦的境地。

五 写出下列词语的近义词或反义词

（一）写出近义词

颠覆——　　　　传承——　　　　扶持——

赢得——　　　　包容——　　　　超越——

原本——　　　　展示——　　　　伪装——

需求——　　　　扭曲——　　　　取笑——

（二）写出反义词

含蓄——　　　　退场——　　　　喧嚣——

虚拟——　　　　异性——　　　　稳健——

扭曲——　　　　赢得——

六 选词填空

　　颠覆　　推翻　　赢得　　取得　　展示　　展现　　伪装　　假装

1. 没有教练的帮助，我不可能（　　　　）今天的成就。

2. 那位运动员的表现（　　　　）了观众的赞赏。

3. 在境外势力的援助下，他们（　　　　）了政府。

4. 这篇论文错误百出，必须全部（　　　　）重写。

5. 这些叛乱分子正在对这个国家进行（　　　　）活动。
6. 多么希望有一天她能剥去（　　　　），诚实地面对自己，面对大家。
7. 他明明看见了我，却把头扭向一边，（　　　　）没看见。
8. 这几个细节充分（　　　　）了剧中人物的性格。
9. 他正在考虑怎么才能更好地向观众（　　　　）自己的作品。
10. 从外滩看对岸的浦东，（　　　　）在面前的是一幢幢高楼大厦。

七　解释句中画线词语的意思

1. 传统印刷文化在网络文化面前<u>不堪一击</u>……
   A. 经不起一打　　B. 没遭到过一次打击　　C. 不止一次遭到打击

2. 老白的黯然退场<u>反衬</u>出了网络文化的喧嚣。
   A. 反映并衬托　　B. 从反面来衬托　　C. 作为反面的陪衬

3. 中国的道德，无论<u>出于</u>儒家、道家还是佛家，都很推崇一个字：忍。
   A. 关于　　B. 出自　　C. 由于

4. <u>忍者无敌</u>……。
   A. 能忍的人朋友多　　　　　　B. 在任何敌人面前都要忍
   C. 能忍的人是最强的

5. 没有谦虚，没有退让，一言不合<u>即</u>拔刀而上。
   A. 就　　B. 于是　　C. 即使

6. 中国俗话总是说，聚沙成塔，做事要<u>一步一个脚印</u>，工作要踏踏实实。
   A. 踏踏实实　　B. 效率高　　C. 有计划

7. <u>如同</u>当年美国某城市广播电台的一个外星人入侵节目，导致全城陷入疯狂。
   A. 比如　　B. 好像　　C. 同样

8. ……而不是这样失控下去，<u>任</u>其自生自灭。
   A. 任意　　B. 听凭　　C. 不管

八　选择正确的答案

1. 中国文化的特点之一是讲传承，重师承，敬长者，但网络却把这一切打（　　　）粉碎。
   A. 着　　B. 个　　C. 地

2. 老白的黯然退场反衬（　　　）了网络文化的喧嚣。

   A. 出　　　　　　B. 来　　　　　　C. 着

3. 在网络上，（　　　）一个博客或者网名，一开始都是孤军奋战的。

   A. 任何　　　　　B. 如何　　　　　C. 任凭

4. 因为哪怕再多的托儿，在网坛芸芸众生面前（　　　）只是一朵小小的浪花。

   A. 就　　　　　　B. 不　　　　　　C. 也

5. 小韩意识（　　　）了这点，而老白却没有，仍把中国传统的道德挂到了网上。

   A. 出　　　　　　B. 到　　　　　　C. 起

6. 所以他败了，败（　　　）了网络手里。

   A. 与　　　　　　B. 倒　　　　　　C. 在

7. 考证，在虚拟的世界里是最不需要的，网络的规则凌驾在世俗规则（　　　）。

   A. 之上　　　　　B. 之中　　　　　C. 之前

8. 想说就可以说，信不信（　　　）完全是你的事了。

   A. 倒　　　　　　B. 而　　　　　　C. 则

9. 网络，发展出了新的语言体系、道德体系、社会体系，这标志着网络本身已经独立于现实（　　　），成为一个全新的世界。

   A. 之上　　　　　B. 之前　　　　　C. 之外

10. 我们该做的是制定规则，让它为我（　　　）用。

   A. 而　　　　　　B. 所　　　　　　C. 之

11. ……而不是这样失控（　　　），任其自生自灭。

   A. 起来　　　　　B. 下来　　　　　C. 下去

九　选词填空，并选择五个模仿造句

> 不堪一击　　狭路相逢勇者胜　　忍无可忍　　厚积薄发
> 聚沙成塔　　一步一个脚印　　自生自灭　　孤军奋战

1. 据了解，有些女性对家庭暴力仍然采取忍让态度，有的在（　　　）的情况下，甚至走上了"以暴制暴"的犯罪道路。

2. （　　　），是战场上的规律，同样是篮球场上的真理，敢拼敢打才能成功。

3. 这家公司在中国的战略就是（　　　　），他们希望通过长期的努力，在未来成为中国汽车市场的领导者之一。

4. 为什么看似坚固的东西，却脆弱得（　　　　）？

5. 别看每个月存100块钱，可是积少成多，（　　　　），只要你坚持下去，时间长了就是一笔可观的数目。

6. 即使（　　　　），没有一个人帮我，我也要坚持做完这个项目。

7. 记者从座谈会上了解到，我国现有近1.6万家老字号企业，其中70%处于（　　　　）状态，经营十分困难，20%能够维持，只有10%保持良好的发展势头。

8. 我现在做的这些，离我的目标还差得很远，所以我要（　　　　）地往前走。

十　在下面词语中选择至少五个写一段话（可以不按次序写）

含蓄　喧嚣　赢得　虚拟　包容　张扬　推崇　忍让
心态　超越　稳健　扭曲　伪装　超脱　失控

II　课文理解练习

一　根据课文内容判断正误

读第一部分课文，做下面的题：

1. 韩寒和白烨最终打成了平手。　　　　　　　　　　　　　（　　）
2. 在网络文化中，不再讲究传承、尊敬长者。　　　　　　　（　　）
3. 中国传统文化都推崇"忍"。　　　　　　　　　　　　　 （　　）
4. 网络中的人忍功都很高。　　　　　　　　　　　　　　　（　　）

读第二部分课文，做下面的题：

5. 中国新生代的经济巨鳄年轻而稳健。　　　　　　　　　　（　　）
6. 中国新生代的经济巨鳄最初都是通过网络获得了财富。　　（　　）
7. 在中国，网络使普通人也拥有了话语权。　　　　　　　　（　　）
8. 在网络中，你可以找到每句话的源头。　　　　　　　　　（　　）

9. 网络同样遵守世俗规则。　　　　　　　　　　　　　　　（　　　）

10. 利用虚拟身份交流会使交流更加虚伪。　　　　　　　　　（　　　）

11. 新的语言体系、道德体系、社会体系使网络成为一个新世界。（　　　）

12. 作者认为如果不制定规则，网络将失去控制。　　　　　　（　　　）

二　根据课文内容，用指定的词语回答问题

1. 为什么说网络文化是最自我的文化？

   （博客　网名　孤军奋战　颠覆　含蓄　包容　张扬　自我）

2. 为什么说网络颠覆了中国传统文化所推崇的忍让？

   （网名　外衣　快意恩仇的江湖　谦虚　退让　一言不合　拔刀而上）

3. 中国新一代的大亨们是怎样在网络泡沫中淘得第一桶金的？

   （抓住　时机　冒险　探索　颠覆　求稳　聚沙成塔　一步一个脚印）

4. 网络颠覆了什么界限？

   （道德　性别　异性倾向　大摇大摆　展示　取笑　伪装　需求　欲望）

三　思考与讨论

1. 你玩儿过网络游戏吗？通常什么样的人容易沉迷其中？为什么它具有这种魔力？

2. 你认为文中的这几句话有无道理？简单说说你的理由。

   ① 网络时代是个探索新大陆的时代。

   ② 现在网络的一个喷嚏，也可能导致全世界的感冒。

   ③ 虚拟身份让人与人之间的交流比现实中更现实，不需要伪装、不需要客气，一切都凭自己的需求和欲望。

3. 分组辩论：

   题目：网恋（网上恋爱）是不是真的恋爱

   正方观点：网恋也是真恋

   反方观点：网恋不是真恋

阅读与理解

网络社会五大里程碑

里程碑一：搜索引擎

1996年，毕业于密歇根大学（University of Michigan）安娜堡分校的佩奇建立了一个实验用的搜索引擎BackRub，并将BackRub放在了其个人主页上。佩奇在不知不觉之中建立了第一个网络爬行工具。1998年，在斯坦福大学攻读博士的布林和佩奇合伙创建了搜索引擎Google。

如今Google的市值已达1115亿美元。Google股票在纳斯达克（Nasdaq）曾破纪录达到每股471.63美元。2005年10月，美国网民上网情况统计，Google的使用人次排名第一，单独访客达8980万。

百度公司一直以开发符合中国人习惯的互联网搜索引擎技术而领先。在中国搜索引擎主要网站中，超过80%由百度提供。2005年，国内主要搜索网站市场占有率百度以51.5%超过Google。

里程碑二：电子商务

2005年10月8日，英国《金融时报》评选出年度全球最具影响力的富豪，eBay创办人及主席皮埃尔·奥米迪亚排行第三。

中国现有1160万用户利用eBay易趣平台来进行交易，2005年这些用户在eBay平台上交易的商品总额达到了3亿美元。

1998年，杭州电子工学院英语及国际贸易讲师马云创办了阿里巴巴电子商务网站。

2005年7月，中国互联网络信息中心（CNNIC）在京发布"第十六次中国互联网络发展状况统计报告"，报告分析，我国网上购物大军已达到2000万人，2005年半年内累计购物金额达到100亿人民币。

里程碑三：网络聊天

网络聊天是网民上网的主要活动之一，聊天的主要工具已经从初期的聊天室转向MSN、QQ为代表的即时通信软件。

目前MSN在全世界通过20多种语言提供具有民族和区域特色的服务，拥有2亿Hotmail电子邮件用户，将近2亿的即时通信（Messenger）用户，以及每天1亿的搜索量。

1999年，腾讯公司推出第一个即时通信软件——"腾讯QQ"。腾讯公司公布的2005年财报显示，QQ总收入达人民币14.264亿元。

2005年，全球即时通信用户达9.2亿，中国即时通信用户达到8500万，并以年均25%的速度增长，预计今后，即时通信将会成为互联网用户最广泛使用的通信手段。

里程碑四：博客

Blogger最早起源于Useland公司的CEO戴夫·温纳1997年运作的Scripting News。1997年，Jorn Barger第一次使用Weblog这个名字，从而将blog的意义从无人称、拟客观、机械式写作，转换成较接近个人日志的"有人称、有个性"的自由书写方式。

2002年8月，方东兴，一个从浙江义乌农村走出来的小伙子，将blog翻译成博客，并组建了"博客中国"。2005年7月，方东兴把颇具标志意义的"博客中国"网站改名为"博客网"，并增加了大量生活化、娱乐化内容，开始了从思想意识网向综合门户网的转型。

2003年6月19日，木子美开始在网络上公开自己的私人日记，在中国网民之中造成了轰动效应。

目前，全球博客总数已超过1.4亿，平均每5.8秒诞生一个博客。调查机构易观国际的数字显示，2005年，中国的博客注册用户数已超过4000万，故有"中国博客元年"之称。

里程碑五：自由无线互联网

WiFi是一种无线传输规范，对于上网地点不固定的笔记本用户来说，WiFi受到越来越多人的欢迎。

2004年7月，美国费城首次提出"无线费城计划"。随后，全球有若干城市也相继推出了"WiFi城市"，2006年前三大WiFi国家为美国、英国和韩国。

目前全球范围内的WiFi热点数量已经超过10万个，热点最多的地方是韩国首都首尔，共有2056个，其次是东京1802个，伦敦1602个。

（作者：张健敏　选自《社会观察》2006年5期，有改动）

一　根据文章内容判断正误

里程碑一：

1. BackRub是正式投入市场的搜索引擎。　　　　　　　　　　（　　）
2. 百度是在中国普遍使用的一种搜索引擎。　　　　　　　　　（　　）

里程碑二：

3. eBay在中国的平台名为"易趣"。　　　　　　　　　　　　（　　）
4. 由马云创办的电子商务网站名为"阿里巴巴"。　　　　　　　（　　）

里程碑三：

5. 网络聊天室是一种即时通信软件。　　　　　　　　　　　　（　　）
6. QQ是一种即时通信软件。　　　　　　　　　　　　　　　（　　）

里程碑四：

7. 最早把Blog翻译成"博客"的人已无法查找。　　　　　　　（　　）
8. 2005年被称为"中国博客元年"，是因为这一年中国写博客的人数大增。（　　）

里程碑五：

9. 费城是唯一提出"无线城市计划"的城市。　　　　　　　　（　　）
10. 自由无线互联网热点最多的地方在美国。　　　　　　　　（　　）

谈一谈

1. 你经常使用的搜索引擎是什么？你经常搜索什么？
2. 你上网购物吗？说说电子商务的利弊。
3. 你使用何种即时通信软件？你为什么选择它？
4. 试着预测一下，网络将来的发展趋势如何？

中国城市大角力

课前思考

1. 你去过中国的哪些城市？对这些城市的印象如何？
2. 你最喜欢的中国城市是哪一个？那个城市有什么特点？
3. 本文把中国的三个城市在经济、环境、人才、设施等方面的情况进行了介绍，你读完以后能概括出这三个城市的不同特点吗？

课文

第一部分

在中国，城市之间的竞争其实早已开始。20世纪80年代，这种城市之间的竞争更多地体现在城市人口、城市面积、工农业总产值①等城市规模的指标上。进入20世纪90年代，城市的竞赛更多地用城市综合实力来体现，当时每年公布一次的中国城市综合实力50强排名曾引起巨大轰动，随后成为各城市标榜其投资环境的重要因素之一。不少城市借机提出了建设"国际化大都市"的口号，北京、上海、广州、大连②、深圳③，甚至佛山④、东莞⑤、宁波⑥等城市也表示了向"国际化大都市"进军的愿望，一时间，国际化成了城市之间最热门的话题。进入新世纪，在经济全球化的背景下，城市综合实力及国际化被赋予了更多内涵的城市竞争力所代替。城市之间的竞争，其轨迹为：城市规模——综合实力——城市竞争力。

其实城市是一个复杂的模糊系统，观察中国城市竞争力，**真可谓是**"横看成岭侧成峰，远近高低各不同"⑦。《中国城市竞争力报告》背景下的城市现实是：在长长的序列中，第一阵营多数是东南沿海城市，而"压阵"的**无一例外**都是矿城。排在前20名的明星城市，直辖市、省会城市只有一半，另外半壁江山则被苏州⑧、东莞、宁波、无锡⑨这样概念中的"小城"割据。在计划经济体制下，城市的产业发展主要靠中央政府根据具体需要来确定和调整。沈阳⑩、长

1	角力	juélì	（动）	比武。课文中指竞争。
2	实力	shílì	（名）	实际的力量（多指军事或经济方面）。actual strength, power
3	排名	pái míng		排列名次。
4	轰动	hōngdòng	（动）	同时惊动很多人。
5	标榜	biāobǎng	（动）	提出某种好听的名义，加以宣扬。
6	借机	jièjī	（副）	利用机会。
7	大都市	dàdūshì	（名）	大城市。

8	一时间	yìshíjiān	（副）	很短的时间；突然。
9	热门	rèmén	（名）	吸引许多人的事物。
10	话题	huàtí	（名）	谈话的中心。subject
11	全球化	quánqiúhuà	（名）	全世界互相交流融合的过程。
12	赋予	fùyǔ	（动）	交给（重大任务、使命等）。（赋予——给予）
13	内涵	nèihán	（名）	一个概念所反映的事物的本质属性的总和，也就是概念的内容。intension, connotation
14	轨迹	guǐjì	（名）	比喻人生经历的或事物发展的道路。
15	可谓	kěwèi	（动）	可以说。
16	序列	xùliè	（名）	按次序排好的行列。
17	阵营	zhènyíng	（名）	为了共同的利益和目标而联合起来进行斗争的集团。
18	压阵	yā zhèn		排在或走在队列的最后。
19	无一例外	wúyīlìwài		没有一个在一般的规律、规定之外。
20	明星	míngxīng	（名）	称有名的演员、运动员等。课文中指有名的城市。
21	直辖市	zhíxiáshì	（名）	由中央直接管辖的市。
22	省会	shěnghuì	（名）	省行政机关所在地。一般也是全省的经济、文化中心。
23	半壁江山	bànbì jiāngshān		指保存下来的或丧失掉的部分国土。课文中指某一事物的一半。
24	割据	gējù	（动）	一国之内，拥有武力的人占据部分地区，形成分裂对抗的局面。课文中是占据某种地位的意思。
25	计划经济	jìhuà jīngjì		国家按照统一计划并通过行政手段管理的国民经济。
26	体制	tǐzhì	（名）	国家、国家机关、企业等的组织制度。system
27	产业	chǎnyè	（名）	构成国民经济的行业和部门。

春⑪、哈尔滨⑫是那一时代的明星,而现在东莞、苏州、宁波的崛起则勾画了新的城市版图。

从区域的角度大致地看,中国城市竞争力从强到弱依次是珠江⑬流域、长江⑭流域、闽江⑮流域、环渤海地区⑯、中部地区⑰、西部地区⑱。在样本城市中,最引人注意的是东南沿海的几个中等城市,如珠海⑲、东莞、温州⑳等的竞争力竟在一些大城市之上。

第二部分

上 海

上海是中国与世界经济交互作用的枢纽和平台,是中国金融、贸易、经济中心,也是综合创新中心,被喻为"中国的经济龙头"。上海综合竞争力荣衔中国内地诸城之冠。表现综合竞争力的城市产品市场占有率㉑全国第一,城市劳动生产率㉒高,国内生产总值年均增长率和居民人均年收入较高。

人才竞争力居全国第二位,表明上海在人才的质量、数量和潜力方面表现都比较好,上海吸引人才的政策优惠灵活,熟练工人和高级人才的获得相对容易,但高级人才薪酬偏低。

上海的资本竞争力位居首位,表明了其金融中心的城市地位。

科学技术竞争力排在第二位,科技实力和转化能力都很突出,拥有大量科研院所㉓和企业研究机构,产学研㉔合作性好,科技创新能力需要进一步加强。

28	崛起	juéqǐ	(动)	兴起。
29	勾画	gōuhuà	(动)	用简单的线条画出人或物的轮廓。
30	版图	bǎntú	(名)	地图。
31	依次	yīcì	(副)	按照次序。
32	流域	liúyù	(名)	一个水系的干流和支流所流过的整个地区。

33	样本	yàngběn	（名）	挑选出来作为调查对象的代表。
34	交互作用	jiāohù zuòyòng		互相起作用。
35	枢纽	shūniǔ	（名）	事物的重要关键；事物互相联系的中心环节。pivot, hub, axis, key position
36	平台	píngtái	（名）	泛指进行某项工作所需要的环境或条件。a movable platform
37	金融	jīnróng	（名）	与货币相关的经济活动。banking, finance, financial
38	喻	yù	（动）	比方。
39	龙头	lóngtóu	（名）	比喻带头的、起主导作用的事物。
40	荣衔	róngxián		光荣地占据。
41	内地	nèidì	（名）	指我国大陆地区（对香港、澳门而言）
42	诸	zhū		众；许多。
43	冠	guàn	（名）	第一位。
44	总值	zǒngzhí	（名）	用货币形式体现出的全部价值。gross or total value
45	年均	niánjūn	（动）	按年平均计算。
46	增长率	zēngzhǎnglǜ	（名）	增长的数量与原数量的比率。rate of increase, growth rate
47	人均	rénjūn	（动）	按每人平均计算。
48	居	jū	（动）	在（某种位置）。
49	潜力	qiánlì	（名）	潜在的力量。latent capacity, potentiality
50	优惠	yōuhuì	（形）	较一般的价格低或条件优越。
51	薪酬	xīnchóu	（名）	工资。
52	位居	wèijū	（动）	位次居于（序列中的某处）。
53	首位	shǒuwèi	（数量）	第一位。
54	拥有	yōngyǒu	（动）	领有；具有（大量的土地、人口、财产等）。（拥有——具有）

基础设施㉕竞争力居第一位。市内基本基础设施、信息技术基础设施、基础设施成本指数都表现很好,对外基本基础设施完善,名列全国之首。

上海的环境竞争力名列第四位,城市环境质量、环境舒适度和自然环境优美度都比较好,尤其是城市建筑景观优美,拥有许多著名的风格**各异**的标志性建筑、商业街、广场。

文化竞争力居第二位。市民讲究信誉,交往操守好;重商价值取向明显,精明务实,勤劳创业,善于创新,竞争意识强,但是兼容平等观念**有待**加强。

上海的制度竞争力比较强。其中产权保护制度和地方法制建设完善程度居全国第一,市场发育比较充分,政府审批和管制比较好,但是个体经济所占比例不高。

政府管理竞争力最佳。上海市政府办事效率高,行为规范,执行政策富有创造性和灵活性,政府战略和管理形象好。同样,企业的管理竞争力、管理形象和管理效益也较好。

第三部分

深　圳

深圳在城市发展中创造了许多奇迹,是华南㉖重要的区域经济及金融、航运中心城市,重要的综合创新中心。在实现城市创新和发展高科技产业方面拥有许多不可替代的、非流动性竞争优势。综合竞争力居中国内地第二位。表现综合竞争力的居民人均年收入全国第一,城市劳动生产率、国内生产总值年均增长率和城市产品市场占有率非常高。

55	指数	zhǐshù	(名)	某一经济现象在某时期内的数值和同一现象在另一个作为比较标准的时期内的数值的比数。index
56	名列	míngliè	(动)	名字排在。
57	景观	jǐngguān	(名)	泛指可供观赏的景物。
58	各异	gèyì	(形)	每个都不一样。

59	市民	shìmín	（名）	城市居民。
60	信誉	xìnyù	（名）	信用和名誉。prestige, credit, reputation（信誉——信用）
61	交往	jiāowǎng	（动）	互相来往。
62	操守	cāoshǒu	（名）	指人平时的行为、品德。
63	价值	jiàzhí	（名）	课文中指价值观，即对经济、政治、道德、金钱等所持的总的看法。
64	取向	qǔxiàng	（名）	选取的方向；趋向。
65	精明	jīngmíng	（形）	精细明察；机警聪明。
66	务实	wùshí	（形）	讲究实际，不求浮华。
67	创业	chuàngyè	（动）	创办事业。
68	兼容	jiānróng	（动）	同时容纳几个方面。
69	有待	yǒudài	（动）	要等待。
70	产权	chǎnquán	（名）	指财产的所有权。
71	发育	fāyù	（动）	生物体在生命过程中结构和功能从简单到复杂的过程。课文中是指一个事物从不成熟到成熟的过程。
72	审批	shěnpī	（动）	审查批示（下级呈报上级的书面计划、报告等）。
73	管制	guǎnzhì	（动）	强制管理。（管制——管理）
74	个体经济	gètǐ jīngjì		以生产资料私有制和个体劳动为基础的经济形式。
75	规范	guīfàn	（形）	合乎约定俗成或明文规定的标准。
76	效益	xiàoyì	（名）	效果和利益。（效益——效果）
77	航运	hángyùn	（名）	水上运输。
78	高科技	gāokējì	（名）	指高新技术。
79	替代	tìdài	（动）	用一个把另一个换下来。

人才竞争力排在第三位。人力资源消费需求、投资需求和基本成本最高，人力资源质量较好，教育程度高。

深圳的资本竞争力排在第四位，在资本获得的便利性上表现很好。金融控制能力、资本可得性、资本流量都**仅次于**最好的上海。但其资本存量及其增长有提高的余地。

深圳的科技竞争力位于第十四位，科研实力和创新能力比较薄弱，但是科技转化能力很强。

结构竞争力较强，高新技术产业发展很快，高科技产业集群初现端倪，表明其结构提高快。

深圳的基础设施规划建设技术先进，竞争力居全国第三。城市信息技术基础设施指数第一。对外基本基础设施、市内基本基础设施规模和增长都比较好。但文化、卫生基础设施表现一般。表明基础设施先进、现代化水平高，但需要进一步完善、配套。

综合区位竞争力不高。毗邻香港㉗，经济区位优越。自然经济区位最好，政治、科技区位很好。资源丰富，城市在区域中的优势度指数不高。环境竞争力较好。作为亚热带的海滨城市，自然环境优美，尤其是人工环境、风景名胜都建设得较好。深圳城市园林绿化综合指数较高，是最适合居住和旅游的城市之一，但城市环境质量还要进一步提高。

文化竞争力居第一位。深圳人具有赚钱的商业观念，积极的劳动态度，强烈的竞争意识，不安于现状的进取精神以及新移民交汇所形成的开放、平等、自由、宽容、创新氛围，使深圳的文化最具竞争力。表现在价值观念、劳动态度、交往操守、创新精神、竞争意识、兼容心理指数等都非常高。

制度竞争力非常高，名列第一。深圳在体制创新、经济市场化程度方面处于全国最前列。

80	人力资源	rénlì zīyuán		指经济和社会事业发展所需的具有必要劳动能力（即智力和体力的有机结合）的人口的来源。
81	流量	liúliàng	（名）	课文中指资本在单位时间内的流动量。
82	存量	cúnliàng	（名）	（资金、财产等）存有的数量。

83	及其	jíqí	（连）	连接名词及名词性词组，表示后者对于前者有从属关系。
84	余地	yúdì	（名）	指言语或行动中留下的可回旋的地步。leeway, margin, room
85	高新技术	gāoxīn-jìshù		指处于当代科学技术前沿，具有知识密集型特点的新兴技术。
86	集群	jíqún	（名）	集合在一起的群体。
87	端倪	duānní	（名）	事情的眉目；头绪；边际。clue, inkling
88	配套	pèi tào		把若干相关的事物组合成一整套。
89	区位	qūwèi	（名）	地区的位置。
90	毗邻	pílín	（动）	（地方）连接。
91	自然经济	zìrán jīngjì		只是为了满足生产者自己或小集体的需要而进行生产的经济，也就是自给自足的经济。
92	亚热带	yàrèdài	（名）	热带和温带之间的过渡地带。subtropical zone, subtropics
93	海滨	hǎibīn	（名）	海边；沿海地带。
94	名胜	míngshèng	（名）	有古迹或优美风景的著名的地方。
95	绿化	lǜhuà	（动）	种植树木花草，使环境优美卫生，防止水土流失。
96	现状	xiànzhuàng	（名）	目前的状况。
97	进取	jìnqǔ	（动）	努力向前；立志有所作为。
98	移民	yímín	（名）	迁移到外地或外国去落户的人。
99	交汇	jiāohuì	（动）	课文中指来自不同地方的人聚集到一起。
100	宽容	kuānróng	（形）	宽大有气量，不计较或追究。（宽容——宽恕）
101	氛围	fēnwéi	（名）	周围的气氛和情调。
102	具	jù	（动）	具有。
103	价值观念	jiàzhí guānniàn		对经济、政治、道德、金钱等所持有的总的看法。
104	前列	qiánliè	（名）	最前面的一列，比喻带头和领先的地位。

政府管理竞争力强，政府规划能力、推销能力、凝聚能力和财政能力都很强，执法意识和服务意识强，但创新能力有待提高。

深圳的企业管理竞争力全国领先，企业管理标准化和规范化程度高，激励和约束绩效处于最好水平。

深圳的开放竞争力位居第一，经济国际化和区域化程度相当高，移民人口多，社会交流指数和人文国际化程度全国最高。

北 京

北京是中国的政治、文化、科技、信息、经济决策中心和国际交往中心，表现综合竞争力的国内生产总值年均增长率和居民人均年收入都较高，尤其近年来，北京的竞争力正以全国最快的速度发展，奥运[28]商机及其带来的大规模的城市建设，将进一步加快其竞争力的提升。

105	推销	tuīxiāo	（动）	推荐销售。
106	凝聚	níngjù	（动）	聚集；积聚。
107	执法	zhí fǎ		执行法令、法律。
108	领先	lǐngxiān	（动）	比喻水平、成绩等处于最前列。
109	标准化	biāozhǔnhuà	（动）	按照统一的规格、规范去做。
110	规范化	guīfànhuà	（动）	使合于一定的标准。
111	激励	jīlì	（动）	激发鼓励。
112	约束	yuēshù	（动）	限制使不越出范围。
113	绩效	jìxiào	（名）	成绩；成效。
114	人文	rénwén	（名）	指人类社会的各种文化现象。
115	决策	juécè	（动）	决定策略、方针等。
116	商机	shāngjī	（名）	商业经营的机遇。
117	加快	jiākuài	（动）	使变得更快。
118	提升	tíshēng	（动）	提高（职位、等级等）。

北京聚集了全国最多、最优秀的人才精英和科研机构,人才竞争力居全国第一。北京在人才的质量、数量和潜力方面表现都比较好。但是北京在实施吸引人才的优惠灵活政策方面,在降低生活成本、改善人才待遇方面可做更多努力。

资本竞争力位居第二位,金融机构资本数量指数全国最高,金融控制力和资本获得便利性也很好,但是资本质量有待加强。

在科技竞争力方面,北京的科技实力居全国之首,基础研究㉙能力强,科技创新能力全国第一。应用开发、科技成果转化能力不特别强。高科技产业综合指数表现较好,表明高新技术产业及产业区迅速发展。

结构竞争力第一,第三产业㉚发达,技术密集型㉛从业人员比例在全国最高,现代服务业和高技术产业发达。企业的规模、城市人口密度、城市产业布局合理度综合指标均表现不佳。高新技术产业发展和产业结构高级化不够快。

北京的基础设施竞争力比较强,市内基本基础设施完善程度在全国最好,对外联系基础设施和信息技术设施也比较发达,但是与迅速发展的社会经济相比仍需进一步加快建设步伐。

在区位方面,政治区位是北京最大的优势,科技区位最好,北京是全国铁路、航空、通信中心和枢纽,交通区位极为优越,区位交通便利度指数、经济腹地GDP㉜与全国比重、城市在区域中的优势度指数均较好。表明其自然、经济区位也很好。但北京资源区位优势不明显,水资源缺乏。

环境竞争力强。北京历史悠久,古迹名胜多,人工环境优美。城市园林绿

119	从业	cóngyè	(动)	从事某种职业或行业;就业。
120	密度	mìdù	(名)	疏密的程度。
121	布局	bùjú	(名)	分布的格局。
122	步伐	bùfá	(名)	比喻事物进行的速度。(步伐——步调)
123	腹地	fùdì	(名)	靠近中心的地区;内地。
124	比重	bǐzhòng	(名)	一种事物在整体中所占的分量。proportion

化综合指数、城市环境及风景名胜优美度指数都很高。但是城市环境质量相对不高,居住舒适度不佳,尽管近年来城市环境有所改善,但还需进一步提高。

文化竞争力表现一般。商业意识和创业精神与南方及沿海城市相比相对不足,但是交往操守好,能兼容平等对待不同文化。

北京的制度竞争力处于中等偏上水平,其中产权保护制度和地方法制建设程度相当高,但是个体经济比例较低,市场发育和政府审批管制有待进一步改善。

政府管理竞争力强,位于第四位,政府规划能力和推销能力突出,社会凝聚力强,政府办事效率高、行为规范,执行政策富有创造性和灵活性,提高的潜力大。

企业管理竞争力表现较好,管理技术和经验水平高,企业激励和约束绩效表现佳,产品服务质量和管理经济效益有待加强。

在开放竞争方面,城市内外交流,特别是对外文化交流交往非常广泛。国内外贸易依存度非常高,外来人口和文化影响多,国际化程度高。但是城市开放和参与全球现代化程度、外资占城市总资本的比重需要进一步提高。

(作者:老枪　选自《中国城市大角力》,北京:中国社会科学出版社,2003年)

125	依存	yīcún	(动)	(互相)依附而存在。
126	外来	wàilái	(形)	从外地或外国来的;非固有的。
127	参与	cānyù	(动)	参加(事务的计划、讨论、处理)。
128	外资	wàizī	(名)	由外国投入的资本。

① **工农业总产值**:指工业和农业生产部门在一定时期内生产的各种产品的总量。总产值,即 output value。

② **大连**:市名。在辽宁省辽东半岛南端。

③ **深圳**：市名。在广东省南部。

④ **佛山**：市名。在广东省珠江三角洲北部。

⑤ **东莞**：市名。在广东省珠江三角洲东部。

⑥ **宁波**：市名。在浙江省东部沿海。

⑦ **横看成岭侧成峰，远近高低各不同**：这两句诗出自宋代文学家苏轼的《题西林壁》，全诗是："横看成岭侧成峰，远近高低各不同。不识庐山真面目，只缘身在此山中。"这首诗通过自然现象说明了远与近、全体与部分、宏观与微观的关系，充满深刻的哲理。课文中引用这两句诗是为了说明中国的城市各不相同。

⑧ **苏州**：市名。在江苏省南部。

⑨ **无锡**：市名。在江苏省南部。

⑩ **沈阳**：市名。在辽宁省中北部。是辽宁省省会。

⑪ **长春**：市名。在吉林省中部。是吉林省省会。

⑫ **哈尔滨**：市名。在黑龙江省南部。是黑龙江省省会。

⑬ **珠江**：中国南方大河。发源于云南，流经贵州、广西，到广东省磨刀门入南海，全长约2215.8千米。

⑭ **长江**：中国第一大河。发源于青海省的各拉丹冬雪山，流经西藏、四川、云南、重庆、湖北、湖南、江西、安徽、江苏等省市自治区，在上海市入东海，全长约6300千米。

⑮ **闽江**：福建省最大河流，流入东海，全长约541千米。

⑯ **环渤海地区**：在中国北部沿海。以天津、大连、青岛为中心，包括河北、辽宁、山东、山西四省，内蒙古七个盟市和京、津两个直辖市，是全国最大的重工业基地之一。

⑰ **中部地区**：也叫中部经济区，包括河南、湖北、湖南、安徽、江西五省，是中国东部沿海发达地区向西部待开发地区过渡的中间地带。

⑱ **西部地区**：包括西北经济区和西南经济区两部分。西北经济区包括陕西、甘肃、宁夏、青海、新疆五省区和内蒙古西部的三个盟市；西南经济区包括四川、贵州、云南、西藏、广西、海南、重庆七省（市、区）和广东西部的两个城市。

⑲ **珠海**：市名。在广东省珠江口外。

⑳ **温州**：市名。在浙江省东南沿海。

㉑ **市场占有率**：指某种品牌的商品所占的市场份额。

㉒ **劳动生产率**：劳动生产的效果或能力。通常以在单位时间内生产的产品数量来计算，或以生产单位产品所用的劳动时间来计算。单位时间内生产的产品愈多，单位产品所含劳

动量愈少,则劳动生产率愈高;反之,则愈低。

㉓ **科研院所**:指从事科学研究的各种科学院和研究所。

㉔ **产学研**:即产业、学校、研究机构。

㉕ **基础设施**:指为工业、农业等生产部门提供服务的各种基本设施,包括铁路、公路、运河、港口、桥梁、机场、仓库、动力、通信、供水,以及教育、科研、卫生等部门的建设。

㉖ **华南**:指中国南部地区,包括广东、广西和海南。

㉗ **香港**:全称"香港特别行政区",在中国南部、南海之滨,珠江口东侧,深圳市之南。

㉘ **奥运**:即奥林匹克运动会。the Olympics。

㉙ **基础研究**:与"应用研究"相对。指对关于研究对象的基本理论的研究,旨在对研究对象进行全面了解和认识的科学研究活动。

㉚ **第三产业**:通常指为生活、生产服务的行业,如商业、餐饮业、维修业、旅游业、运输业、金融、保险、通信、咨询、法律事务、文化教育、科学研究等。

㉛ **技术密集型**:指投入大量资金、技术和先进设备,较少使用体力劳动的企业。

㉜ **GDP**:即国内生产总值。综合反映一国或地区生产水平最基本的总量指标。

词语辨析

1 赋予——给予

【牛刀小试:把"赋予"或"给予"填入下面的句子中】

1. 公司决定,对你们这种具有强烈社会责任感的行为(　　　　)大力的支持。

2. 经过艺术家的塑造,这个人物被(　　　　)了浓厚的时代色彩。

3. 对于被告方提出的无理要求,法院不(　　　　)支持。

4. 请再(　　　　)我一点儿时间,我一定会妥善解决好这个问题的。

5. 在《红楼梦》这部伟大的作品中,作者曹雪芹使用高超的艺术手法,从广阔的视角去反映社会现实,给作品(　　　　)了深刻的思想内涵。

【答疑解惑】

语义

这两个词都有"给""交给"的意思。

【例】（1）这是国家赋予/给予每个公民的权利。

但是这两个词的语义轻重和色彩有所不同。"赋予"的语义比较重，且带有庄重的色彩；"给予"的语义比较轻，庄重的色彩也没有"赋予"那么强烈。

【例】（2）改变贫穷落后的面貌，建设好自己的国家，这是时代赋予我们每个中国人的历史使命。

（3）这项研究一旦取得成功，将会对社会发展产生重大的影响，因此，希望贵公司对我们的研究继续给予支持。

用法

这两个词都是动词，都可以带宾语。但它们的搭配对象有所不同，所以使用范围也不同。"赋予"一般只能同名词且多为抽象名词搭配，使用范围比较窄；"给予"通常带动词宾语，有时也带名词性词语，使用的范围比较宽。（见例2、3）

【例】（4）赋予重任/赋予内涵/赋予深刻的思想/赋予时代的特色/赋予生命（力）

（5）给予帮助/给予答复/给予同情/给予援助/给予关心/给予理解/给予治疗/给予批判/给予表彰/给予指导/给予照顾/给予修订/给予奖励/给予肯定/给予赞扬/给予反击/给予爱护/给予尊重/给予补充/给予支持

（6）给予掌声/给予经费/给予奖学金/给予时间/给予无私的爱

语体

这两个词都常用于书面语，"给予"有时也用于口语。

❷ 拥有——具有

【牛刀小试：把"拥有"或"具有"填入下面的句子中】

1. 他虽然是一个（　　　）亿万家产的富翁，但生活倒很俭朴，还常常支持社会公益事业。

2. （　　　）美貌不等于（　　　）幸福，（　　　）财富不等于（　　　）健康。

3. 公司（　　　）一流的技术和设备，实力雄厚，在同行业中独占鳌头。

4. 在教育孩子的问题上他（　　　）比较长远的眼光，而不是局限在一时一事上。

5. 这种服装面料（　　　）舒适、抗皱、耐洗、不褪色等特点。

【答疑解惑】

语义

这两个词都有"有"的意思，而且都有积极的色彩。

【例】（1）这所学校拥有/具有一流的师资力量和先进的教学设备，在当地首屈一指。

但这两个词的语义侧重点有所不同。"拥有"侧重在所有、领有、享受，对所拥有的事物有支配和使用权；"具有"着重在存在、具备。

【例】（2）这是一个拥有亿元资产、三千多名员工的大型国有企业，怎么可能说倒闭就倒闭呢？

（3）这本书所具有的先进的理念、丰富的信息、幽默的语言使它在这个月的畅销书排行榜上名列首位。

用法

这两个词都是动词，都可以带宾语。但它们的搭配对象有所不同。一般来说，"拥有"可以用于资源、人口、财物等具体事物，也可以用于技术、权力、时间、竞争力等抽象事物；而"具有"则多用于精神、特性、功能、素质、品德等抽象事物。（见例2、3）

【例】（4）拥有财富/拥有设备/拥有资源/拥有土地/拥有一流的专家/拥有幸福的家庭/拥有一座豪宅/拥有大量的藏书/拥有珍贵的文物/拥有宝藏

（5）拥有幸福/拥有爱情/拥有美貌/拥有权力/拥有实力/拥有身份/拥有地位

（6）具有实力/具有潜力/具有能力/具有眼光/具有深刻的思想/具有丰富的内容/具有热情的性格/具有高尚的精神境界/具有明显的特色/具有鲜明的风格/具有聪明的头脑/具有先进的理念/具有动人的旋律/具有高品质/具有优美的风景/具有渊博的学识/具有强烈的责任感

语体

"拥有"常用于书面语，"具有"既可用于书面语，也可用于口语。

3 信誉——信用

【牛刀小试：把"信誉"或"信用"填入下面的句子中】

1．"（　　　）第一，顾客至上"是我们的经营宗旨。

2．（　　　）越好销售也就会越好，这是企业经营的不二法则。

3．要成为世界名牌，既要有过硬的服务和质量，更要有很高的（　　　）。

4. 消费者买东西当然要选择（　　　　）好的产品，这是毋庸置疑的。

5. 这种（　　　　）卡是可以透支的，但不能超过五千元。

【答疑解惑】

语义

　　这两个词都有在履行约定的方面值得信任的意思，都是褒义词。

【例】（1）这家银行信誉/信用很好，我们公司的所有业务都在他们那儿办理。

　　这两个词在语义上的不同主要在于："信用"没有名誉的意思，而"信誉"包含这个意思。所以"信誉"在程度上要更高一些。试比较：

【例】（2）做生意一定要讲究信誉/信用，否则只能是红火一时，肯定长久不了。

　　　（3）做一个有信誉/信用的人，这是我一辈子的追求。

用法

　　这两个词都是名词。在用法上的差别主要在于：

　　a. 它们的使用对象有所不同。"信誉"可以用于人、团体、组织等，也可以用于产品、商品、商标、字号等；"信用"多用于人或团体、组织等。

【例】（4）作为名牌，出了问题应该赶快纠正，这样才能挽回信誉。

　　　（5）海尔电器的质量多年来一直非常可靠，在国际上赢得了信誉。

　　b. "信誉"还可以和"很高""崇高""广泛""稳固""持久"等形容词搭配，"信用"一般不这样用。

【例】（6）这家公司本着"消费者是上帝"的宗旨，生产出的产品质优价廉，在消费者中赢得了很高的信誉。

　　　（7）我们不要只看到一时的信誉，更要追求持久的信誉，因为这是企业的生命之所在。

　　c. "信用"还可以组成"信用卡""信用社"等词语。

语体

　　"信誉"和"信用"都可用于书面语，也可用于口语。

4 管制——管理

【牛刀小试：把"管制"或"管理"填入下面的句子中】

1. 发生骚乱以后，国家对这个地区实行了军事（　　　　），以控制局势。
2. （　　　　）动物的生活不是一件容易的事，我们必须了解每一种动物的不同习性才行。
3. 要想提高工作或学习的效率，（　　　　）好自己的时间是最重要的因素。
4. 中国一直以来都实行非常严格的枪支（　　　　）政策，这是根据中国的国情制定的。

【答疑解惑】

语义

这两个词都有对事物或人加以约束的意思。但它们的语义侧重点和语义轻重不同。"管制"着重于强制、监督、限制和约束，语义比较重；"管理"着重于负责、安排、料理，语义比较轻。

【例】（1）你的任务就是管理好学生们的饮食起居，其他方面由我来负责。
　　　（2）为了保证这个重大活动的顺利进行，市政府规定在活动举行期间这一带将实行交通管制。

这两个词在语义上的不同还表现在，"管制"在用于人的时候常常是消极的，而"管理"是中性词。

【例】（3）对犯罪分子必须严加管制，以防他们再次危害社会。

用法

这两个词都是动词。在用法上的差别在于：

a. 它们的使用对象有所不同。"管制"可以用于事物（见例2），也可以用于人（多指坏人，见例3）；"管理"可以用于事物、人或动物，用于人时是中性的。

【例】（4）科学地管理好这几百名员工是公司管理层的一项重要工作。
　　　（5）老王在野生动物园负责管理狮子、老虎等大型猛兽的生活。

b. "管理"可以重叠为ABAB式，而"管制"一般不重叠。

【例】（6）你不要整天忙于工作了，家里的事也要花点儿时间好好管理管理。

c. 可以构成不同的词组。"管理"可以构成"管理处""管理员""管理者""管理学""管理系""管理学院""企业管理"等；"管制"可以构成"被/受管制分子""军事管制""交通管制""进出口管制"等。

语体

"管制"多用于书面语和司法用语,"管理"可用于书面语,也可用于口语。

5 效益——效果

【牛刀小试：把"效益"或"效果"填入下面的句子中】

1. "（　　　）是企业的生命"，但追求（　　　）的手段应该是合理合法的。
2. 我用背诵的方法来提高我的语感，（　　　）真的非常理想。
3. 通过电视这个大众化的媒体来播出公益广告，社会（　　　）非常好，值得在全国推广。
4. 医生，我吃了半天药打了半天针怎么没有（　　　）呀？是不是您给我开的药不对症啊？

【答疑解惑】

语义

这两个词都有人的力量、做法所产生的结果的意思。但它们的语义侧重点和使用范围不同。"效益"侧重指利益，使用范围较小；"效果"侧重指结果，使用范围较大。

【例】（1）今年出版社出了一系列受读者欢迎的畅销书，取得了很好的经济效益。

（2）妈妈吃了这种药效果不错，病已经好了一大半了。

（3）你觉得学习语言用什么样的方法能取得事半功倍的效果呢？

用法

这两个词都是名词。在用法上的差别主要在于它们的使用对象有所不同。"效益"主要用于社会、经济等方面；"效果"可以广泛用于社会、政治、经济、军事、教育及日常生活等各个方面。

【例】（4）你不要在时机不成熟的时候急于采取行动，先好好考虑一下这样做的效果再下手也不迟啊。

（5）我们公司的经营理念是，既要重视经济效益，也要重视社会效益。

语体

"效益"多用于书面语；"效果"书面语和口语都很常用。

6 宽容——宽恕

【牛刀小试：把"宽容"或"宽恕"填入下面的句子中】

1. 小明做了错事以后，真诚地向父母表示了悔意，父母当然就（　　　）他了。
2. （　　　）大度的老师一点儿都不计较我的无理，反而给了我更多的爱护和鼓励，让我一生都受益匪浅。
3. 他做的事情令人发指，即使是他的亲朋好友也无法（　　　）他。
4. 当我为自己的言行向他道歉时，他十分（　　　）地说："没关系。谁都有言行失当的时候，何况年轻人呢？"

【答疑解惑】

语义

　　这两个词都表示对过错或分歧能原谅，不追究的意思。但它们的语义侧重点和语义轻重不同。"宽容"侧重指心理上或态度上的宽大、容忍，不计较，不追究，语义相对较轻。"宽恕"侧重指在实际行动上宽大、饶恕，不责备，不处罚，语义相对较重。

【例】（1）马老师一生胸怀开阔，待人宽容，脾气顺和，深受学生们尊敬。

（2）我小时候常常因为淘气而犯错误，父母每次都在教育我之后宽恕了我，从不责骂我，更不会对我进行体罚。

（3）做人要大度一些，宽容一些，这样你会得到更多的友情和缘分，自己也会感到更幸福，更快乐。

（4）我做了对不起大家的事，心里很愧疚。请你们宽恕我吧！

用法

　　这两个词都是动词。在用法上的差别主要在搭配上：

　　a. "宽容"一般不能直接带宾语，而"宽恕"可以直接带宾语（见例2、4）。

　　b. "宽容"可以接受程度副词的修饰，而"宽恕"不可以。

【例】（5）他待人很宽容，大家都愿意跟他交朋友。

语体

　　"宽容"和"宽恕"都可用于书面语，也可用于口语。

7 步伐——步调

【牛刀小试：把"步伐"或"步调"填入下面的句子中】

1. 虽然老人们已经退休了，但还在努力学习，让自己跟上时代的（　　　）。
2. 在解决产品出现的质量问题时，公司的领导层（　　　）不一致，给消费者造成了极大的困惑。
3. 阴云密布，大雨将至，路上的行人都不由自主地加快了（　　　）。
4. 他说应该让孩子自己选择要做的事情，而你说孩子不懂事大人应该告诉他该做什么事，你们俩的（　　　）不就乱了吗？

【答疑解惑】

语义

这两个词都可以表示脚步的大小快慢。

【例】（1）战士们正在进行队列训练，他们精神饱满，步伐/步调整齐。

但它们的比喻义侧重点不同。"步伐"侧重在比喻事物进行的快慢程度，"步调"侧重在比喻进行某种活动的方式和步骤。

【例】（2）时代的飞速发展要求我们必须加快国家现代化建设的步伐。

（3）他们俩是老夫老妻了，互相非常默契，对对方的想法心领神会，做什么事情都步调一致。

用法

这两个词都是名词。在用法上的差别主要在搭配上：

"步伐"可以与"迈出""迈开""踏着""加快""跟上"等动词搭配，也可以与"大""小""快""慢""坚定""有力""豪迈""矫健"等形容词搭配。

"步调"则常与"采取""乱""一致""统一""协调"等词语搭配。

【例】（4）她还建议村民们引进更多新品种的蔬菜和水果，把改革产品结构的步伐迈得再大一些。

（5）不管做什么事，一个单位的各个部门之间应该步调统一，否则就乱了。

语体

"步伐"和"步调"都是书面语，也可用于口语。

语言点

1 观察中国城市竞争力，<u>真可谓是</u>"横看成岭侧成峰，远近高低各不同"。

【解释】真可谓是：意思是"真可以说是"。书面语体，在语气上表示强调。

【举例】（1）春节期间不仅放长假，而且各种活动最多，文化内涵最丰富，真可谓是中国的第一大节日。

（2）江南一带人杰地灵，物产丰富，真可谓是人间天堂啊！

（3）广西桂林一带有很多岩洞，里面的石头由于时代久远而变化成各种各样的形状，有的美丽，有的壮观，真可谓是天下奇观了。

【链接】不可谓不……：不可以说不……，双重的否定表示的是肯定的意思。在它的后面，常常用"但""但是"等来表示转折。

【举例】（4）他病了，我给他送药；他考砸了，我带他去郊外散心；他失恋了，我彻夜不眠地开导他。我对他不可谓不关心了吧？

（5）她的容貌，不可谓不漂亮；她的衣着，不可谓不时尚；她的谈吐，也不可谓不得体。但她的某些行为，怎么跟她的外表不协调呢？

【练习】用"真可谓是"或"不可谓不"改写句子：

（1）听说四川九寨沟的自然风光奇异旖旎，美不胜收，被人称为人间仙境。（真可谓是）

＿＿＿＿＿＿＿＿＿＿＿＿＿＿＿＿＿＿＿＿＿＿＿＿＿＿＿。

（2）我的同学小王不仅功课好，而且琴棋书画样样拿得起来，是我们班公认的才女。（真可谓是）

＿＿＿＿＿＿＿＿＿＿＿＿＿＿＿＿＿＿＿＿＿＿＿＿＿＿＿。

（3）作为一个普通职员，他每天早来晚走，勤奋努力，对工作真够尽心尽力的了。（不可谓不）

＿＿＿＿＿＿＿＿＿＿＿＿＿＿＿＿＿＿＿＿＿＿＿＿＿＿＿。

（4）这家商店吃、穿、用方面的商品都有，甚至还有图书和音像制品，东西很齐全。（不可谓不）

＿＿＿＿＿＿＿＿＿＿＿＿＿＿＿＿＿＿＿＿＿＿＿＿＿＿＿。

2 ……而"压阵"的<u>无一例外</u>都是矿城。

【解释】无一例外：书面语体，意思是没有一个不属于这种情况，全部都是。在句子中可以单独成句，也可以作谓语或状语。

【举例】（1）所有伟大的音乐家都是有音乐天赋的人，无一例外。

（2）他不仅写一手好字，而且家里收藏了丰富的书法作品，周围爱好书法的孩子无一例外地都被吸引到了他的身边。

（3）跳健美操有很好的塑身健体功能。这期参加健美操班的学员无一例外，都变得健康、苗条了。

【链接】无一＋动词：无一幸免/无一遗漏/无一漏网/无一逃脱/无一失败/无一成功/无一入选/无一落选/无一通过/无一损坏/无一过关/无一失手/无一晋级/无一获利/无一实现

【练习】（一）用"无一例外"改写句子：

（1）在中国农村，凡是交通不发达的地方经济都比较落后，这是一种普遍的情况。

_____。

（2）他是个有才华的导演。他执导的影片每次都能在各种电影节或比赛中获奖。

_____。

（3）小罗的这个进球实在太精彩了，现场的球迷全体起立给他鼓掌喝彩。

_____。

（二）用"链接"中所给的例子填空：

（4）在这次骚乱中越狱的逃犯都被警察抓了回来，（　　　　）。

（5）中国的司法考试难度很大，每年的通过率很低。我们班今年参加考试的同学（　　　　）。

（6）悲剧再次发生了！在这次飞机失事中，机上人员全部遇难，（　　　　）。

（7）近期股票大跌，投资股票的股民们（　　　　），一个个垂头丧气。

（8）在这段优美的双人冰舞中，他们俩配合默契，所有的旋转和抛接动作（　　　　）。

3 ……拥有许多著名的风格<u>各异</u>的标志性建筑、商业街、广场。

【解释】各异：每一个都不相同。一般常用的搭配是：名词+各异。

【举例】性格各异/颜色各异/形状（形态、形式）各异/相貌（容貌、长相）各异/民族各异/年龄各异/音色各异/国籍各异/口味各异/动作各异/内容各异/情况各异/身份各异/命运各异/大小各异/爱好各异/兴趣各异/条件各异/要求各异/方法各异/质地各异

【练习】用上面的例子填空：

(1) 他们几个虽然是嫡亲的兄弟姐妹，但（　　　），长得不太一样。

(2) 我们班的同学来自五湖四海，（　　　），（　　　），但却相处得非常融洽。

(3) 我们的目的是一致的，都是学好汉语，但（　　　），各有各的高招。这就叫"殊途同归"。

(4) 一家四口人（　　　），众口难调，这可难坏了妈妈。

(5) 同样都是可爱的小动物，但因为遇到的主人不同而（　　　）。

(6) 顾客们（　　　），（　　　），要想满足每一位顾客的需求，不仅要有好的商品，还得好好研究消费心理学。

4 兼容平等观念<u>有待</u>加强。

【解释】有待：动词，书面语。意思是要等待。暗含着后面所表示的内容还没有实现的意思。这个词必须带宾语，而且只能带谓词性宾语。也不能用于"把"字句和"被"字句。有时候"有待"的后面可以有"于"。

【举例】(1) 虽然现在科学技术很发达，但很多问题还有待研究，世界上未知的东西还很多。

(2) 目前的很多社会问题还有待于社会各个方面共同努力来加以解决。

(3) 要把我校建设成世界一流大学，还有待于全校每一位师生员工的付出和努力。

(4) 有待提高/有待考察/有待改进/有待纠正/有待调整/有待修改/有待完成/有待增加/有待改善/有待治疗/有待发展/有待好转/有待成熟/有待整理/有待收集/有待关注/有待考证/有待核对（实）/有待开发

【练习】用"有待（于）"完成对话：

(1) A：听说老张住院动手术了，不知道他的病现在怎么样了？

B：_____

(2) A：你觉得田中的汉语水平能够胜任这本专著的翻译吗？

B：_____

(3) A：这个广告可以在电视台播出了吗？

B：_____

(4) A：大家觉得这次运动会开得怎么样？有什么值得总结的经验或教训吗？

B：_____

5 金融控制能力、资本可得性、资本流量都<u>仅次于</u>最好的上海。

【解释】仅次于：次，差，不好。（某事物的）等级、质量等只比另一事物差。内含的意思是：后一种事物是很好的，只比前一种更好的事物差一点点，也很不错。

【举例】(1) 这次HSK考试全成熙比上次进步了很多，仅次于全班考得最好的朴珉顺。

(2) 北京动物园的大熊猫数量是全国动物园中最多的，仅次于四川的卧龙自然保护区。

(3) 我认为他的山水国画飘逸洒脱，自成一家，水平仅次于山水国画大师李可染。

【链接】（不）次于：用于两个人或事物的比较，表示某一个人或事物（不）比另一个差。

【举例】(4) 我觉得他在这部电影中的表现次于他以前拍的电影，让我很失望。

(5) 这档新的新闻评述节目无论在时效性、信息量、内容深度和主持人的水平上都不次于其他的老节目，值得一看。

【练习】根据下面提供的材料，用"仅次于""（不）次于"完成句子：

(1) 这家医院和那家医院；医疗水平（仅次于）

(2) 这座城市和那座城市；自然景色（仅次于）

(3) 我们大学的图书馆和他们大学的图书馆；藏书质量（次于）

(4) 这次奥运会吉祥物和以前奥运会吉祥物；可爱程度（不次于）

综合练习

I 词语练习

一　填入合适的名词

轰动（　　　　）　　勾画（　　　　）　　审批（　　　　）

兼容（　　　　）　　绿化（　　　　）　　凝聚（　　　　）

（　　　　）崛起　　（　　　　）发育　　（　　　　）配套

（　　　　）领先　　（　　　　）交汇　　（　　　　）提升

优惠的（　　　　）　规范的（　　　　）　精明的（　　　　）

二　填入合适的动词

（　　　　）实力　　（　　　　）全球化　（　　　　）阵营

（　　　　）体制　　（　　　　）平台　　（　　　　）潜力

（　　　　）景观　　（　　　　）流量　　（　　　　）余地

（　　　　）端倪　　（　　　　）密度　　（　　　　）外资

借机（　　　　）　　依次（　　　　）

三　填入合适的形容词

（　　　　）的内涵　（　　　　）的轨迹　（　　　　）的话题

（　　　　）的体制　（　　　　）的薪酬　（　　　　）的氛围

（　　　　）的现状　（　　　　）的布局　（　　　　）的景观

四　写出下列词语的近义词或反义词

（一）写出近义词

轰动——　　　　崛起——　　　　勾画——

景观——　　　　信誉——　　　　操守——

效益——　　　　激励——　　　　宽容——

约束——　　　　精英——　　　　管制——

(二) 写出反义词

崛起——　　　　　精明——　　　　　务实——

规范——　　　　　进取——　　　　　领先——

宽容——　　　　　精英——　　　　　加快——

五　选词填空

> 赋予　给予　拥有　具有　信誉　信用　管制
> 管理　效益　效果　宽容　宽恕　步伐　步调

1. 这个国家发生了骚乱，政府决定实行二十四小时军事（　　　）。
2. 两位同学在电视中看到这一家人面临的困境以后，给他们送去了两千块钱。这一家人对学生们（　　　）他们的同情和帮助深表感谢。
3. 跟人打交道，最重要的是讲（　　　），否则你们的关系只能是兔子的尾巴——长不了。
4. 这家著名的连锁商店每年拿出相当一部分资金资助因贫困失学的孩子，获得了良好的社会（　　　）。
5. （　　　）财富不一定就（　　　）幸福。幸福是要自己用心去感受的。
6. 科学的教学（　　　）是办好一所学校的关键环节。
7. 有些学习方法有的人用了（　　　）很好，但对有的人也许就没用。还是要选择适合自己的个性化的学习方法。
8. 鉴于他近年来的出色表现，公司董事会决定（　　　）他重任，让他去海外的分公司独当一面。
9. 既然咱们是合作伙伴，就应该采取统一的（　　　），不能各自为政，你干你的，我干我的，这样的合作还有什么意义呢？
10. 北京有很多老字号，比如瑞蚨祥、盛锡福、稻香村等，都是在消费者中极有（　　　）的百年老店了。
11. 他年轻时性格很倔，但随着年龄和人生阅历的增加，他变得越来越随和了，待人非常（　　　），人际关系也越来越好了。
12. 我们单位的领导在用人方面（　　　）敏锐的眼光，总是能让每个人都找到合适的位置，发挥自己的长处。

13. 看你花钱这么冲，是不是今年单位（　　　　）特别好，给你涨工资啦？

14. 他生病住院以后，医生和家人都不许他随便活动，他彻底失去了自由，成了个受"（　　　　）"的人。

15. 由于你的失误而给单位和同事造成了不可弥补的损失，我们认为你的行为是不可（　　　　）的。

16. 自从中国迈开改革开放的（　　　　），社会的发展就如江河般一日千里，不可阻挡了。

六 解释句中画线词语的意思

1. 城市之间的竞争，其<u>轨迹</u>为：城市规模——综合实力——城市竞争力。
   A. 比喻竞争的激烈　　　B. 比喻竞争的发展道路　　　C. 比喻城市的历史

2. 上海被喻为"中国的经济<u>龙头</u>"。
   A. 指上海在中国经济中起带头和主导作用
   B. 指上海的经济发展很快，就像巨龙起飞
   C. 指上海在中国经济中起指导和决定作用

3. 市民讲究信誉，<u>交往操守</u>好。
   A. 指人与人交往时的方法
   B. 指人与人交往时的品德
   C. 指人与人交往时的规则

4. ……，但是兼容平等观念<u>有待</u>加强。
   A. 要等待加强　　　B. 有机会加强　　　C. 有希望加强

5. 高科技产业集群<u>初现端倪</u>，表明其结构提高快。
   A. 刚刚表现出新的希望　　B. 初次出现这样的情况　　C. 刚刚开始出现眉目

6. 深圳人具有不安于现状的<u>进取精神</u>以及新移民交汇所形成的开放、平等、自由、宽容、创新氛围。
   A. 是指奋勇前进，去争取更好的未来的精神
   B. 是指努力向前，立志有所作为的精神
   C. 是指争取进步，力争取得第一名的精神

7. 结构竞争力第一，<u>第三产业</u>发达，技术密集型从业人员比例在全国最高。
   A. 指金融、服务、餐饮等行业
   B. 指教育、旅游、公务员等行业
   C. 指工业、农业和电脑等行业

8. 结构竞争力第一，第三产业发达，<u>技术密集型</u>从业人员比例在全国最高
   A. 指资金投入不大，但有很多先进技术的企业
   B. 指资金投入较大，技术、设备先进的企业
   C. 指资金投入较小，但技术人员比较多的企业

9. 北京的<u>基础设施</u>竞争力比较强，市内基本基础设施完善程度在全国最好。
   A. 指为生产部门提供服务的设施
   B. 指为政府机关提供服务的设施
   C. 指为科研机构提供服务的设施

10. 政府规划能力、推销能力、<u>凝聚</u>能力和财政能力都很强，……
    A. 指政府使老百姓团结在一起的能力
    B. 指政府使各个国家的人团聚在一起的能力
    C. 指政府使大量的资金集中在一起的能力

11. 北京是全国铁路、航空、通信中心和<u>枢纽</u>，交通区位极为优越。
    A. 重要和必需的纽带　　B. 关键和集中的中枢　　C. 关键和中心的环节

12. 企业<u>激励</u>和约束绩效表现佳，产品服务质量和管理效益有待加强。
    A. 激烈和励志　　　　B. 激动和勉励　　　　C. 激发和鼓励

七　选词填空，并模仿造句

> 一时间　无一例外　半壁江山　交互作用　名列　及其　毗邻　端倪

1. 教与学这两者（　　　　），形成良性循环以后，学校的教学水平就会迈上一个新台阶。

2. 天津（　　　　）渤海，是中国的第二大港口城市。

3. 我和朋友合租了一套房子，一人一间，平时我们各自占据（　　　　），等周末时我们也会一起做菜、吃饭。

4. 经过名师指点，这十个学生（　　　　）地顺利通过了这次关键的考试。

5. 地震发生了！（　　　　），地动山摇，房倒屋塌，人哭狗叫，整个城市仿佛进入了世界末日。

6. 乒乓球是中国的国球，在每次重大的国际比赛中，中国运动员都会在各个比赛项目中（　　　　）前茅。

7. 这个少年走上犯罪道路绝不是偶然的。早在上小学的时候，老师就从他的种种劣迹中发现了（　　　　）。

8. 他是中国问题专家，尤其对中国当代的政治人物感兴趣，很多领导人（　　　　）著作他都很熟悉。

八　在下面词语中选择至少五个写一段话（可以不按次序写）

轰动　借机　压阵　崛起　勾画　位居　创业　审批　交汇　依存　激励

Ⅱ　课文理解练习

一　根据课文内容判断正误

读第一部分课文，做下面的题：

1. 20世纪90年代每年公布一次的中国城市综合实力50强排名成了各城市标榜自己投资环境的唯一因素。（　　）

2. 作者在文章中用"横看成岭侧成峰，远近高低各不同"这两句诗来说明中国的城市各有各的特色。（　　）

3. 在《中国城市竞争力报告》中，名列前茅的全部都是东南沿海城市。（　　）

读第二部分课文，做下面的题：

4. 上海在中国经济的发展中起着非常重要的带头作用。（　　）

5. 上海在资本竞争力和人才竞争力方面都位居全国之首。（　　）

6. 上海的政府管理竞争力是全国最好的。（　　）

读第三部分课文，做下面的题：

7. 深圳是华东地区重要的区域经济及金融航运中心城市。（　　）

8. 深圳的科研实力、创新能力以及科技转化能力都仅次于上海。（   ）
9. 深圳人有商业观念，竞争意识很强，而兼容心理较差，不愿意接受新移民。
（   ）
10. 北京的人才竞争力和科技竞争力在全国是最强的。（   ）
11. 北京人的商业意识和创新意识都比不上沿海城市。（   ）
12. 北京的对外文化交流非常广泛，外资所占比重在全国最大。（   ）

二 根据课文内容，用指定的词语回答问题

1. 20世纪80年代以来，评价城市竞争力的标准发生了哪些变化？
（早已　更多地　规模　用……来体现　标榜　借机　一时间　背景　赋予）

2. 在《中国城市竞争力报告》中，根据城市综合竞争力而排列的序列表现出什么特点？
（阵营　压阵　明星　半壁江山　崛起　勾画　区域　依次　引人注意）

3. 上海在经济、科技和政府管理等方面的竞争力怎么样？
（枢纽　平台　龙头　之冠　人均　突出　拥有　效率　规范　富有　效益）

4. 深圳在资本、文化、企业管理、开放等方面的竞争力在全国占据什么位置？
（仅次于　及其　余地　观念　态度　意识　交汇　氛围　表现在　领先　激励　国际化　移民　人文）

5. 北京在人才、结构、区位、环境等方面的竞争力情况怎么样？
（聚集　精英　吸引　改善　发达　从业　密度　布局　优势　优越　悠久　绿化　相对　舒适度　提高）

三 思考与讨论

1. 根据你对文章内容的理解，概括出上海、深圳、北京这三个城市各自主要的长处和短处。
2. 如果让你选择，在这三个城市中你会居住在哪个城市呢？说说理由。
3. 回忆一下你去过或生活过的城市，比较一下它们的不同特点。
4. 试着使用这篇文章的写作方法来评价一个你最熟悉的城市。

阅读与理解

生活在哪个城市最幸福？

2005年3月21日，瑞士著名的美世人力资源咨询公司发布了2005年度《全球生活质量调查》，调查结果显示，上海的排名从2004年的第107位上升至102位，在所有参与调查的亚洲城市中得分增长最快。北京的排名仍然保持在第132位，紧随其后的是广州（第135位）、南京（第143位）、沈阳（第157位）和长春（第167位）。世界上得分最高的城市是日内瓦（Geneva）和苏黎世（Zurich），温哥华（Vancouver）和维也纳（Vienna）并列第3位，新西兰的奥克兰（Auckland）、丹麦的哥本哈根（Copenhagen）、德国的法兰克福（Frankfurt）和澳大利亚的悉尼（Sydney）均位于前10名之列，而饱受战争之苦的伊拉克首都巴格达（Baghdad）的生活质量最差。《全球生活质量调查》以39项关键生活质量标准的详细评估与分析为基础，主要指标包括政治和社会环境、经济环境、医疗和健康因素、学校和教育、公共服务和运输、娱乐、消费、居住条件、自然环境等因素。其中，上海得分较高的项目主要是金融服务、医疗供应服务等方面。此外，上海在餐厅类别、影院娱乐、休闲设施等方面也得分较高，但是在空气污染、交通拥堵等方面却不尽如人意，尤其在交通状况满意度方面，在满分10分中只得5分。

京沪穗三城比较

《全球生活质量调查》的科学方法显然不同于人们的日常生活与切身感受。那么，生活在城市的人们持有怎样的看法呢？对此，研究人员曾对北京、上海和广州三个城市进行过比较研究，获得如下发现：

居民心中的城市形象：

● 认为属于"现代化城市"的，上海的中选率是63%，北京的中选率是20%，广州的中选率是17%。

● 认为属于"国际化城市"的，上海的中选率是66%，北京的中选率是

18%，广州的中选率是16%。

● 认为"城市开放速度最快"的，上海为41%，北京为16%，广州为43%。

● 认为"生活在京沪穗三个城市中，哪个城市最令人感到舒适"的，上海的中选率为49%，北京的中选率为29%，广州的中选率为22%。

● 认为"最有文化氛围的城市"，北京的中选率为63%，上海的中选率为28%，广州的中选率为9%。

在上述5个指标中，除了"文化氛围"外，上海在其余指标上均超过京穗。

最喜欢的城市：

● 上海人最喜欢本市的比例为85%，北京人最喜欢本市的比例为79%，广州人最喜欢本市的比例为50%。

● 除了本市，三地居民喜欢其他城市的排序是：上海人为北京和广州，北京人为上海和广州，广州人为上海和北京。

自己的城市好在哪儿？

● 在22项与居民生活有关的项目中，就排序前3位而言，上海居民首选供电、子女教育、城市建筑美观；北京居民首选基础性市政建设、和谐的邻里关系、完善的旅游设施；广州居民首选住房、文化娱乐、小区配套设施。

● 在22项与居民生活有关的项目中，就排序最后3位而言，上海人和北京人相同，满意度最低的分别是空气质量、小区配套设施；绿化；广州人满意度最低的3项是空气质量、饮用水质量和治安状况。

● 在给自己城市的满意度打分方面，围绕所在城市的生活、居住、人文环境和城市建设等项目，采用5分制，5分表示很满意，1分表示很不满意。结果发现，上海人对自己城市总体满意度的得分为4分，北京为3.7分，广州为3.63分。

最希望自己所在城市改进的方面：

根据居民认为"重要、城市表现不错、希望继续保持的方面"，或者居民认为"重要、城市做得较差、亟待改进的方面"，三地的不同排序是：

● 上海为住房、交通拥堵、小区配套设施、绿化、空气质量、环境保护、文化娱乐设施等。此外，为了迎接"世博会"，居民的素质需要进一步提升。

● 北京为空气质量、环境保护、交通拥堵、住房、小区配套设施、绿化、文化娱乐设施等。此外，为了更好地迎接2008年奥运会，居民需要不断提高自身和城市的素质。

- 广州为居民的文化素质、城市规划的合理性、小区绿化、空气质量等。

上海市民为什么喜欢上海？

上海市民之所以对自己生活的城市感到满意，是与上海的经济社会发展和市民的认知水平提高密切相关的。对此，上海市统计局、上海市民政局、《东方早报》和上海零点市场调查公司曾先后组织过不同规模的上海市民基本情况抽样调查，结果发现下述一些因素与上海市民喜欢上海有关：

第一，个人生活质量的总体满意度得到提升。在接受调查的市民中，认为个人生活质量较低或很低的人不到10%。

第二，生活成本的上升与生活质量的提高趋于同步态势。2004年全球城市生活成本调查报告显示，上海位列16位，仅次于香港和北京而排中国第三位，而教育的开支则位居世界第一。对生活成本的上升，上海市民有何看法？对此，有关调查发现：

- 约54.7%的被调查者认为，上海作为"国际化大都市"，与世界其他同等的大城市相比，目前的生活成本还是适中的。当问及"与收入相比，你觉得上海的生活成本如何"时，有50%的人认为两者同步，也就是说，虽然在上海生活花钱较多，但是挣得也多。

- 对于教育费用全球排行第一的问题，调查显示，39.2%的人认为这是人们重视教育、观念领先的表现；25.8%的人对此采取较为宽容的态度，认为这是发展过程中暂时的现象；11.1%的人持完全肯定的态度，认为这是上海作为"国际化大都市"的一种表现。

- 在回答"你怎样看待在同一城市区域之间的生活成本不相同这一现象"时，62.6%的人认为很正常，是适应市场规律的体现；21%的人觉得不太正常，希望通过调整来缩小差距；相比之下，只有10.1%的人持相反意见，觉得很不合理。

第三，人均年可支配收入增加。2004年，上海全年城市居民家庭人均年可支配收入为16683元，比2003年增长12.2%；农村居民家庭人均年可支配收入为7337元，比2003年增长10.2%。

第四，住房条件逐步改善。调查发现，与过去5年相比，有31.7%的市民认为，住房条件变得"较好或很好"；近50%的市民认为"差不多"。

第五，健康水平提高。约87.6%的市民认为自己身体健康。

第六，社会地位变化。大多数市民在经济收入、文化程度和职业取向逐渐提高的同时，社会地位也随之上升。在问及被调查者与其父辈相比社会地位有何变化时，60%以上的人认为自己的社会地位得到了提高。

第七，城镇登记失业率10年来首次下降。2004年初，上海启动了"万人就业项目"，目标是新增就业岗位50万个，城镇登记失业率控制在4.6%以内。上海市统计局的统计快报表明，截至2004年底，上海就业形势在保持稳定的基础上有所好转，全市新增就业岗位60.8万个，超额完成年初目标。城镇登记失业率为4.5%，实现了近10年来的首次下降。城镇失业率的下降，直接影响市民的幸福体验。

第八，"吃救济"人数10年来首次下降。2004年，上海享受政府救济的人数达到59.83万人。这个数字比2003年同期减少了近3.6万人，这也直接影响到市民的幸福体验。

（作者：韦子木　选自《社会观察》2006年第6期，有改动）

【相关链接】

2007年中国城市竞争力蓝皮书上午发布
科技竞争力　北京第一

今天上午，中国社会科学院和社会科学文献出版社联合发布了《2007年中国城市竞争力蓝皮书》。这份由海峡两岸及香港、澳门近百名城市竞争力专家历时大半年完成的近70万字的报告，对包括港、澳、台和内地的200个地级以上城市的综合竞争力进行了排序，在科技竞争力排序中北京排名第一。

当今世界的全球化和网络化，使得城市国际竞争不断升级，而品牌竞争是城市国际竞争的重要制高点。今年的蓝皮书以"品牌，城市最美的风景"作为主题，通过对表示品牌的理性感知和情感体验的70多项指标的调查数据，对内地50个城市品牌进行定量研究发现，总体品牌前十名的城市依次是：北京、上海、深圳、广州、杭州、苏州、厦门、宁波、天津、南京。

蓝皮书还从市场规模、经济增长、生产效率、资源节约、经济结构和生活水平六个方面，利用标准的客观数据对200个地级以上中国城市的综合竞争力进行定量分析，最终产生的综合竞争力前10位的城市分别是：香港、深圳、上海、北京、广州、台北、无锡、苏州、佛山、澳门。

蓝皮书指出，从中国城市竞争力的区域分布特征看，目前中国城市竞争力总体格局依然是珠三角地区、长三角地区、台海地区、环渤海地区、东北地区、中部地区、西南地区及西北地区。但是区域发展不平衡问题突出，各地竞争力差异显著；竞争力板块开始细化，区域内城市间差距拉大。

蓝皮书还利用210个指标的主客观数据对综合竞争力较强的61个城市的分项竞争力进行了比较分析，其中北京在科技竞争力排名中名列榜首，在人才、资本、结构、基础设施、区位、文化和政府管理竞争力方面也表现优异，均进入了前十名，而在环境、制度、企业管理和开放竞争方面则表现稍差，未能进入前十。

（选自《北京晚报》2007年3月25日）

阅读练习

一 根据《生活在哪个城市最幸福》一文的内容选择正确答案

第一段：

1. 北京在所有参与调查的中国城市中是进步最快、最大的。（　　）

2. 上海得分比较高的项目是金融服务、休闲设施、学校教育等方面。（　　）

3. "尽如人意"的意思是非常符合心意。（　　）

京沪穗三城比较：

4. 《全球生活质量调查》不是根据人们在日常生活中的感受来得出结论的。（　　）

5. 在北京居民的心中，认为北京属于"国际化城市"的比例是最高的。（　　）

6. 在三个城市中，上海人喜欢自己的城市的比例最高。（　　）

7. 除了本市以外,广州人最喜欢的城市是北京。　　　　　　　　(　　)

8. 三个城市的居民都认为自己的城市最好的方面是文化娱乐设施。(　　)

9. 上海人对自己的城市总体满意度最高。　　　　　　　　　　(　　)

10. 在"最希望自己所在城市改进"的方面,京沪穗都提到了空气质量。(　　)

上海市民为什么喜欢上海?

11. 上海市民之所以喜欢上海,是因为上海市民的知识很丰富。　(　　)

12. 生活费用的降低是上海市民喜欢上海的原因之一。　　　　　(　　)

13. 调查显示,上海市民对自己的收入表示满意的比例比较高。　(　　)

14. 上海市民对上海教育费用的昂贵感到非常忧虑和反感。　　　(　　)

15. 超过一半的上海市民认为自己社会地位与父辈相比有所提高。(　　)

16. 失业率的下降也是上海市民喜欢上海的原因之一。　　　　　(　　)

谈一谈

1. 你去过京沪穗这三个城市吗?说说你对它们的感受。

2. 如果可以在世界上选择一个长期居住的城市,你会选择哪儿?说说你的理由。

3. 你还知道中国其他省市的简称吗?跟老师一起讨论一下。

中国社会发展的世界意义

课前思考

1. 中国的改革开放是从什么时候开始的?
2. 据你所知,改革开放后中国社会有哪些变化?
3. 根据你的了解,中国社会发展对世界有什么影响?
4. 中国的发展已引起了越来越多的人的关注。读一读这篇文章,看一看作者是怎么介绍改革开放后中国社会的变化的,以及从世界的高度来看,中国社会的发展具有什么意义。

课文

第一部分

改革开放后中国社会的变化

近30年的改革历程使中国发生了翻天覆地的变化，这个变化不仅反映在经济上，更重要的是导致了社会的变化。中国社会的变化将决定中国未来经济、政治和文化等各方面的走向和内容。

大规模人口流动是中国经济和社会保持持久活力的基础。改革开放前30年由于中国实行城乡二元制度①，人口的流动几乎停滞。从1979年开始，大批农业剩余劳动力冲破了城乡隔离的藩篱，中国的人口开始了有限的流动。20世纪90年代以来，中国人口出现了大规模、跨区域、长距离迁移与流动的现象。2006年春运②期间，全国流动人口规模为3.3亿人，这个数字意味着美国和加拿大的全部人口在这个时间内全部移动一次。这个流动提供和满足了中国经济发展的劳动力需求，使中国这样的"世界工厂"**得以**正常开工生产。

两条腿走路的中国城市化③道路是中国现代化的加速器。中国的城市发展正成为中国工业化和现代化的重要标志之一，并成为今后中国经济和现代化发展的加速器。中国城市化发展采用的是大中城市和小城镇同步发展的路子，是一个"两条腿"走路的实例，也是与西方和其他国家城市化不同的实践，因此其他国家在城市化发展中出现的严重"城市病"问题并没有在中国大城市出现，或者问题并不严重。今天，中国的城市化率已经超过40%，未来城市将会成为吸收农村劳动力、提高经济效率、改善生活质量和减少城乡差别的重要手段。

社会流动的正常路径基本形成，多种不同利益群体客观存在。改革开放前，中国采用诸如个人的家庭出身、城乡户口、单位制、所有制等先赋性或**类似于**先赋性的制度安排，决定人们的社会阶层与社会地位。这种先赋性的社会流动机制限制了人们通过努力奋斗实现向上流动的积极性，使国家的发展缺乏活力和动力，也阻碍了经济和社会的进步。改革开放后个人社会流动中自致性因素逐渐增多，而先赋性因素逐渐减少。社会不同阶层的客观存在和它们之间的差距，是导致人们采取竞争、奋斗等手段使自身向上攀升的动力。以自致为主的社会流动机制正在建立起来，并越来越成为人们获得职业、社会地位和其他资源的手段。

生活方式多样化，价值观念多元化。改革开放这20多年是中国历史上经济增长最快的时期，也是中国人的日常生活方式和消费观念发生巨变的时期。

1	历程	lìchéng	（名）	经历的过程。（历程——过程）
2	翻天覆地	fāntiān-fùdì		形容变化巨大，彻底翻了个个儿。
3	停滞	tíngzhì	（动）	因受阻而不继续前进。（停滞——停止）
4	藩篱	fānlí	（名）	篱笆。比喻束缚思想的障碍。fence
5	得以	déyǐ	（助动）	能够；可以。
6	开工	kāi gōng		开始生产或开始施工。
7	加速器	jiāsùqì	（名）	用人工方法使带电粒子获得很大速度的装置。是研究原子、原子核和粒子物理的重要设备。比喻使事物发展加快速度的因素。
8	路子	lùzi	（名）	途径；门路。
9	实例	shílì	（名）	实际的例子、例证。
10	路径	lùjìng	（名）	道路，途径，方式。
11	群体	qúntǐ	（名）	由许多本质上有共同点的互相联系的个体组成的整体（跟"个体"相对）。
12	户口	hùkǒu	（名）	住户和每户的人口；户籍。
13	所有制	suǒyǒuzhì	（名）	人们对物质资料的占有形式，通常指生产资料的占有形式，是生产关系的基础。不同社会发展阶段，有不同形式和性质的所有制。ownership, system of ownership
14	机制	jīzhì	（名）	指由事物的内在规律及其与外部事物的有机联系所形成的系统。mechanism
15	攀升	pānshēng	（动）	抓住东西向上升；（价格等）不断上升。
16	巨变	jùbiàn	（名）	特大变化。

从"老三件"（自行车、手表、缝纫机），到"新三件"（电视、洗衣机、电冰箱），再到20世纪90年代以后的高档音响、大屏幕彩电、分体空调，并且一些"新富"家庭开始以名牌服装和私人别墅、私家汽车来显示自己与众不同的"档次"和"品位"。随着中国加入WTO⑤，越来越多的人开始学会"与国际潮流接轨"，如今在上海淮海路⑥上时髦商店中的广告语是：巴黎有的，我们这里也有。

这样的消费趋势显示出一个事实，那就是人们的价值观念发生了巨大的变化。仍**以**生活方式**为例**，在20世纪80年代以前，"艰苦朴素"是消费的基本价值观念，提倡"新三年，旧三年，缝缝补补又三年"。在"文革"⑦刚刚结束的时候，刻苦学习、发奋图强是青年人的行为准则。从80年代开始，人们对于消费的关注逐渐增加。90年代以后，各种大众传媒系统中的消费宣传和内容极度膨胀，在城市的报纸摊点上，最多的报纸和杂志就是时尚类的，这显示了社会生活方式和内在核心价值的巨大改变。

第二部分

中国社会变化的世界意义

中国的崛起与发展是今天人类社会和世界关注的一件大事，中国社会的变化至少具有以下的世界意义：

中国的社会变化是融入和建设现代化社会的过程。中国社会的发展，尤其是改革开放以后的发展，是一个与世界社会发展同步并力图融入这个体系的过程，由此，这个发展和变化符合当前人类发展的趋势和特点。以上种种变化都体现出这样一个事实，即中国的社会更具有宽容性、包容性、开放性、自主性和民主性。因此，今天中国社会的变化与发展，不是世界社会发展的"异端"，而是"大同"与"求和"。

17	缝纫机	féngrènjī	（名）	做针线活的机器，一般用脚蹬，也有用手摇或用电动机做动力的。sewing machine
18	音响	yīnxiǎng	（名）	能产生音响的机器设备。

19	分体	fēntǐ	（形）	机器可以分开来放置的。
20	别墅	biéshù	（名）	供休养用的园林住宅，一般建在郊区或风景区。villa, villadom
21	与众不同	yúzhòng-bùtóng		跟一般的不一样。指人的性格行为等不同寻常或某事物独具特色。
22	档次	dàngcì	（名）	按一定标准排列的等级次序。
23	品位	pǐnwèi	（名）	品质和价值。rank, quality, personal status（品位——品味）
24	接轨	jiē guǐ		连接铁路路轨。比喻两种体制连接成一种。
25	艰苦朴素	jiānkǔ-pǔsù		吃苦耐劳、勤俭节约的作风。
26	缝补	féngbǔ	（动）	缝和补。sew and mend
27	发奋图强	fāfèn-túqiáng		下定决心刻苦努力，谋求自身的强大。也说"发愤图强"。
28	准则	zhǔnzé	（名）	可以作为依据的标准或原则。
29	关注	guānzhù	（动）	关心重视。
30	传媒	chuánméi	（名）	传播媒介的简称。泛指一切得以实现向人们传递各种信息的技术手段，包括报纸、广播、电视等。
31	极度	jídù	（形）	程度极深或极高的。
32	摊点	tāndiǎn	（名）	售货摊，售货点。
33	时尚	shíshàng	（名）	一时的风尚。（时尚——时髦）
34	核心	héxīn	（名）	中心；事物中起主导作用的部分。core, nucleus, kernel; inner circle (of a political party, government, etc.)
35	力图	lìtú	（动）	竭力谋求。try hard to
36	自主	zìzhǔ	（动）	自己做主（不受他人支配）。
37	异端	yìduān	（名）	泛指不合正统的学术思想或教义。
38	大同	dàtóng	（形）	主要的方面一致。have common ground on major issues

中国社会的变化是一个自省、自觉、自立和自强的过程。当然，与中国经济和其他方面的发展与变化一样，中国社会的变化是一个对外开放的过程，西方社会变化的理论和实践一直是中国社会变化取向的一个重要参照。但更重要的是，中国的社会发展是自我反省、自觉改革、自主努力和发奋自强的过程。

一个事实是，中国的改革变革是从自我反省中开始的。中国与世界发达国家的差距，迫使中国认真地审视和考虑中国发展的路径与过去的教训。人口和社会流动的开放、努力提高城市化水平等，都是对过去计划经济条件下社会现状反省后采取的举动与措施。尤其是改革开放的整个过程，是中国共产党、中国政府和中国人民自觉推行和努力的过程。在这种高度自觉的自我反省，充分认识过去制度弊病的同时，采取了慎重对待社会和政治变革的举动，以避免莽撞的政治和社会变革导致中国社会的混乱。这种自立的方式使中国社会变化实际上极其巨大，但过程又极其缓和。中国社会变革的和平性，是亚洲和世界的福音。

中国社会发展的主要动力获得是内生性的，空间确定有界。中国社会的变化是在中国原有的空间中发生和展开的，它的动力和主要资源来自中国民间与公认的国际正常交往等渠道，如人力资源来源于中国的人口本身，资本中的一部分来自海外华人和外国投资，城市化来自本地经济形态和方式的改变。而反思西方社会的变化，就会发现，当今几个主要发达国家都有资源掠夺和空间扩展的过程与事实。而中国社会变化的空间始终局限在中国本土范围内，既没有当初工业化国家与殖民地国家的社会矛盾，也没有疆土开拓中外来移民与当地土著民众之间的矛盾。更重要的是，虽然没有这些矛盾与冲突，中国工业化和现代化的步伐也依然迅速与强劲。这种动力内生和边界确定的社会变革，是保持世界和平与稳定的重要因素。

化原有社会状态**为**今日社会发展的有利条件。在成功的中国社会变革中出现了一个非常有趣的结果，即变革前社会现状中一些看来不符合工业化、现代化的存在，在一定程度上却成为中国社会改革的有利条件。如城乡二元区隔的政策和状况，从理论上讲与现代化社会的特点是格格不入的，但是在人口流动的初期，却在一定程度上避免了城市人口增长过快、城市膨胀和城市病的出现；同样，城乡二元制度导致的中国城市化的特殊道路，乡镇企业⑧的崛起和中小城市的出现与发展，也是这种背景下的产物；当年中国社会中最大的社会问题——人口，今天居然成为中国经济崛起和成为世界工厂的保证，等等。以上的一些结果，有些是有意识推行的，有些是在具体的实践中出现的。但这一

39	自立	zìlì	（动）	不依赖别人，靠自己的劳动而生活。
40	自强	zìqiáng	（动）	自己努力向上。
41	参照	cānzhào	（动）	参考或仿照。
42	反省	fǎnxǐng	（动）	回想并检查自己思想行为中的缺点错误。self-examine, introspect
43	发奋	fāfèn	（动）	下定决心努力；自己觉得不满足而奋力追求。也说"发愤"。
44	迫使	pòshǐ	（动）	强迫使令。
45	审视	shěnshì	（动）	仔细地看。
46	推行	tuīxíng	（动）	推广实行。
47	弊病	bìbìng	（名）	事情的毛病、缺陷。
48	莽撞	mǎngzhuàng	（形）	冒失粗鲁。rude and impetuous, reckless
49	福音	fúyīn	（名）	基督教指记载耶稣言行及其门徒所传布的教义。泛指好消息。
50	反思	fǎnsī	（动）	回过头来对往事进行深入的再思考，以吸取其中的经验教训。（反思——反省）
51	当今	dāngjīn	（名）	现在；目前。
52	扩展	kuòzhǎn	（动）	向外展开。
53	局限	júxiàn	（动）	限制在一定的范围里。
54	本土	běntǔ	（名）	原来的生长地。
55	疆土	jiāngtǔ	（名）	领土。
56	开拓	kāituò	（动）	开辟；扩展。open up
57	土著	tǔzhù	（名）	世代居住在本地的人。
58	民众	mínzhòng	（名）	人民大众。
59	强劲	qiángjìng	（形）	强大而有力的。
60	格格不入	gégé-bùrù		有抵触，不投合。incompatible with

切都告诉人们，社会发展的目标和现有社会间的距离，不是凭空可以超越的，而是必须在现有社会的基础上，化不利为有利，化局限为有限，在目标既定的前提下，有序、有节、有力地推进和实现社会改革，这样才能避免社会矛盾集中爆发，获得社会变革的合适条件和环境。

把社会发展中产生的问题与矛盾**视为**社会继续发展和前进的动力。中国社会确实发生了巨大的变化，但并不是说在这个过程中没有任何问题和矛盾。近30年的社会变化至今已经显示出，一些重要的问题在影响今天和未来中国社会的进一步健康发展，主要有：

1. 城市中外来劳动者的身份和待遇问题。目前外来务工人员社会地位和待遇与城市原住民相比有很大的差别，只有改变这个差别，中国城乡二元制度才能终结，中国现代化社会才能建立。

2. 城乡差别与农村劳动力转移问题。目前城乡差别较严重，另外，中国目前农业人口中还多余近3亿人口，中国如果要实现农业现代化，农村中的劳动力转移依然是一个严峻的问题。

3. 西部社会发展的不平衡和地区差异问题。地区差距过大会带来严重的经济问题、政治问题和社会正义问题，严重的甚至可能导致国家分裂。

4. 社会分化后的收入差距和社会公正问题。小部分富裕阶层的获得大大高于其他社会阶层，显示出收入差距过大和社会分配不公的重大问题。

5. 部分官员腐败和社会利益集团的形成问题。在中国，部分政府官员的腐败已经成为一个重要的政治问题，同时，在改革开放中处于不同利益的社会群体开始形成一定的社会利益集团，并在经济领域甚至政治范围中施展力量或扩展势力，增大了与政府在利益博弈上的力量和说话的权力，由此，如何能代表最大多数人利益，又能让各种不同利益都有通畅表达的渠道，成为中国政治建设的重要课题。

6. 建立、提供、完善公共产品和公共服务体系的问题。如合理的社会再分配制度、社会保障制度、公共教育制度、重大事件预警和处理机制等。

7. 在多元价值体系中建立中国的主流价值体系问题。如今价值的多元化既是一个事实，也导致了众多社会问题，而国家和民族的共同兴旺与振兴、全体民众的富裕与康健、社会风气的淳厚和清明、文化价值系统的内心认同和统一，是中国未来社会具有高度凝聚力的核心，因此，如何树立符合中国社会的

中国社会发展的世界意义

主流价值系统,成为中国社会具有高度向心力的基本前提。

8. 完善和改革政府职能、政治民主化推进问题。以上诸多问题的解决都指向一个对象,就是政府。在中国社会结构和运作方式发生根本变化之后,政

61	凭空	píngkōng	(副)	没有根据地(de)。baselessly
62	务工	wùgōng	(动)	打工,做工。多指从农村到城市从事某项工作。
63	原住民	yuánzhùmín	(名)	土著居民。aborigines, indigenous people
64	终结	zhōngjié	(动)	终了;最后结束(跟"开始"相对)。
65	严峻	yánjùn	(形)	严厉;严重。
66	分化	fēnhuà	(动)	相同性质的事物向不同的方向发展、变化。
67	公正	gōngzhèng	(形)	公平正直,没有偏私。
68	施展	shīzhǎn	(动)	发挥;运用。
69	博弈	bóyì	(动)	比喻为谋取利益而竞争。
70	通畅	tōngchàng	(形)	通行或运行没有阻碍。
71	预警	yùjǐng	(动)	预先告警。warn earlier
72	主流	zhǔliú	(名)	同一水系内全部支流所流注的河流。比喻事物发展的本质的、主要的或基本的方面。
73	兴旺	xīngwàng	(形)	兴盛;旺盛。
74	振兴	zhènxīng	(动)	通过发展使兴盛起来。
75	康健	kāngjiàn	(形)	身体没有毛病,比喻事物发展正常合理,积极向上。
76	淳厚	chúnhòu	(形)	淳朴;朴实敦厚。
77	认同	rèntóng	(动)	表示跟别人的认识一致;承认;认可。
78	向心力	xiàngxīnlì	(名)	使物体作圆周运动或其他曲线运动所需的力,跟速度的方向垂直,向着圆心。centripetal force
79	运作	yùnzuò	(动)	运行和工作。

府的主要职能是什么，如何实现政府运作和作用，成为是否能够保障中国社会进一步发展的根本保障。

（作者：陆晓文　选自《社会观察》2006年第9期）

注释

① **城乡二元制度**：城市和乡村区别对待的制度。
② **春运**：指每年春节期间的交通运输。
③ **城市化**：也称"都市化"。指人口、用地和经济、文化模式由农村型转向城市型的过程和趋势。
④ **WTO**：即世界贸易组织。
⑤ **淮海路**：上海市内的一条繁华的街道。
⑥ **"文革"**："文化大革命"（1966—1976）的简称。
⑦ **乡镇企业**：中国农村中由农民集体或个人兴办的各类企业的统称。

词语辨析

1 历程——过程

【牛刀小试：把"历程"或"过程"填入下面的句子中】

1. 如果发生意外，那么整个（　　　）就会停止。
2. 那位政治家在他的自传中回顾了自己坎坷的生活（　　　）。
3. 大部分成功的人，都有其苦难的心路（　　　）。
4. 这次选举的（　　　）全部符合选举法的规定。

【答疑解惑】

语义

都有"经过的程序"的意思。"历程"专指人们经历的较长的不平凡的过程;"过程"泛指事物进行或发展中经历的程序。

【例】(1) 透过这位百岁老人的人生历程,能看到近百年中国社会的风云变幻的一个侧面。

(2) 任何一个孩子,从爬到跑,都有一个很长的过程。

(3) 请你说明一下这件事情的全过程。

用法

都是名词。"历程"一般用于过去;"过程"可用于过去,也可用于未来。

【例】(4) 从一个天真的少女到一个沧桑的老妇,她走过了一段怎样的心路历程呢?

(5) 在今后的求学过程中,我还会经常听取老师的意见。

语体

"历程"只用于书面语;"过程"可用于书面语和口语。

2 停滞——停止

【牛刀小试:把"停滞"或"停止"填入下面的句子中】

1. 该科研小组因经费短缺,科研已处于(　　　)状态。
2. 他慢慢(　　　)了呼吸,医生宣布死亡时间为10点13分。
3. 怎么能因为一时的困难而(　　　)不前呢?
4. 过了一会儿,声音忽然(　　　)了,房间里一片寂静。

【答疑解惑】

语义

都有"停下来"的意思。但"停滞"指行动受到阻碍,难以顺利进行,侧重于受阻而停。"停止"指停下来不做,侧重于行动的终止。

【例】(1) 长期以来,这里的农业一直停滞不前。

(2) 他说:经常运动的人一旦停止运动,身体就要发胖。

用法

都是动词。"停滞"多用于抽象事物;"停止"多用于具体的事物和人。

【例】(3) 由于资金不到位，目前生产仍处于 停滞 状态。

(4) 歌声 停止 了，观众们都鼓起掌来。

"停滞"不可带宾语；"停止"可带宾语。

【例】(5) 你们商场几点 停止 营业？

3 品位——品味

【牛刀小试：把"品位"或"品味"填入下面的句子中】

1. 这份杂志的文化（　　　）很高，订阅者大多是知识分子。
2. 这是道名菜，我可要好好（　　　）一下。
3. 中国菜中，我认为四川菜的（　　　）最特别。
4. 这种只知道损人利己的人（　　　）当然不高。

【答疑解惑】

语义

"品位"侧重指人或文学艺术作品的品格和价值。"品味"侧重指审美方面的品质趣味和食品的风味。

【例】(1) 商务印书馆是一家高 品位 的出版社。

(2) 她穿衣服的 品味 比她妹妹差远了。

(3) 天津小吃 品味 独特。

用法

都可作名词。"品味"还可作动词，意思是品尝、体会。

【例】(4) 她喝了一小口茶，细细 品味。

(5) 品味 人生，什么味道不在其中呢？

4 时尚——时髦

【牛刀小试：把"时尚"或"时髦"填入下面的句子中】

1. 她买的那几条（　　　）的裙子一直在衣柜里挂着，从未见她穿过。
2. 如今，大年三十全家去饭馆吃年夜饭已成为一种（　　　）。
3. 十几岁的少男少女，有几个不喜欢赶（　　　）呢？
4. 身为（　　　）界的人士，她却从不关注电视中的（　　　）频道。

【答疑解惑】

语义

"时尚"是一时的风尚，可用于各种生活方式，是一种客观存在；"时髦"是新颖入时的意思，主要用于穿衣打扮方面，是一种主观评价。

【例】（1）八十年代，下海经商已成时尚。

（2）虽然这是一个小城市，但年轻人打扮得都很时髦。

用法

"时尚"是名词（也可作形容词），"时髦"是形容词。

【例】（3）她是一个有主见的人，从不盲目迎合时尚。

（4）他身着一套时髦的服装，走上舞台。

"时尚"常用于"时尚圈、时尚界、时尚人士、时尚潮流、时尚杂志、时尚频道"等；"时髦"常用于"赶时髦"。

5 反思——反省

【牛刀小试：把"反思"或"反省"填入下面的句子中】

（1）出了问题，他总是怪罪别人，从不（　　　　）自己的错误言行。

（2）十年过去了，他回过头去，对那段历史进行了（　　　　），发现自己的很多看法都已改变。

（3）孔子的学生曾子（Zēngzǐ）说："吾日三省吾身。"意思就是："我每天都要再三自我（　　　　）。"

（4）经常（　　　　）过去，才能更好地知道未来的路该怎么走。

【答疑解惑】

语义

都有"思考过去"的意思。但"反思"侧重指对以往发生的事情进行深入思考、认识，总结经验教训，以利将来；"反省"侧重指回想自己的思想行动，认识自己的错误，以求改正。

【例】（1）这位历史学家对近百年历史进行了深刻反思，写出了这部专著。

（2）他深刻反省了自己的错误言行，并写了一份检查报告。

用法

都是动词。"反思"的对象都比较重大，一般是过去的历史进程、社会思潮等；"反省"的对象一般是自己的错误行为。

1 这个流动提供和满足了中国经济发展的劳动力需求，使中国这样的"世界工厂"<u>得以</u>正常开工生产。

【解释】得以：助动词。意思是：能够；可以。注意"得以"不能单说，也不能单独回答问题，没有否定式。

【举例】（1）进行了一系列改革之后，公司的利润得以迅速提升。

（2）至此，美国总统大选落下帷幕，布什得以成功连任。

（3）南水北调工程将使北方用水紧张的局面得以缓解。

（4）他出面说明情况之后，问题才得以澄清。

【链接】在"高中不得以重点校、实验班、重点班名义向学生高收费"这句话中，"不得"和"以……名义"是分开的，"不得以……名义"意思是"不可以用……名义"，注意要与上面的"得以"区分开。

【练习】用"得以"完成句子：

（1）感谢编辑的帮助，让我的作品_____。

（2）在这些热心人的帮助下，小明的梦想终于_____。

（3）我再三催问，问题才_____。

（4）一个好的公司或企业将使你的能力_____。

（5）引进强有力的选手以后，该队的实力_____。

2 改革开放前，中国采用诸如个人的家庭出身、城乡户口、单位制、所有制等先赋性或<u>类似于</u>先赋性的制度安排，决定人们的社会阶层与社会地位。

【解释】类似于……：和……大致相似。"类似于"后面通常是名词或名词性词组。

【举例】（1）据悉，这个山村发生了一种罕见的疾病，患者的症状类似于非典型性肺炎。

(2)"手机肘"早期表现为肘关节疲惫麻木、疼痛，胳膊有时抬不起来，类似于平常所说的"鼠标手"发病症状。

(3)他在介绍时说："《梁山伯与祝英台》的故事类似于《罗密欧与朱丽叶》。"

【练习】用"类似于……"改写句子

(1)他们新开发的这款游戏和"大富翁"相似。
_____。

(2)他演的这个角色和以前的角色相似，没什么创新。
_____。

(3)这家网络公司采用了和百度相似的销售模式，取得了成功。
_____。

(4)这种所谓的"文学作品"和中学生作文差不多，毫无文学价值。
_____。

3. **仍以生活方式为例，在20世纪80年代以前，"艰苦朴素"是消费的基本价值观念，提倡"新三年，旧三年，缝缝补补又三年"。**

【解释】以……为例：把……作为例子。书面语。

【举例】(1)以上海为例，探讨一下中国企业如何"走出去"。

(2)现以钢铁为例谈谈如何进行成功的交易。

(3)这篇论文的题目是《转型和开放条件下政府职能的界定——以中国为例》。

【练习】用"以……为例"改写句子：

(1)我将把篮球作为例子，来说明中美运动管理组织的差异。
_____

(2)这部短片把赣南山区作为例子，综合考察了清代山区农业经济转型的历史局限与历史困境。
_____

(3)世界许多城市为保持或追求国际城市地位，纷纷提出以国际城市为战略目标的城市发展规划。本文把两个国际城市——东京和巴黎作为例子，分析其在国际化进程中采取的空间发展战略,并进行简要的评价。
_____

(4)之所以把李白作为例子,是因为他是唐代最具代表性的诗人之一。
_____

4 化原有社会状态为今日社会发展的有利条件。

【解释】化A为B:把A变为B。A和B大多是相反或相对、字数相等的一组词语。书面语。

【举例】化繁为简/化险为夷/化敌为友/化悲痛为力量/化不利为有利/化压力为动力/化被动为主动/化平淡为精彩/化古老为时尚/化艰深为浅易/化腐朽为神奇/化干戈为玉帛(huà gāngē wéi yùbó,比喻把战争或争斗变为和平、友好)

【练习】选用上面例子中的词语完成句子:

(1)她的设计_____,受到了喜欢传统服饰风格的人们的欢迎。

(2)在医生的及时抢救下,爷爷的病情好几次_____。

(3)通过国际社会的多方努力,这两个国家终于_____。

(4)这位教授在讲解《庄子》时,_____,大受学生的欢迎。

(5)面对残酷的竞争规则,我觉得应该_____,全力以赴地做好准备。

5 把社会发展中产生的问题与矛盾视为社会继续发展和前进的动力。

【解释】把A视为B:把A看作B。也可说:将A视为B。都是书面语。

【举例】(1)他嘴上说把金钱视为粪土,实则心里十分看重。

(2)这位专家指出:为解除身心疲劳,保证心理健康,应将长假视为心理调整期。

(3)该国的一份调查显示,多数儿童已不把父母离异视为灾难。

(4)电影,在这些电影人的心目中并不是艺术,他们也没把自己视为艺术家。

【链接】被……视为:

【举例】(5)在德国,他曾被视为足球皇帝。

(6)被商家视为上帝的顾客是否也应该注意一下自己的态度呢?

【练习】用"把A视为B"或"将A视为B"完成句子:

(1)为什么西方人____13_____?

（2）对于_____质量_____的企业来说，商品出现这种质量问题是绝对不能原谅的。

（3）我_____家_____。

（4）他从不_____别人_____，对他来说，大家都是伙伴。

（5）我从没_____学习_____，在我看来，学习是一件快乐的事。

综合练习

Ⅰ 词语练习

一 填入合适的名词

翻天覆地的（　　　　）　　与众不同的（　　　　）　　关注（　　　　）

推行（　　　　）　　艰苦朴素的（　　　　）　　审视（　　　　）

本土（　　　　）　　公正的（　　　　）　　扩展（　　　　）

开拓（　　　　）　　（　　　　）分化　　施展（　　　　）

（　　　　）通畅　　振兴（　　　　）　　（　　　　）淳厚

二 填入合适的动词

（　　　　）藩篱　　得以（　　　　）　　（　　　　）群体

（　　　　）路径　　（　　　　）机制　　（　　　　）主流

（　　　　）摊点　　（　　　　）时尚　　发奋（　　　　）

（　　　　）弊病　　凭空（　　　　）　　有序（　　　　）

三 填入合适的形容词

（　　　　）的历程　　（　　　　）的路径　　（　　　　）的实例

（　　　　）的机制　　（　　　　）的异端　　（　　　　）的参照

（　　　　）的弊病　　（　　　　）的疆土　　（　　　　）的向心力

极度（　　　　）

四　填入合适的量词

一（　　）加速器　　一（　　）实例　　一（　　）准则

一（　　）群体　　一（　　）缝纫机　　一（　　）音响

一（　　）别墅　　一（　　）摊点　　一（　　）疆土

一（　　）博弈

五　写出下列词语的近义词或反义词

（一）写出近义词

路径——　　攀升——　　兴旺——

准则——　　参照——　　疆土——

终结——　　公正——　　施展——

认同——

（二）写出反义词

停滞——　　开工——　　群体——

兴旺——　　关注——　　莽撞——

终结——　　通畅——　　主流——

向心力——

六　选词填空

| 历程 | 过程 | 停滞 | 停止 | 品位 | 品味 |
| 时尚 | 时髦 | 反省 | 反思 | | |

1. 由于观念落后，这个地区的工业（　　　）不前。

2. 在朋友的劝说下，他们终于（　　　）了争吵。

3. 这件事的操作（　　　）并不复杂，但也不能不给予重视。

4. 这部电影再现了这位著名将军的战斗（　　　）。

5.《艺术人生》栏目是通过艺术来（　　　）艺术家的人生。

6. 如果只出言情小说，出版社的（　　　）就很难提高。

7. 在这本著作中，张教授对八十年代的社会思潮进行了（　　　）。

8. 不知道（　　　）自己的错误的人，朋友会越来越少。

中国社会发展的世界意义

9. （　　　　）杂志比较受年轻女士的欢迎。

10. 那套衣服前几年还是很（　　　　）的呢，现在已经过时了。

七 解释句中画线词语的意思

1. 越来越多的人开始学会"与国际潮流<u>接轨</u>"。
   A. 联系　　　　　B. 连接　　　　　C. 接触

2. 在"文革"刚刚结束的时候，刻苦学习、<u>发奋</u>图强是青年人的行为准则。
   A. 十分兴奋的样子　　B. 发扬奋斗的精神　　C. 下定决心努力

3. 中国的社会发展是自我<u>反省</u>、自觉改革、自主努力和发奋自强的过程。
   A. 回想并自我检查错误　　B. 回想并自我了解　　C. 反复回想过去

4. 迫使中国认真地<u>审视</u>和考虑中国发展的路径与过去的教训。
   A. 严肃地看　　　　B. 仔细地看　　　　C. 快速地看

5. 采取了慎重对待社会和政治变革的举动，以避免<u>莽撞</u>的政治和社会变革导致中国社会的混乱。
   A. 冒失粗鲁　　　　B. 过于突然　　　　C. 强有力

6. ……也没有<u>疆土</u>开拓中外来移民与当地土著民众之间的矛盾。
   A. 边疆　　　　　B. 领土　　　　　C. 土地

7. ……从理论上讲与现代化社会的特点是<u>格格不入</u>的。
   A. 有限制　　　　B. 有距离　　　　C. 有抵触

八 选择正确的答案

1. 这个变化不仅（　　　　）在经济上，更重要的是导致了社会的变化。
   A. 反应　　　　B. 反映　　　　C. 反衬

2. 2006年春运（　　　　），全国流动人口规模为3.3亿人
   A. 时候　　　　B. 时期　　　　C. 期间

3. 改革开放前，中国采用（　　　　）个人的家庭出身、城乡户口、单位制、所有制等先赋性或类似于先赋性的制度安排，决定人们的社会阶层与社会地位。
   A. 比如　　　　B. 诸如　　　　C. 例如

4. 这种先赋性的社会流动机制限制了人们（　　　）努力奋斗实现向上流动的积极性。

  A. 经过   B. 通过   C. 经历

5. 社会不同阶层的客观存在和它们之间的差距，是导致人们采取竞争、奋斗等手段使（　　　）向上攀升的动力。

  A. 本身   B. 亲身   C. 自身

6. 以自致为主的社会流动机制正在建立起来，并越来越成为人们获得职业、社会地位和其他（　　　）的手段。

  A. 资源   B. 资料   C. 来源

7. 并且一些"新富"家庭开始以名牌服装和私人别墅、私家汽车来（　　　）自己与众不同的"档次"和"品位"。

  A. 出示   B. 提示   C. 显示

8. 从80年代开始，人们（　　　）消费的关注逐渐增加。

  A. 出于   B. 对于   C. 关于

9. 今天中国社会的变化与发展，不是世界社会发展的"异端"，（　　　）"大同"与"求和"。

  A. 而是   B. 就是   C. 但是

10. 中国社会的变化是在中国原有的空间中发生和展开的，它的动力和主要资源来自中国民间与公认的国际正常交往等（　　　）。

  A. 通道   B. 管道   C. 渠道

11. ……如人力资源（　　　）于中国的人口本身。

  A. 来源   B. 起源   C. 发源

12. 虽然没有这些矛盾与冲突，中国工业化和现代化的（　　　）也依然迅速与强劲。

  A. 步调   B. 步伐   C. 步骤

13. 中国如果要实现农业现代化，农村中的劳动力转移依然是一个（　　　）的问题。

  A. 严格   B. 严厉   C. 严峻

14. 建立、提供、（　　　）公共产品和公共服务体系的问题。

  A. 完全   B. 完备   C. 完善

15. 如何树立符合中国社会的主流价值系统，成为中国社会（　　　）高度向心力的基本前提。

   A. 具有　　　　　B. 拥有　　　　　C. 享有

九　选词填空，并选择5个模仿造句

> 翻天覆地　　与众不同　　艰苦朴素　　发奋图强　　格格不入

1. 这些年轻人，在困难中，不是低头叹气，而是（　　　），这种精神真让人佩服！
2. 二十年没回来了，家乡发生了（　　　）的变化，他都不敢相信自己的眼睛了。
3. 这位作家看问题的角度总是（　　　），她的作品有其独特的风格。
4. 妈妈说："八十年代以前，我们都是强调要（　　　），哪像现在的年轻人，左一件衣服右一件衣服，有的穿几次就扔一边不穿了。"
5. 因为跟现在的上司（　　　），他只好请求调离现在的岗位。

II　课文理解练习

一　根据课文内容判断正误

读第一部分课文，回答下面的问题：

1. 1979年以后，中国的人口开始了有限的流动。　　　　　　　　（　　　）
2. 20世纪90年代以后，中国的人口流动依然有限。　　　　　　　（　　　）
3. 文中所说的"两条腿走路"，就是指大中城市和小城镇同步发展。（　　　）
4. 如今，中国的城市化率不足40%。　　　　　　　　　　　　　　（　　　）
5. 改革开放前，人口流动受制于人们的先赋性条件。　　　　　　（　　　）
6. 改革开放后，不再存在不同的社会阶层。　　　　　　　　　　（　　　）
7. 中国在城市化发展中出现了严重的"城市病"。　　　　　　　　（　　　）
8. "老三件""新三件"代表的是一定时期人们最看重的商品。　　（　　　）
9. 时代虽然在变，但人们的价值观念并未改变。　　　　　　　　（　　　）
10. "新三年，旧三年，缝缝补补又三年"代表的是艰苦朴素的思想。（　　　）

读第二部分课文，回答下面的问题：

13. 中国社会的改革没有参照西方的理论。（   ）
14. 中国社会发展的动力是内生的，但空间是没有局限的。（   ）
15. 在中国社会变革中，一些不利条件被转化成了有利条件。（   ）
16. 目前外来务工人员与城市原住民的社会地位和待遇还存在差别。（   ）
17. 目前中国还有超过3亿的农村剩余劳动力。（   ）
18. 目前西部地区发展滞后。（   ）
19. 在发展中还存在收入差距过大等问题。（   ）
20. 在多元价值体系中，不必有主流价值系统。（   ）

二 根据课文内容，用指定的词语回答问题

1. 中国的人口流动机制在改革前后有何不同？这种变化对社会发展有何影响？

   （改革开放前　城乡二元制度　停滞　1979年　农村剩余劳动力　冲破　藩篱　有限的流动　90年代　大规模　跨区域　长距离　迁移　流动　提供　满足　劳动力需求　"世界工厂"　得以　开工）

2. 中国城市化道路有什么特点？

   （采用　大中城市　小城镇　同步　路子　"两条腿"走路　与……不同　"城市病"　严重）

3. 改革开放这20多年中国人的日常生活方式和消费观念发生了巨变，从哪儿可以看出来？

   （从……，到……，再到……　"老三件"　"新三件"　高档音响　大屏幕彩电　分体空调　并且　"新富"家庭　以……来显示……　与众不同　档次　品位　WTO　与……接轨）

4. 为什么中国社会的变革极其巨大，但过程又极其缓和？

   （自我反省　认识　弊病　同时　采取　谨慎　举动　避免　莽撞　导致　混乱　极其巨大　极其缓和　和平性　福音）

5. 怎样才能获得社会变革的合适条件和环境？

   （社会发展的目标　现有社会间的距离　不是……　凭空　超越　而是……在……的基础上　化不利为……　化局限为……　在……的前提下　有序　有节　有利　推进　改革　这样才能避免……　获得）

6. 影响中国社会发展的问题有哪些？

（①外来劳动者　身份　待遇　②城乡差别　农村劳动力转移　③西部　不平衡地区差　④收入差距　社会公正　⑤腐败　社会利益集团　⑥公共产品　公共服务　体系　⑦多元价值体系　主流价值体系　⑧政府职能）

三 思考与讨论

1. 作者从哪几个方面概括了改革开放后中国社会的变化？
2. 作者说明了中国发展的哪些特点？你有没有要补充的？
3. 这篇文章中你最感兴趣的是哪一部分？
4. 政府如何才能在社会发展的过程中避免产生腐败问题？目前在此方面做得较好的国家或地区有哪些？它们的经验是什么？
5. 你们国家是否存在或存在过收入差距过大和社会分配不公的问题？你认为政府应当如何解决这一问题？
6. 对于中国的发展，国际上主要有哪几种声音？产生不同看法的原因是什么？
7. 谈谈你的国家的发展情况及其对世界的影响。

阅读与理解

"洋创客"看好中国

新领域吸引"洋创客"

中国蓬勃发展的"互联网+"和消费升级，让越来越多外国人看到了开展新事业的商机。

2007年，鸿志远刚来中国。"在大城市中，杭州的金融业在国际对接方面较成熟，这对我这个老银行店员尽快落脚扎根，融入中国生活来说最合适不过。"

在杭州过了八年的安稳生活后，鸿志远觉得创业时机已到，敢想敢干的品质随即变现。如今，在百度上搜索"鸿志远""小瑞士"，新闻纷至沓来；让他火起来的主要是针对外国人的"互联网+"创业项目"NiHao"和"Nibook"App。

"'NiHao'是面向外国人开发的，是一个类似微信+微博+大众点评+支付宝的综合平台。'Nibook'则在前者的基础上，将海外朋友的知识技术能力变现到就业。"鸿志远对笔者解释道。截至去年底，"NiHao"APP已有15万注册用户，涉及166个国家。

与鸿志远不同，德国一家科技有限公司的总经理黑色瞄准了互联网服务依托的智能线下载体。"A4纸大小、小于4毫米的厚度，全高清、可拼接，一个智能平板显示器'集齐'了笔记本电脑和智能手机的基本功用和配置。"7月24日，在微信朋友圈里，黑色晒出了他的人工智能新成果。年底，这类新品将批量生产，正式投向中国市场。

智力成果变现的背后是深圳纯熟的电子产业环境。"世界上没有别的地方在硬件发展方面像深圳这么完备、成熟。尤其对初创业者来说，用较低成本找到所有需要的零配件，很难得！"黑色对本报感慨："另外，当地工厂老板对外国人很友善、开放，我经常得到很好的信任，这也加深了我对产品研发，乃至整个人工智能产业链运作情况的理解和认识。"

"互联网+"为依托的创业创新发展，也助力了外国人创业条件改善。

"老外HERE"的联合创始人之一小利对此深有感触。2014年2月，他从英国利物浦来到成都，做英语外教。

2014年11月，小利的团队创立了"老外HERE"综合服务平台。"老外春晚""老外HERE足球之夜""凡尔赛宫舞夜"等一系列文化交流活动为成都外籍人士生活添彩，让彼此互联互通，也在外籍员工与中国企业间牵线搭桥。

成都给小利的第一印象是"意料之外的发达，丝毫不逊色于自己的家乡英国利物浦"。高铁、共享单车，逐渐推广至国外的支付宝、微信等中国生活方式，让他享受便利生活的同时，在创业项目上更加运作自如。

和小利一样，在"互联网+"的助力之下，外国创客们正在各自青睐的新产业中展露身手。

"来中国创业是我最棒的决定"

"来中国是我这辈子作出的最棒的一个决定！"小利激动地告诉笔者。偶然结识的创业成功"英国老乡"，点燃了他的激情，"在中国我看到了创业可能性"。

近些年，中国经济在国际版图上始终保持着强劲活力和动力，政府营造了浓厚的创业创新氛围，各地区依靠自身优势形成独特文化，中国已成为具有巨大的国际吸引力和魅力的国度。

"中国近年的经济增速是相当惊人的，中国已成为经济全球化潮流中不可或缺的重要角色。"小利说，自己接触的不少公司在创业初期就已经在中国良好的创业环境中找到了走向国际化和全球化的机会。

看好中国创业机遇的还有黑色，在他看来，与家乡德国相比，中国是个历史悠久而富有经济创新活力的国家。"随着时间推移，我日益深刻地体会到这里经济发展的活力、创造力、灵活性。我的人工智能创意逐渐变成现实，中国让我人生的后半段更丰富精彩！"

吸引外国创客的，是中国政府对创业者非常友好，中国优越的"双创"环境，正帮助他们的创业梦想成真。

小利之所以青睐于成都，是因为"在南部高新技术开发区，政府打造西部重镇的高科技创业创新高点，鼓励和扶持创业，特别是外国人。身边的外国朋友想来华创业，我都会推荐他们到这里。""老外HERE"落地时占地狭小，第二年就搬进了高新技术开发区内的大办公区域。员工间的接触随即增多，"这有利于激发创造力，凝聚人心。"小利说。

最初，小利也亲身体会过签证难、行政审批繁杂的困境。"但今年，尤其是最近几个月，情况大有改观。"近年来，政府部门的改进有目共睹，真正有意愿的外籍创业者如今能够得到更多的机会和帮助。

回顾十年杭州生活，鸿志远特别欣赏政府对市场的重视，政府放手鼓励、引导企业参与城市发展。"和瑞士老家等欧洲发达国家本地市场小，求稳定的社会状况、就业观念相比，中国更适合我这样敢闯敢干、追求新鲜事物的小伙儿来发展。"

据了解，近五年来，杭州以各种政策创新带动人才体制机制创新，其中累计引进海外高层次人才2.5万名，外籍人才1.5万名，为国际人才创业提供了良好的环境基础。

6年前，政策是雄心壮志的黑色的"拦路虎"：必须有中国合作伙伴、较大资金基础，还有繁杂的行政审批流程。而今年，深圳赛格众创空间带来了让他"打算在中国注册新公司"的好消息："如今，中国的政策环境更宽松、项目审批办理流程更简便！"

尤其是现在，中国出现了越来越多创业服务项目，外国创业者们自己也开始构建国际创业对接平台，从孵化支援上进一步帮助海外创客创业。

黑色的中国创业旅程自2011年来深圳就开始了。为了公司智能平板产品和中国大众见面，他一直在做"磨刀功"：了解外国人安居政策、熟悉电子产业发展行情、建立可互信的人脉圈……"干得最多的是拜访深圳设备零件工厂，逛电子小商品市场。虽然没注册公司，我在'华强北'产业园窥见了完整的电子科技产业链运作过程，对我开发人工智能产品、独自创业很有价值！"

去年，黑色入驻深圳赛格众创空间，接受政策信息、商业规划、资金寻求、产业投放等全方位孵化援助，这直接促成今年新产品的问世。

两个多月前，鸿志远带领团队新推出了专门针对外国人创业的线下孵化器。运营经理缪女士对笔者介绍道，"目前已有60多个团队和个人进行孵化，主要来自欧洲，集中分布于高科技、医疗、物联网、大数据等行业"。

纷纷看好创业前景

"和很多老外一样，我刚来中国时也感到很迷茫。"小利认为，语言与文化是潜在的"海外创客"的主要障碍。

"有很多人并不了解如何在中国成立一个外国人的公司。"信息的缺失意味着机会的流失，小利尤其重视向对中国还不了解或者中文不够好的外国人提供信息。通过"老外HERE"，让想创业却有顾虑的外国人知道："在中国，你们也可以创业！"

对小利来说，2017年将会是突破的一年：这一年，"老外HERE"更加侧重于助力外籍高级人才与中国企业间的对接。

"像工程师、马术指导、游泳教练、绘图设计师等人才的市场需求都不小，通过我们的平台，初来乍到的外籍求职者也能顺畅地与有需要的中国企业对接上。"小利介绍说，"未来我们希望'老外HERE'能够体系化运作，并向中国各大城市推广开来。如果有更多的外国人才来华工作甚至自主创业,中国城市的国际竞争力将进一步提升。"

而黑色视2017年为自己创业的关键之年。新产品在中国市场上的销售反馈情况将影响他在华建新公司的规划,但始终不会变的,是他对在中国创业和安家落户的期待。"中国有经济发展需要的最优质的资源条件,抓住创新能力来助发展,这是很明智的选择。于我来说,近三十年的创业创新经历让我对高品质有执着追求,希望并且相信中国能让我的人工智能创意变成现实,造福民众。"

(作者:叶晓楠、张玥、杨舒、张达。节选)

阅读练习

一、根据文章内容填表

姓名	国籍	创业项目	住在中国的哪个城市	对所居住城市的评价
鸿志远		"NiHao"和"Nibook" App		
小利			成都	意料之外的发达,丝毫不逊色于自己的家乡英国利物浦。
黑色	德国			

二、谈一谈

1. 如果你来中国创业,你想做哪方面的项目?你想去哪个城市?请说出3个理由。
2. 假设你是某个城市的市长,为了吸引更多的企业家去你们的城市投资,请向企业家们做一个关于本市的简短的介绍,最少说出本市的3个优势。

保护城市生态刻不容缓

> **课前思考**

1. 你生活时间最长的城市是哪一座？那儿的气候怎么样？这些年气候有什么变化吗？

2. 你听说过"城市气候"这个词吗？如果一个城市的气候发生诸如降水量减少、平均气温升高之类的异变，你认为可能有哪些人为的因素？

3. 本文作者王文元不仅担任过辽宁省副省长、第九届全国政协副主席等多项政府部门要职，而且也是一位经济学领域的知名学者。在文章中，他通过说明城市建设与城市生态气候的关系，强调了保护城市生态环境的重要性。请你读一读，思考一下作者是怎么阐述自己的观点的，以及你自己对保护城市生态有什么看法。

课文

第一部分

城市建设与城市生态气候，乍一看风马牛不相及，其实关联极为密切，不可不察。

欲究其详①，需先搞清楚"城市生态气候"的概念。按照传统陈旧观念，气候覆盖天下，并无城市、农村之分。在城市规模较小、发达程度较低的场合确实没有必要关心"城市气候"，因为在那种场合，"城市气候"并不存在多少特殊性。但是，随着城市规模不断扩张、城市发达程度不断提高，城市气候越来越表现出独有的特征。气候因城市发展而骤变。像北京这样的超级大都市，气候异变，已经达到不容忽视的地步。

异变的内容现在已知的主要表现在两方面：一是降水量减少，一是热效应②。

气候的第一决定因素是地貌。海洋性气候③、大陆性气候④等都是根据不同地貌形成的。山林与平原气候迥异，也是因地貌性质不同而造成的。大海、山林、平原，这些都属于天然地貌。如果我们人为地制造出某种地貌，同样会影响气候，与自然地貌影响气候一般无二。城市就是人为制造出的一种地貌。在城市发达程度较低、规模较小的场合，城市对气候的影响并不明显，不会引起注意。然而，当高楼林立、道路纵横、城市不断扩张的时候，情形就不一样了。足够大的面积形成一个独立的地貌，就像一片山林或一块沙漠一样，必然要影响到气候，导致气候的变异。当然，气候异变会引发一系列连锁反应，最终影响到居住环境的质量，应引起高度重视。

北京人的生活体验与北京的气候资料同时揭示了这样一个可怕的趋势：近十多年来，北京的降雨逐年减少。2001年7月的降雨量之低，在历史上也是罕见的。历史上北京不乏干旱之年，但降雨逐年减少持续时间如此之长，这一切绝不能归于"偶然"。

1	生态	shēngtài	（名）	指生物在一定的自然环境下生存和发展的状态。ecology
2	刻不容缓	kèbùrónghuǎn		片刻也不能拖延。形容形势紧迫。afford no delay
3	乍	zhà	（副）	刚刚开始，起初。
4	风马牛不相及	fēng mǎ niú bù xiāng jí		风：牲畜公母相追逐；及：到。两方距离很远，马、牛发情追逐也不会碰到。比喻两者毫不相干。
5	关联	guānlián	（动）	事物之间发生相互联系和影响。
6	极为	jíwéi	（副）	表示程度达到极点。
7	陈旧	chénjiù	（形）	时间久的，过时的。
8	骤	zhòu	（副）	骤然；突然。
9	不容	bùróng	（动）	不许；不让。
10	降水量	jiàngshuǐliàng	（名）	从大气中落到地面的固体或液体形式的水，主要有雨、雪、霰、雹等。
11	地貌	dìmào	（名）	地球表面的形态。
12	迥异	jiǒngyì	（形）	大不相同。
13	造成	zàochéng	（动）	构成；形成。give rise to, cause
14	一般无二	yìbān-wú'èr		完全一样，没有区别。
15	林立	línlì	（动）	像树林一样成片竖立着，形容数目众多。stand in great numbers
16	纵横	zònghéng	（形）	竖一道横一道，交错的样子。vertically and horizontally
17	引发	yǐnfā	（动）	引起；触发。
18	连锁反应	liánsuǒ fǎnyìng		相关的事物中，只要一个发生变化，其他的也都跟着发生变化。
19	揭示	jiēshì	（动）	把不容易看清的事理指出来。
20	趋势	qūshì	（名）	事物发展的倾向。
21	逐年	zhúnián	（副）	一年一年地。
22	罕见	hǎnjiàn	（形）	少见；难遇；难得见到。
23	不乏	bùfá	（动）	不缺少；相当多。

少雨的十多年恰恰是北京城市发展速度最快的时期。这绝非巧合，而是一种必然。这说明，人为制造的地貌已经反作用于气候了，我们已经初尝了气候给予我们的惩罚。

表面上看，雨从天降，实际上水库在地下，地面蒸发多少水，天就返还给我们多少水，天也不可能做出无米之炊。城市规模过大、地面过硬（水泥化），就形成了一个相对独立的硬地貌，这个硬地貌无法有效地涵养水分，无法把雨水涵养在地下，让其慢慢蒸发，大部分雨水进入下水系统，白白流失了。地面存不住水，自然也就无水可降。湿热的七八月不降雨，人们熬不住，纷纷安装空调，空调的增多进一步加剧气候的恶化，形成恶性循环。

更严重的潜在危险在于：地下水是地层的一个组成部分。地下水消耗殆尽之后，若得不到及时补给，地下水层面就会在其上土层的压迫下发生塌陷。地表的建筑物就会下沉。轻微的下沉不会造成严重后果，但严重了后果不堪设想。连续多年不降雨或降雨严重不足，很有可能导致地下水枯竭，地下水层面塌陷，从而造成地表下沉。地表下沉，必然殃及地面建筑物。这并非危言耸听。许多发达城市在没有认识到问题严重性的时候都曾发生过地面下沉问题，幸亏及时纠正了。

第二部分

可以这样说，地面的水泥或钢铁设施越多越密，地表的通透性⑤就越差，水分涵养就越困难，地表下沉的可能性也**随之**加大。地面建筑物越多越密，一旦发生下沉，后果也越严重。所以，发达城市普遍采用三种办法解决这些难题。

第一是绿化。许多人——包括专业园林工作者与市政管理者——至今仍有一个错误观念，认为绿地的首要功能是美化环境。此大谬也。实际上，绿地的第一功能是保护生态，营造正常的气候环境。城市美与不美并不是第一位的，生存才是第一位的。否则，气候异变，城市就不再适于人类居住了。现在已经没有不知道保护环境的重要性的了，但许多人并不知道广义的"环境"包括气候，而且气候在"环境"中占据十分重要的地位。没有良好的气候，人类是无法生存的。

24	巧合	qiǎohé	（形）	凑巧相合。
25	反作用	fǎnzuòyòng	（名）	相反的作用。
26	返还	fǎnhuán	（动）	归还；退还。
27	无米之炊	wúmǐzhīchuī		没有米，做不出饭。比喻缺少必要条件，做不成事。出自俗语"巧妇难为无米之炊"。
28	涵养	hányǎng	（动）	蓄积并保持（水分）。
29	流失	liúshī	（动）	水、土壤、矿石、油脂等有用物质没有被利用而流散或随风、水散失。（流失——流逝）
30	加剧	jiājù	（动）	变得比原来更严重。
31	恶性循环	èxìng xúnhuán		若干事物互为因果，循环不止，越来越坏。
32	潜在	qiánzài	（形）	存在于事物内部未显现出来的。
33	地层	dìcéng	（名）	地壳发展过程中所形成的一层层的岩石的总称。stratum, layer
34	殆	dài	（副）	〈书〉将近，几乎，差不多。
35	补给	bǔjǐ	（动）	补充供给。
36	层面	céngmiàn	（名）	层次和方面。
37	塌陷	tāxiàn	（动）	坍塌；下陷。
38	地表	dìbiǎo	（名）	地球的表面，也就是地壳的最外层。
39	下沉	xiàchén	（动）	向下沉没；向下降落。
40	不堪设想	bùkān-shèxiǎng		堪：能够。不能够想象会出现什么情况。形容事情发展下去后果十分严重。
41	枯竭	kūjié	（形）	（水源）干涸；断绝。dried up
42	殃	yāng	（动）	使遭受祸害。
43	危言耸听	wēiyán-sǒngtīng		危言：使人吃惊的话；耸听：使听话的人吃惊。故意说些惊人的话，让人听了害怕。
44	市政	shìzhèng	（名）	指城市管理工作。municipal administration
45	首要	shǒuyào	（形）	摆在第一位的；最重要的。（首要——重要）
46	谬	miù	（形）	错误；荒诞。
47	广义	guǎngyì	（名）	一般指范围较广的或宽泛的定义（跟"狭义"相对）。broad sense, generalized

英国、德国等国家的大城市，都是以绿色为基本色调的，水泥的灰色与钢铁的黑色只不过是一种搭配色。美国迪士尼乐园⑥的路许多都是软地，保持着良好的通透性。人们在软地上行走格外舒适。发达的现代城市，绿地比例高得惊人，到处都是草地。有限的水泥建筑物与柏油马路改变不了城市的地貌品质，因为从整体上看，地面是松软的，地面保持着与"天空"的联系。这种联系乃人类的生命线。那里一般都没有过多的立交桥等占据大量硬地的设施，马路也都尽量修筑得窄些，尽一切可能给软地留出空间。在寸土寸金的大都市，把上好的土地留给绿地，并不是单纯为了美，而是为了人类长久地在城市中生存下去。如果单纯为了美，不去解决生态气候的根本问题，天不降雨，人工种植的草木都由人工灌溉，成本昂贵，而且本来就缺水，绿化事业也将无以为继。绿化的标准是什么？就是形成良性循环，绿地涵养了水分，天然降雨又涵养了绿地，周而复始。

第二是转移部分城市功能。对于特大城市来说，转移一部分功能是行之有效的。具体做法有卫星城与疏散居住人口两种模式。所谓卫星城，一定是指小城与母城之间有隔离，连在一起就不能称作卫星城了。疏散居住人口是比较流行的做法。一部分工薪阶层在大城市上班，居住在远离城市的小城镇。之间由轻轨⑦等高速交通工具相连接，路程耗时不超过一个半小时（发达国家普遍认为上班路程超过两小时无法接受）。这样就能避免城市规模的无限扩张。如果规模被控制住了，即使软地比例不足，也不至于严重地影响气候。

第三是尽量减少硬地表的铺设。道路尽量窄些（交通效率与路宽并没有必然联系），交通设施尽量简洁些，尽量少建立交桥。由于一个立交桥使得一片地面硬化，"杀伤力"极强，许多国家已经不再考虑用这个方法提高运输效率。有的城市还把已经修建的立交桥拆除。总之要留下足够的软地面，以与"天"交流，保持正常的生态气候平衡。

北京城的软土面积比例越来越小，虽然年年植树种草，但还是赶不上铺设水泥的速度。有些草地是铺在斜坡上，起不到渗水作用，只有美化市容这样一项功能，有些草坪地势过高，雨水流入周边硬地的下水道。北京的道路越修越宽，道路占地的比例越来越大，**加之**立交桥越来越多，桥的构造越来越复杂，占地也越来越多，此外还有大量的水泥停车场、水泥广场。相比之下，软地显得不足。

48	色调	sèdiào	（名）	绘画的色彩明暗、浓淡、冷暖等调子。
49	柏油	bǎiyóu	（名）	有机化合物的混合物，黑色或棕黑色，呈胶状。用来铺路面，也用作防水材料、防腐材料等。pitch, tar
50	生命线	shēngmìngxiàn	（名）	比喻保证生存和发展的最根本的因素。
51	立交桥	lìjiāoqiáo	（名）	架在道路交叉处的立体交叉桥梁。
52	寸土寸金	cùntǔcùnjīn		比喻土地非常贵。
53	上好	shànghǎo	（形）	最好（多指物品的质量）。
54	昂贵	ángguì	（形）	价格很高。
55	无以为继	wúyǐwéijì		没有可以再继续下去的了。
56	良性	liángxìng	（形）	能产生好的结果的。
57	周而复始	zhōu'érfùshǐ		周：环绕一圈；复始：重新开始。一圈又一圈地轮转。形容不断循环。
58	行之有效	xíngzhīyǒuxiào		实行起来有效果，多指已经实行过的方法、措施。
59	卫星城	wèixīngchéng	（名）	围绕大城市建设的中小城市。
60	疏散	shūsàn	（动）	把密集的人或东西散开。（疏散——分散）
61	耗	hào	（动）	减损，消耗。
62	铺设	pūshè	（动）	修地面、轨道等。
63	硬化	yìnghuà	（动）	使物体由软变硬。
64	杀伤力	shāshānglì	（名）	（武器）的破坏和伤害能力。
65	拆除	chāichú	（动）	拆掉（建筑物等）。
66	渗	shèn	（动）	液体慢慢地透过或漏出。
67	市容	shìróng	（名）	城市的面貌（指街道、房屋建筑、橱窗陈列等）。
68	周边	zhōubiān	（名）	周围。
69	下水道	xiàshuǐdào	（名）	排除雨水和污水的管道。
70	加之	jiāzhī	（连）	表示进一步的原因或条件。

第三部分

更重要的是，北京的规模越来越大。四环通车之后，紧接着是五环⑧，而且五环并不是尽头，后面还有更宏大的规划。这样无止境地发展下去，恐怕离城市极限规模越来越接近了。北京的气候异变已经不仅表现在降雨少这一方面，北京的城市热效应也是十分明显的。盛夏难熬，从北京向各个方向走，只要走出了北京，立即会感到凉爽许多。城市地貌在悄悄影响着气候，已经是不争的事实。持续高温成为北京人的一块心病，根子就在于已经发生了气候异变。而这种异变在很大程度上是我们人为制造出来的。我们的许多城市杰作原来是需要付出代价的，这一点千万不能忘记！

翻开历史，无论世界哪一个大洲，都发生过大城市文明突然消逝的事情。人们至今感到蹊跷，不解个中原因。其实，城市发展由不得人率性而为，必须尊重规律，服从规律。城市与自然生态气候的关系可以发生一定程度背离，但要有限度，超过了限度，城市就无法存在下去了。用这个观点完全可以解释古代大城市突然沉沦消失的原因。那些神秘消失的城市，肯定破坏了规律，消失正是吞服破坏规律的苦果。

城市像是有感知⑨的生灵，需要若干基本生存要素才能维持生存。西方人认为，上帝创造了农村，人创造了城市。这一说法提示我们：城市是由人造出来的！人能造城市，就一定也能毁城市。一位哲人早就说过，一切人为的建制都具有可错性。诚哉斯言⑩。凡人造的东西都要受制于种种规律，破坏了规律就会酿成不良后果，世间唯有纯自然是永远正确的，而我们注定要不断犯错误。当城市发展与自然规律发生抵触时，我们千万不要与自然规律争个鱼死网破！

把防止环境污染作为城市发展重要课题是必要的，但仅仅防止污染还远远不够。城市是人类迄今为止最大的工程，综合性极强，设计规划非常容易挂一漏万。所以世界上至今不存在一座十全十美的城市。只要是城市，一定有缺失，一定存在"可错性"，哪一座城市都不例外。

城市生态气候的变异已经无声无息地浮出水面，露出了冰山一角。现在该是认真应对的时候了。

71	尽头	jìntóu	（名）	末端；终点。
72	止境	zhǐjìng	（名）	终点；最后的界限。
73	极限	jíxiàn	（名）	最高的限度。
74	盛夏	shèngxià	（名）	夏天最热的时候。
75	难熬	nán'áo	（形）	难以忍受（疼痛或艰苦的生活等）。
76	凉爽	liángshuǎng	（形）	清凉爽快。
77	心病	xīnbìng	（名）	隐藏在内心的心事或伤痛。
78	根子	gēnzi	（名）	事物的本原。
79	杰作	jiézuò	（名）	超出同类一般水平的杰出作品。
80	蹊跷	qīqiao	（形）	奇怪。（蹊跷——奇怪）
81	个中	gèzhōng	（名）	〈书〉此中；其中。
82	由不得	yóubude		不能依从；不能由……做主。
83	率性	shuàixìng	（形）	由着性子；任性。
84	背离	bèilí	（动）	违背，违反。
85	沉沦	chénlún	（动）	陷入罪恶的、痛苦的境界。
86	吞服	tūnfú	（动）	多指用水服药。课文中比喻吃苦果。
87	生灵	shēnglíng	（名）	指有生命的东西。
88	建制	jiànzhì	（名）	机关、军队的组织编制和行政区划等制度的总称。organizational system, organizational structure
89	受制	shòuzhì	（动）	〈书〉受辖制。
90	酿	niàng	（动）	逐渐形成。
91	注定	zhùdìng	（动）	（某种客观规律或所谓命运）预先决定。
92	抵触	dǐchù	（动）	跟另一方有矛盾。
93	鱼死网破	yúsǐ-wǎngpò		比喻经过拼命搏斗，结果两败俱伤。
94	迄今	qìjīn	（动）	到现在。
95	挂一漏万	guàyī-lòuwàn		挂住一个，漏掉一万个。形容列举得很不完备。
96	无声无息	wúshēng-wúxī		没有声音和气息。
97	应对	yìngduì	（动）	答对；应付，采取措施对付。reply, answer, response

当前，城市规划与管理急迫需要解决的问题主要有：因特殊地貌形成而发生气候恶性改变的城市临界规模是多大？都有哪些异变特征？这种改变对城市具有哪些危害？会发生哪些连锁反应？应该采取哪些对策以防患于未然[11]（现在说"未然"恐怕已有不妥）？归根结底，问题在于：城市的极限规模究竟该定为多大？城市的软地占多大比例才能保证城市生态气候平衡？城市温度高出周边地区多少算正常……

限于能力，我无力给这一系列问题以圆满回答。本文只是抛砖引玉，目的在引起重视，切望方家解除我的疑虑，更愿我的疑虑是杞人忧天。

（作者：王文元　选自《书摘》2004年第5期，有改动）

98	临界	línjiè	（形）	由一种状态或物理量转变为另一种状态或物理量的。
99	对策	duìcè	（名）	对付的策略或办法。
100	归根结底	guīgēn-jiédǐ		归结到根本上。
101	无力	wúlì	（动）	没有能力。
102	抛砖引玉	pāozhuān-yǐnyù		谦辞。比喻用粗浅的、不成熟的意见引出别人高明的、成熟的意见。
103	方家	fāngjiā	（名）	"大方之家"的简称，本义是深明大道的人，后多指精通某种学问、艺术的人。
104	杞人忧天	qǐrén-yōutiān		传说杞国有个人怕天塌下来，吃饭睡觉都感到不安（见于《列子·天瑞》）。比喻不必要的忧虑。

注释

① **欲究其详：** 想仔细探求它详细的情况。

② **热效应：** 指物理的或化学的作用所产生的发热的效果。thermal effect

③ **海洋性气候：** 近海地区受海洋影响明显的气候，全年和一天内的气温变化较小，空气湿润，降水量多，分布均匀。

④ **大陆性气候**：大陆上受海洋气流调节不明显的气候。特点是空气干燥，冬夏和昼夜温差较大，雨量少而分布不均匀。

⑤ **地表的通透性**：指地表的渗透能力。

⑥ **迪士尼乐园**：Disneyland.

⑦ **轻轨**：即轻轨铁路，全称为"轻型轨道交通"。一种城市有轨公共交通。是吸收地铁车辆制造、信号和管理等技术，将有轨电车改进而成。20世纪60年代在德国出现。有三种类型：（1）预地铁型——市中心的线路埋设在地下，将来可发展为地铁；（2）高架型——全线设在高架桥上；（3）地面型——全线设在道路中央或两侧。发展趋势是后两种的混合。

⑧ **四环、五环**：即北京的四环路、五环路，都是环北京的公路。

⑨ **有感知**：有感觉。

⑩ **诚哉斯言**：这话说得真对啊！

⑪ **防患于未然**：在祸患未发生之前，就加以防范。

1 流失——流逝

【牛刀小试：把"流失"或"流逝"填入下面的句子中】

1. 这一地区因为工资偏低，人才（　　　　）情况相当严重。
2. 谁能阻止岁月（　　　　），让青春永驻呢？
3. 为了防止国家珍贵文物（　　　　）海外，海关加大了检查力度。
4. 他静静地坐在长椅上，追忆像河水一般（　　　　）的年华。

【答疑解惑】

语义

　　这两个词都有"有价值的东西在数量上流散、消失"的意思。"流失"泛指有用的东西流散失去；"流逝"比喻时间像流水一样消失，使用范围比较窄。

【例】（1）黄河流域水土流失问题已引起了社会的关注，越来越多的人正参与到"绿化母亲河"活动中来。

（2）一些单位国有资产流失如此严重，该追究谁的责任？

（3）"一寸光阴一寸金"，怎么能让光阴白白地流逝呢？

（4）岁月流逝，昔日的少女如今已白发苍苍。

用法

词性：都是动词。"流失"使用范围比较广，可用于自然界的矿石、土壤和水等，也可用于社会中的资产、资金、文物、人才等；"流逝"使用范围较窄，多用于表示时间。"流失"可带宾语，"流逝"不能。

【例】（5）为了不流失人才，公司决定逐年提高员工待遇。

2 首要——重要

【牛刀小试：把"首要"或"重要"填入下面的句子中】

（1）他习惯先做不（　　　　）的事。

（2）当前（　　　　）的工作是解决灾民的吃住问题。

（3）有一个安定的环境是发展的（　　　　）条件。

（4）这篇文章十分（　　　　），务必认真阅读。

【答疑解惑】

语义

都可表示人或事物的地位或作用十分突出，不可忽视，但"首要"语义较重。"首要"侧重于在相关事物中占最突出的地位，强调能起决定性的作用，与"次要"相对；"重要"侧重在关系大，影响深，与"一般"相对。

【例】（1）学生的首要任务是学习，不是游山玩水，也不是打工赚钱。

（2）这次老板把这么重要的任务交给了你，说明你的工作能力得到了认可。

用法

词性：都是形容词。但"重要"前可以加"不"或"最""很""十分"等，"首要"不能。

【例】（3）你应该分清楚什么事是最重要的，什么是比较重要的，什么是不重要的。

"首要"常作定语，如：首要条件/首要问题/首要（的）工作/首要（的）前提；"重要"除了作定语外，也能单独作谓语，"首要"则不能。

【例】（4）这个证据重要，那个不重要。

3 疏散——分散

【牛刀小试：把"疏散"或"分散"填入下面的句子中】

（1）他们家兄弟姐妹5人，如今（　　　）在好几个国家，平时只能靠电话联系。

（2）地震警报响起，老师马上（　　　）学生。

（3）现在你应该集中力量准备考试，打工会（　　　）精力。

（4）战争期间，他们曾被（　　　）到了乡下。

【答疑解惑】

语义

都有"散开"的意思。但"疏散"侧重在有计划、有组织地把原来密集的人或东西分开；"分散"侧重在变得不集中。

【例】（1）领导决定先疏散老人、儿童和妇女，再疏散其他人员，最后疏散物资。

（2）据老师反映，这个孩子上课时思想不集中，很容易分散注意力。

用法

词性：都是动词。"疏散"多用于人和具体事物；"分散"可用于人，也可用于各种事物，使用范围比"疏散"大。

【例】（3）疏散学生/疏散物资/疏散粮食和牲畜

（4）分散力量/分散注意力/分散兵力/分散自己的感情/分散了文章的主题

"分散"还可作形容词。

【例】（5）毕业以后，老同学们都住得很分散，很不容易聚在一起。

4 蹊跷——奇怪

【牛刀小试：把"蹊跷"或"奇怪"填入下面的句子中】

（1）冰箱里的食品突然都不见了，你不觉得（　　　）吗？

（2）真是些（　　　）话！谁搞得懂？

（3）李苹平时不怎么学习，（　　　）的是她每次都考全班第一。

（4）自从他住进这间"鬼屋"后，就发生了一连串的（　　　　）事。

【答疑解惑】

语义

"蹊跷"侧重在内心感觉奇怪，可疑；"奇怪"侧重在跟平常不一样，可以是也可以不是内心的感觉。

【例】（1）小区里一连死了八只猫，大家都觉得有些蹊跷/奇怪。

（2）这些花的样子都很奇怪。

用法

词性：都是形容词。"蹊跷"使用范围比"奇怪"小，一般用于：觉得很蹊跷/蹊跷事/蹊跷话/蹊跷玩意儿。下面使用"蹊跷"的地方也可用"奇怪"。

【例】（3）最近班里发生了一件蹊跷事/奇怪的事。

（4）她说了一些蹊跷话/奇怪的话就走了，谁也搞不懂她到底是什么意思。

（5）究竟这是些什么蹊跷玩意儿/奇怪的玩意儿？……这就是非洲有名的蚁山。

但"奇怪"还有其他很多用法，一般不能换成"蹊跷"。

【例】（6）灯光和音响人员创造出一种奇怪的声光效果。

（7）资金在不停地流失，奇怪的是经理竟然没有发现。

（8）看到他有这么大的变化，不由得我们不奇怪。

语体

"蹊跷"多用于口语，"奇怪"口语、书面语都可。

语言点

1　按照传统陈旧观念，气候覆盖天下，并无城市、农村之分。

【解释】无……之分：没有……的分别。中间通常是具有相反或相对意义的一两组词语。多用于书面语。提问时用：……有无……之分？

【举例】无男女之分/无内外之分/无好坏之分/无高下之分/无长短之分/无厚薄之分/无是非之分/无强弱之分/无美丑之分/无城乡之分/无东方模式与西方模式之

分/无高低贵贱之分/无性别之分/无国界之分/无种族之分/无年龄之分/无季节之分

【链接】有……之别：与"无……之分"相反，详见第三课。

【练习】用"有无……之分""无……之分"或"有……之别"完成句子或对话：

(1) 科学_____，但科学家有自己的祖国。

(2) 人种_____，我们反对任何形式的种族歧视行为。

(3) 据报道，中国将逐步取消农业、非农业的二元户口登记制度，户口将_____，一律统称居民。

(4) 我们常以"外国的月亮比中国的圆"比喻某些崇洋媚外者的心理。外国的月亮难道真的比中国的圆吗？月亮只有一个，并_____，所以，圆的不是月亮，而是金钱，是各种各样的物质条件。

(5) A: 已婚男人还可以拥有红颜知己吗？真挚的友情_____？

B: _____

2 像北京这样的超级大都市，气候异变，已经达到不容忽视的地步。

【解释】不容：意思是"不许、不让"。后面一般跟双音节动词。语气较强，常用于书面语。

【举例】不容忽视/不容拖延/不容置疑/不容回避/不容错过/不容忘却/不容拒绝/不容乐观/不容侵犯/不容践踏/不容歪曲/不容篡改 [cuàngǎi, 用作伪的手段改动或曲解（经典、理论、政策等）] /不容削弱/不容诋毁（dǐhuǐ，毁谤，污蔑）

【练习】选用上面的词组完成句子：

(1) 专家指出：室内空气污染_____，房屋装修后不宜立刻入住。

(2) 这是我的"领土"，_____。

(3) 贫富差距加大是改革发展中一个_____的问题，首先我们必须正视问题，然后才能设法解决问题。

(4) 据调查，明年的人才需求量预计大幅下降，大学毕业生的整体就业形势_____。

(5) 任务紧迫，_____。

(6) 法律的尊严_____，不能让这些携款外逃的人继续逍遥法外。

（7）这可是千载难逢的机会，当然＿＿＿＿＿＿＿＿＿＿＿＿＿。

（8）部长用＿＿＿＿＿＿＿＿＿＿＿＿的语气命令道："无论如何，明天就要把报告交上来。"

3 历史上北京<u>不乏</u>干旱之年，但降雨逐年减少持续时间如此之长则是第一次。

【解释】不乏：意思是"不缺少"，表示有相当数量。常用于书面语。

【举例】（1）欧洲央行的有关人员表示：欧元区利率仍处于低水平，为经济增长提供了支持，欧元区经济增长不乏动力。

（2）赛场上，这些运动员在高强度对抗中也不乏超级搞笑的动作。虽不是有意摆造型，却足以让人捧腹喷饭。

（3）这位官员称：工薪阶层中不乏高收入者，对他们征收个人所得税的人均税额远远高于其他工薪收入者。

（4）中国历史上不乏像闻一多先生这样的志士仁人，正是这些人，一次次唤醒了中国大地上沉睡的众生。

（5）青藏高原之旅，不乏奇特、艰险、刺激、梦幻，可以说是一山一个景，一步一声奇。

（6）这部电影利用最新的电脑特技营造恐怖的视觉冲击，但恐怖中不乏幽默、浪漫，吸引了不少年轻观众。

【链接1】四字词语：不乏先例（有不少从前的事可以作为例子）/不乏其人（那样的人为数并不少）

【举例】（7）跨国汽车公司在中国国内设有两家合资企业并且形成正面竞争的事不乏先例。众所周知，德国VW所设立的上海大众与一汽大众，几乎每一款车型都形成竞争。

（8）"平时不烧香，临时抱佛脚。"上课时不认真听，考试前才去复印同学的笔记，这样的大学生，不乏其人，我的同屋就是其中之一。

【链接2】乏：意思是"缺少"。常用于以下词语：乏力/乏味/贫乏/进攻乏术等。

【练习】用"不乏"改写句子：

（1）在这次失窃案中，受害人除一般旅客外，知名人士也不少。
＿＿＿＿＿＿＿＿＿＿＿＿＿＿＿＿＿＿＿＿＿＿＿＿＿＿＿＿＿＿＿。

（2）这种改良旗袍既传统，又不缺乏时尚感，难怪会成为今夏服装市场中的"宠儿"。
＿＿＿＿＿＿＿＿＿＿＿＿＿＿＿＿＿＿＿＿＿＿＿＿＿＿＿＿＿＿＿。

（3）此次瓷器展览中，共展出300多种精品，其中国家级文物也不少。
＿＿＿＿＿＿＿＿＿＿＿＿＿＿＿＿＿＿＿＿＿＿＿＿＿＿＿＿＿＿＿。

（4）我们的生活虽然平凡，但也不缺少精彩之处，很多事情，值得我们仔细地品味。
＿＿＿＿＿＿＿＿＿＿＿＿＿＿＿＿＿＿＿＿＿＿＿＿＿＿＿＿＿＿＿。

用"不乏其人""不乏先例"改写句子：

（5）"周末一起骑车去承德！"我在网上发了一个帖子寻找同伴，没想到有很多志同道合者。
＿＿＿＿＿＿＿＿＿＿＿＿＿＿＿＿＿＿＿＿＿＿＿＿＿＿＿＿＿＿＿。

（6）像这种一步一个脚印，走在梦想之路上，实践自己生命追求的，古今中外都有很多人。
＿＿＿＿＿＿＿＿＿＿＿＿＿＿＿＿＿＿＿＿＿＿＿＿＿＿＿＿＿＿＿。

（7）这位歌手说："优秀的作品对于歌手来说的确是至关重要的，一曲成名的例子以前也有很多。我希望找到一首最适合自己、最能打动人心的歌曲。"
＿＿＿＿＿＿＿＿＿＿＿＿＿＿＿＿＿＿＿＿＿＿＿＿＿＿＿＿＿＿＿。

（8）由于移民而导致贫困，在历史上这样的事并不少见，三峡工程百万移民更是世界级难题，如何让移民安稳致富，成为政府极为重视的一个问题。
＿＿＿＿＿＿＿＿＿＿＿＿＿＿＿＿＿＿＿＿＿＿＿＿＿＿＿＿＿＿＿。

4 **历史上北京不乏干旱之年，但降雨逐年减少持续时间如此之长则是第一次。**

【解释】如此之＋形容词：意思是"这样的……"，"如此之"后面多跟单音节形容词。

【举例】如此之多/如此之少/如此之快/如此之慢/如此之远/如此之近/如此之高/如此之低/如此之重/如此之轻/如此之强/如此之弱/如此之深/如此之浅/如此之难/如此之累/如此之美/如此之贵/如此之细

【链接】如此+形容词/动词："如此"后多为双音节形容词或动词。

【举例】如此友好/如此小气/如此平等/如此重要/如此热心/如此耐心/如此温柔/如此蹊跷/如此详细/如此糊涂/如此有趣/如此感动/如此喜爱/如此迷恋/如此关心/如此爱护

【练习】选用上面的"如此之……"中的例子填空：

（1）此刻，死亡离他＿＿＿＿＿＿＿，他反倒平静了。

（2）听导游介绍说：有据可查的面食，在山西就有280种之多。从制作方法上可以分为蒸、煮、煎、烤、炸、焖等几大类。……真没想到，山西人做面食竟然有＿＿＿＿＿＿＿的讲究。

（3）战争的花费＿＿＿＿＿＿＿，代价＿＿＿＿＿＿＿，从来都没有听说过仗打得越久，对国家越有利的事。

（4）深圳，从落后的渔村到现代化的都市，发展步伐为何＿＿＿＿＿＿＿？

用"如此之+形容词"完成句子：

（5）公司管理如此混乱，薪水＿＿＿＿＿＿＿＿＿＿＿＿，人才怎能不流失？

（6）＿＿＿＿＿＿＿＿＿＿＿＿＿＿＿＿，我无论如何也不能按时完成。

（7）多修路，堵；多修地铁，还是堵。改善交通状况为何＿＿＿＿＿＿＿＿＿？

（8）短短半年多时间，他就从一个门外汉变成了内行，他的变化为何＿＿＿＿＿？

5 **地面的水泥或钢铁设施越多越密，地表的通透性就越差，水分涵养就越困难，地表下沉的可能性也<u>随之</u>加大。**

【解释】……，……随之……："随之"意思是"随着它"；"之"代表前面句子所指内容。"随之"前常有"也、也会、就会、将会"等词。

【举例】（1）在金融业日趋市场化的今天，人们的金融意识也随之增强，债券、股票、房地产、收藏、保险等投资理财工具正在快速走进城乡家庭，成为人们经济生活中必不可少的组成部分。

（2）立场改变了，看法也会随之改变。在和别人发生冲突时，不妨"换位思维"。

（3）当学习、思考、尝试成为习惯，成功就会随之而至。

（4）"换个发型吧，也许一切将会随之改变。"诸事不顺的她告诉自己。

【练习】用"随之"完成句子：

（1）改变了自己的心态，_____。

（2）体力和集中能力提高了，_____。

（3）油价又涨了！_____。

（4）国家经济增长放缓了，_____。

（5）如果有一天森林消失了，那么_____。

6 北京的道路越修越宽，道路占地的比例越来越大，<u>加之</u>立交桥越来越多，桥的构造越来越复杂，占地也越来越多，此外还有大量的水泥停车场、水泥广场。相比之下，软地显得不足。

【解释】……，加之……，……："加之"是连词，表示进一步的原因或条件。常与"因此""难怪"等连用。

【举例】（1）寒流来袭，加之暖气已停，房间里冷极了。

（2）由于有些青年人不注意休息，加之长时间使用电脑，因此现在因"失写症"到医院咨询的青年人已不罕见。

（3）由于出口潜力巨大，加之土耳其拥有地区优势，因此，汽车零配件业正在吸引越来越多的世界龙头企业来土投资。

（4）秋夜确实能给人一种遐思与意境，加之如洗的明月当空高挂，难怪历代文人墨客都纷纷以明月为题材，抒发内心所感。

（5）这部所谓的恐怖片乍一看也许不像恐怖电影，缓慢的节奏、平淡的对白，似乎很难引发观众的兴趣。加之看不到那些在好莱坞电影中常见的血腥暴力，难怪很多观众都觉得不像恐怖片。

【练习】用"加之"完成句子：

（1）由于他文笔不错，_____，因此_____。

（2）大风降温，_____，难怪_____。

（3）本人摄影水平有限，_____。

（4）这首歌旋律优美，_____。

（5）这家企业由于资金紧缺，_____。

7 城市发展由不得人率性而为，必须尊重规律，服从规律。

【解释】由不得：动补结构，意思是"不能依从；不能由……做主"。也可说成"由不了"。

【举例】（1）进了新单位，在什么人手底下工作，这由不得你。大部分时候都是别人挑你而不是你挑别人。

（2）孩子大了，干什么都有自己的主意，由不得家长了！

（3）天晴天阴，由不得你我控制，但我们能控制的是自己心情的好坏。

（4）"现在是法制社会，由不得你乱来。"面对这种不讲道理的人，我只好拿法律来为自己助威。

【链接1】由得了：是"由不得"的肯定形式。一般用于反问句。

【举例】（5）那时候的婚姻由父母做主，还由得了自己吗？

【练习】用"由不得"完成句子或对话：

（1）有了同屋以后，凡事都要为对方考虑考虑。以前，我想几点睡就几点睡；现在，_____。

（2）股市什么时候从熊市转为牛市，_____，它有自己的规律。

（3）我不是公司事务的决策人，_____。

（4）A：他为什么一直不结婚？

　　 B：_____。

（5）A：我能不能不去考试？

　　 B：_____。

（6）A：都推迟两个小时了，我们的飞机什么时候才能起飞？

　　 B：_____。

综合练习

Ⅰ 词语练习

一 用画线的字组成其他的词

1. 生态：（　　　）（　　　　　）（　　　　　）（　　　　）
2. 逐年：（　　　）（　　　　　）（　　　　　）（　　　　）
3. 枯竭：（　　　）（　　　　　）（　　　　　）（　　　　）
4. 昂贵：（　　　）（　　　　　）（　　　　　）（　　　　）
5. 杰作：（　　　）（　　　　　）（　　　　　）（　　　　）

二 填入合适的名词

陈旧的（　　　　　）　　罕见的（　　　　　）　　潜在的（　　　　　）

广义的（　　　　　）　　凉爽的（　　　　　）　　蹊跷的（　　　　　）

（　　　　　）迥异　　　（　　　　　）林立　　　（　　　　　）纵横

（　　　　　）流失　　　（　　　　　）加剧　　　（　　　　　）塌陷

（　　　　　）枯竭　　　（　　　　　）硬化　　　引发（　　　　　）

揭示（　　　　　）　　　返还（　　　　　）　　　疏散（　　　　　）

铺设（　　　　　）　　　拆除（　　　　　）　　　背离（　　　　　）

三 填入合适的动词

（　　　　　）生态平衡　　不容（　　　　　）　　（　　　　　）连锁反应

（　　　　　）热效应　　　（　　　　　）趋势　　　逐年（　　　　　）

（　　　　　）恶性循环　　（　　　　　）卫星城　　（　　　　　）轻轨

（　　　　　）对策　　　　（　　　　　）市容　　　（　　　　　）下水道

四 填入合适的形容词

（　　　　　）的地貌　　（　　　　　）的连锁反应　　（　　　　　）的趋势

（　　　　　）的色调　　（　　　　　）的卫星城　　　（　　　　　）的轻轨

（　　　）的市容　　　（　　　）的下水道　　　（　　　）的盛夏

（　　　）的生灵　　　（　　　）的对策

五　写出下列词语的近义词或反义词

（一）写出近义词

关联——　　　　引发——　　　　返还——

流失——　　　　加剧——　　　　塌陷——

下沉——　　　　周边——　　　　尽头——

蹊跷——　　　　率性——　　　　背离——

（二）写出反义词

迥异——　　　　罕见——　　　　加剧——

恶性循环——　　下沉——　　　　广义——

疏散——　　　　硬化——　　　　抵触——

六　选词填空

> 流失　　流逝　　首要　　重要　　疏散　　分散　　蹊跷　　奇怪

1. 战时曾经（　　　　）了一批城市居民到这一带的山区。
2. 因为水龙头无法关紧，大量的水就这样白白（　　　　）了。
3. 时间（　　　　）得真快！一转眼又是一年！
4. 他们俩由相恨变成了相爱，这不（　　　　），我早就知道会这样。
5. 这位老画家的弟子（　　　　）在全国各地。
6. 怎么我桌子上的蛋糕一下子就没了呢？这可真是件（　　　　）事。
7. 当前（　　　　）的工作是努力安置好受灾群众，帮助他们解决基本生活问题。
8. 这项工作十分（　　　　），必须全力以赴地去做才行。

七　解释句中画线词语的意思

1. 城市建设与城市生态气候，乍一看风马牛不相及……

　　A. 两者毫不相干　　　B. 两者不在一处　　　C. 两者关系不好

2. 如果我们人为地制造出某种地貌，同样会影响气候，与自然地貌影响气候<u>一般无二</u>。

  A. 相类似　　　　　　B. 完全一样　　　　　　C. 有所不同

3. 北京人的生活体验与北京的气候资料同时揭示了这样一个可怕的<u>趋势</u>。

  A. 事物发展的倾向　　B. 事物发展的原因　　C. 事物发展的结果

4. 历史上北京<u>不乏</u>干旱之年，但降雨逐年减少持续时间如此之长，这一切绝不能归于"偶然"。

  A. 不清楚　　　　　　B. 不够充足　　　　　　C. 不缺少

5. 天也不可能做出<u>无米之炊</u>。

  A. 比喻不可能成功　　B. 比喻缺少必要条件　　C. 比喻没有结果

6. 地下水消耗<u>殆</u>尽之后，若得不到及时补给，地下水层面就会在其上土层的压迫下发生塌陷。

  A. 几乎　　　　　　　B. 可能　　　　　　　　C. 已经

7. 这并非<u>危言耸听</u>。

  A. 故意说些惊人的话，引起人们的重视

  B. 故意说些惊人的话，让人听了害怕

  C. 告诉人们危险的事，让人认真听

8. 此大<u>谬</u>也。

  A. 可笑　　　　　　　B. 无耻　　　　　　　　C. 错误

9. 地面保持着与"天空"的联系。这种联系<u>乃</u>人类的生命线。

  A. 成为　　　　　　　B. 当　　　　　　　　　C. 是

10. 人们至今感到蹊跷，不解<u>个中</u>原因。

  A. 此中　　　　　　　B. 中间　　　　　　　　C. 个别

11. <u>凡</u>人造的东西都要受制于种种规律，破坏了规律就会酿成不良后果，世间唯有纯自然是永远正确的，而我们注定要不断犯错误。

  A. 凡是　　　　　　　B. 普通　　　　　　　　C. 总共

12. 城市是人类<u>迄今</u>为止最大的工程，综合性极强，设计规划非常容易挂一漏万。

  A. 如今　　　　　　　B. 到现在　　　　　　　C. 从今天开始

13. 城市生态气候的变异已经<u>无声无息</u>地浮出水面……

  A. 没有声音和气息　　B. 没有了呼吸　　　　　C. 没有了反应

14. 归根结底，问题在于……

　　A. 找到根本目标　　B. 进行到最后　　C. 归结到根本上

八　选择正确的答案

1. 城市建设与城市生态气候，乍一看风马牛不相及，（　　）关联极为密切，不可不察。

　　A. 但是　　B. 其实　　C. 结果

2. 随着城市规模不断（　　）、城市发达程度不断提高，城市气候越来越表现出独有的特征。

　　A. 扩张　　B. 放大　　C. 夸张

3. 像北京这样的超级大都市，气候异变，已经（　　）不容忽视的地步。

　　A. 达成　　B. 到达　　C. 达到

4. 足够大的面积形成一个独立的地貌，就像一片山林或一块沙漠一样，（　　）要影响到气候，导致气候的变异。

　　A. 必要　　B. 必须　　C. 必然

5. 气候异变会引发一（　　）连锁反应，最终影响到居住环境的质量，应引起高度重视。

　　A. 系列　　B. 系统　　C. 联系

6. 北京人的生活体验与北京的气候资料同时（　　）了这样一个可怕的趋势。

　　A. 揭露　　B. 揭示　　C. 揭发

7. 历史上北京不乏干旱之年，但降雨逐年减少持续时间如此（　　）长，这一切绝不能归于"偶然"。

　　A. 乎　　B. 其　　C. 之

8. 这绝（　　）巧合，而是一种必然。

　　A. 不　　B. 非　　C. 否

9. 这说明，人为制造的地貌已经反作用于气候了，我们已经初尝了气候（　　）我们的惩罚。

　　A. 给予　　B. 赋予　　C. 授予

10. 湿热的七八月不降雨，人们熬不住，（　　）安装空调。

　　A. 纷纷　　B. 一连　　C. 逐渐

11. 更严重的潜在危险（　　　）：地下水是地层的一个组成部分。地下水消耗殆尽之后，若得不到及时补给，地下水层面就会在其上土层的压迫下发生塌陷。地表的建筑物就会下沉。

    A. 在于　　　　　　　　B. 在乎　　　　　　　　C. 关于

12. （　　　）多年不降雨或降雨严重不足，很有可能导致地下水枯竭，地下水层面塌陷，从而造成地表下沉。

    A. 继续　　　　　　　　B. 连续　　　　　　　　C. 连接

13. 地面建筑物越多越密，（　　　）发生下沉，后果也越严重。

    A. 一向　　　　　　　　B. 一下　　　　　　　　C. 一旦

14. 一部分工薪阶层在大城市上班，居住在远离城市的小城镇。之间由轻轨等高速交通工具相（　　　）。

    A. 连接　　　　　　　　B. 接连　　　　　　　　C. 连锁

15. 总之要留下足够的软地面，（　　　）与"天"交流，保持正常的生态气候平衡。

    A. 就　　　　　　　　　B. 而　　　　　　　　　C. 以

16. 北京的道路越修越宽，道路占地的比例越来越大，（　　　）立交桥越来越多，桥的构造越来越复杂，占地也越来越多，（　　　）还有大量的水泥停车场、水泥广场。相比之下，软地显得不足。

    A. 加之……而外　　　　B. 加之……此外　　　　C. 加入……另外

九 选词填空，并选择5个模仿造句

> 刻不容缓　风马牛不相及　无米之炊　危言耸听　寸土寸金　无以为继
> 周而复始　行之有效　鱼死网破　挂一漏万　归根结底　抛砖引玉
> 杞人忧天　无声无息

1. 巧妇难为（　　　），企业发展不能没有资金的支持。没有资金的支持，公司的发展将会（　　　）。

2. 这一带客流量大幅增长，营业额直线上升，连沿街的小门面房租金都翻了四五倍，真可谓是（　　　）。

3. 经过几千年来掠夺式的开发，现在，黄土高原的水土流失地区到处是荒山秃岭、沟壑纵横，创建绿色家园已经（　　　）。

4. 一张纸与一片云似乎（　　　　），其实有着密切的关联。因为有云才会有雨，有雨树才能生长，有树才有木浆，有了木浆才能生产纸张。你能说纸与云毫无关系吗？

5. "气候变暖，海平面上升，不久的将来很多地区都将沉入海底。"这是不是有人故意在（　　　　）呢？不，一些科学家已找到了证据：由于海平面上升，陆地正在下沉。如上海、广州、天津等大城市与20世纪同期相比，大约下沉了15cm左右。

6. 他气急了，恨不得扑过去同他们拼个（　　　　）。但他终于控制住自己，冷静了下来。

7. 这位学者指出：医疗、教育等方面暴露出的矛盾和问题（　　　　）是由于资源紧缺，而资源紧缺的根子又在于人口爆炸，所以控制人口增长仍然是最最要紧的事情。

8. 那位女演员原来红遍网络，结婚生孩子后就（　　　　），基本不露面了。

9. 为什么投入了大量人力财力的绩效管理体系却不能实现预期效果？今天，专家将为人力资源部的职员介绍（　　　　）的绩效管理办法。

10. 因时间仓促，我的分析难免（　　　　），在此我只是（　　　　），相信下面的发言会越来越精彩。

11. 像你这么优秀的学生不会不及格的，你就不要（　　　　）了，还是好好做你的作业吧。

12. 冬去春来，夏去秋到，春夏秋冬，（　　　　），何必为季节的更替而伤感呢？

II 课文理解练习

一　根据课文内容判断正误

1. 无论多大的城市，都有必要关心"城市生态气候"问题。　　　　（　　）
2. 地貌是决定城市生态气候的因素之一。　　　　（　　）
3. 近十多年来北京的降雨量的逐年减少与城市快速发展不存在联系。　　　　（　　）
4. 不降雨跟硬地貌有关，不能怪"天"。　　　　（　　）
5. 地面建筑物过密是造成地面下沉的主要原因。　　　　（　　）
6. 绿地的首要功能不是美化环境，而是保护生态。　　　　（　　）
7. 在大城市，即使有大量软地，少量水泥建筑物与柏油马路也足以改变城市的地貌品质。　　　　（　　）
8. 较之疏散居住人口，建设卫星城是更为流行的控制城市规模的做法。　　（　　）
9. 为了防止地表硬化，不提倡修建立交桥。　　　　（　　）

10. 北京种草植树的速度比铺设水泥的速度快。　　　　　　（　　）

11. 城市热效应明显也是北京气候异变的表现之一。　　　　（　　）

12. 城市与自然生态气候的关系不允许有丝毫背离。　　　　（　　）

13. 人类应该尊重自然规律，而不是与之斗争，两败俱伤。　（　　）

14. 城市的设计规划很容易出现考虑不周的情况。　　　　　（　　）

15. 城市生态气候的异变已全部显示出来了，我们应认真应对。（　　）

二 根据课文内容，用指定的词语回答问题

1. 城市建设与城市生态气候有无关联？

   （乍一看　风马牛不相及　其实　密切　不可不　随着　扩张　骤变　达到……的地步）

2. 为什么城市规模不断扩大、高楼林立、道路纵横时，会对气候产生影响？为什么这个问题应引起高度重视？

   （独立　地貌　像……一样　必然　导致　引发　连锁反应　最终　居住环境）

3. 某些城市降雨量逐年减少，根本原因为什么在"地"而不在"天"？

   （表面上看　实际上　蒸发　返还　无米之炊　硬地貌　涵养　下水系统　白白流失）

4. 历史上一些大城市文明突然消逝给予了我们什么启发？

   （蹊跷　个中原因　由不得　率性而为　尊重　服从　背离　限度　吞服　苦果）

三 思考与讨论

1. 文章中谈到了北京近年来降水量减少的问题，导致这个问题产生的具体原因有哪些？对此你有什么建议？

2. "上帝创造了农村，人创造了城市。"你是怎么理解这句话的意思的？

3. 全球气候变暖日益严重，简单说明一下这个问题的严重性及应对策略。

4. 你还关注其他什么环境问题？

5. 在环境保护方面，我们作为普通人，可以做些什么？

6. 设计一句保护环境的公益广告语。例如：为了北京的蓝天，请您少开一天车。

阅读与理解

人类要把其他生命当作朋友

人是万物之灵，是生命最高的形式，是地球上万物的主宰——难道这还是个问题吗？

然而，在国外这些年的所见所闻，让我对这个问题有了越来越多的思考。而引起这类思考的都是一些平平常常、不经意中的所见所闻。

在一次阿尔卑斯山的远足中，我无意中走入了一处位于两千多米高山上的少年夏令营。营地坐落于一片疏密适中的森林中。巨大的百年老树像一把把撑开的绿伞，遮掩着孩子们在林间空地上支起的帐篷。那些十四五岁的男孩子有的在树荫下嬉戏，有的安静地坐在帐篷外的枯木干上聊天，轻松悠闲，犹如置身世外桃源。令我惊奇的是，就在这生活着二三十个活泼好动的男孩子的夏令营里，竟赫然存在着五六个直径一米有余、高半米多的巨大蚁穴！它们散落在树林里，由细小的松枝、树皮碎屑和腐殖土堆成，数不清的蚂蚁忙忙碌碌，在蚁穴堆上进进出出，在自己几十年聚沙成塔般建立起的家园中，不受外界干扰地过着自己的日子。我是第一次见到如此巨大和集中的蚁穴，自然惊奇不已。更让我感叹的是这些巨大但不堪人类一击的蚁穴竟能在孩子们的营地中安然无恙，与几十个正值顽皮年龄的男孩和平共处、互不妨碍。如果孩子们没有从小受到尊重生命、保护自然、与动物为友的教育，这些蚁穴的下场是可想而知的。

诸如此类的事其实都是日常小事，可贵的是当事人并没为自己的所作所为赋予什么重大深远的意义，他们只是按照自己的习惯，理所当然地做大家在相同境况下都会做的事。他们所爱护的也不是什么国宝级或国家几级保护动物。平常的人，平常的动物，平常的事，但贵在平常。

阿尔卑斯山绚烂、品种繁多的野花漫山遍野，却不见哪个游人去随手采摘一朵，连很小的孩子也不去动它们。因为人们都知道这些美丽的小花是受法律保护的。人们自觉地保护着野花野草在一两千米的高山上自由地生息。他们说:"一朵花儿插在自己家的花瓶里,只有你一个人欣赏它,而让它开在路边,就会有更多的人看到它。"

另一年夏天,我到加拿大一个国家野生公园旅游,扎营在湖畔的树林中。没想到树林里的蚊子蜂拥而来,防不胜防。一打听,原来因为蚊子给游人造成的烦扰,公园曾在湖水中喷洒一种除虫剂以消灭水中的孑孓,从而有效地解决了人们的烦恼。但后来发现蚊虫的消灭减少了湖中蛙类的食物来源,破坏了大自然的食物链,于是人们果断地停止使用除虫剂,为了蛙类的正常生活,游人甘受蚊虫的烦扰。

更有甚者,就连野生公园中的朽木枯枝也受到保护。一次与同事在魁北克一个野生公园宿营,为了生篝火,我自告奋勇去湖边树林里拾散落在地上和被波浪遗留在沙滩上的枯枝,却被同事阻止了。顺着他的指点,我发现在宿营点周围早已由公园为游人准备好了生篝火用的木柴。我感到莫名其妙:枯枝败叶,现成的废物不用,却由公园出钱在别处购买木柴,再免费提供给游人,简直多此一举。我百思不解,向同事请教之后才知道,原来人们认为这里的野生生态环境有着自己的生命循环:春天草木发芽、生长,秋天落下败叶枯枝,这些枯枝将慢慢化为泥土,孕育出新的草木。人类作为外来者来到这个环境之中,只有权欣赏大自然的美,却无权干扰它们的自身循环。拾取枯枝生火,便人为地破坏了大自然的自身循环,破坏了野生公园的环境。因此人们宁可从专门的伐木区运来木柴供生篝火用,也不从野生环境中拿取任何东西,不给其中添加什么异物。游人游览过程中产生的垃圾,全都回收又带出公园。可见人们对野生公园保护之精心,使之成为不折不扣的"野生"。

诸如此类的行为,当地人习以为常,这些日常小事在无形中慢慢地改变着人们对生命含义的理解,逐渐学会对所有生命形式的尊重。我懂得了生命没有高低贵贱之分,也不应该以一种生命形式去"主宰"其他生命。人类对其他生命不负责任,也就是对自己的不负责任。人类如果真是"万物之灵"的话,那只意味着人类要把其他生命当作朋友,从而担负起自己对其他生命的更大的责任。

(作者:清早 选自《做人与处世》2005年第5期,有改动)

博雅汉语　Boya Chinese

阅读练习

一　根据文章内容选择正确答案

1. 在阿尔卑斯山的远足中,作者_____
   A. 特意参观了一个夏令营　　　　B. 教育孩子们要与动物为友
   C. 惊奇于少年与蚁穴的和平共处

2. 作者认为可贵的是人们_____
   A. 爱护国家,保护动物　　　　B. 习惯性地在保护环境
   C. 了解自己的行为的重大意义

3. 在作者去的加拿大的国家野生公园里,_____
   A. 很多人去扎营欣赏蛙类的生活　　　　B. 人们普遍抱怨受到了蚊虫的烦扰
   C. 曾因用除虫剂灭蚊而破坏了食物链

4. 作者在魁北克的野生公园宿营时,用来生篝火的是_____
   A. 公园地上的枯枝　　　　B. 从公园购买的木柴
   C. 公园免费提供的木柴

5. 在这篇文章中,作者想说的是人类_____
   A. 应尊重所有的生命　　　　B. 主宰其他生命的后果
   C. 是如何成为万物之灵的

二　谈一谈

1. 你去过野生公园吗?那儿有什么特点?跟普通的公园有什么不同?
2. 你们国家有野生公园吗?为了保护自然环境,野生公园一般有哪些规定?
3. 你认为有没有必要建立野生公园?
4. 在这篇文章中,作者提出"人类要把其他生命当作朋友",你是否认同这个观点?你认为人类是否应该把蚊子、苍蝇、蟑螂当作朋友?为什么?

中国文化到底是什么样子的

课前思考

1. "文化"是什么?查一查这个词的含义,并说说你的理解。
2. 你接触过中国文化中的哪些内容?你最感兴趣的是什么?
3. 在本文中,作者表明了自己对中国文化的实质、内涵和特征的看法。请读完以后概括、总结一下作者的观点,思考一下他的观点有没有道理。

第一部分

梁漱溟①老先生曾在《中国文化要义》中说，文化就是我们生活的依靠，文化其实是极其实在的东西。而在我看来，文化则意味着生活的方式、观念和主张。同样的，文化的目的就是要能改善我们的生活，包括生活方式、观念和主张。这样说来，中国文化就是中国人的生活方式、观念和主张。中国文化的目的是要改善中国人的生活方式、观念和主张。这是不用再废话了的。然而，怎么样才是中国的文化呢？或者说，怎么样的生活方式、观念和主张，才是中国人的生活、观念和主张呢？这个问题，似乎就不那么容易回答得上来了。

中国文化的实质

谈到中国文化，可以说，每个人都会有每个人的看法和认识。这些看法和认识，大概可以归结为四大类别：一是赞美的态度，为五千年的中华文明而自豪，认为非常地了不起；二是诋毁的态度，把中国的落后归结为几千年的中国文化，认为如果不是传统文化的束缚，我们早就是世界第一强国了；三是既有肯定也有否定，总体上**趋于**肯定，认为可以继承和发扬光大；四是既有否定也有肯定，总体上**趋向**否定，认为传统文化最好还是作为古董文物才更有价值。这四种态度，应该说都有各自的道理和看问题的角度。

然而，我们谈论中国文化的目的，不是为了逞口舌之利②，争一时的意气或逞什么个人的威风。我们的目的是要继承和发扬中国文化，因为这是我们中国人立身的根本。这就好像我们的身体，尽管这个身体时常会生个病，或碰个伤口什么的，不时地会让我们不舒服，让我们不好过，可我们还是得每天吃饭来喂养它，穿上衣服来保养它，时不时地还要去做体育锻炼来强健它。同样的道理，我们对待中国文化的态度，也应该是这样出于爱护和发扬光大的务实，积极而有效的态度才对。

那么，怎样才是务实、积极而有效的态度呢？

"务实",就是我们最起码要去尊重历史,尊重事实,尊重大家的共同选择。

"积极",就是尽量去避免戴着有色眼镜③来看问题,尽量去避免带着个人的情绪来看待问题,尽量去避免带着不可告人的恶意来混淆问题。带着有色眼镜,带着个人情绪,带着不可告人的恶意,这些都属于消极地对待问题,这样往往就会容易产生偏见和对抗,不利于问题的最终解决,反而会干扰和妨碍了问题的解决。

1	要义	yàoyì	(名)	重要的内容或道理。
2	归结	guījié	(动)	总结而求得结论。
3	诋毁	dǐhuǐ	(动)	捏造事实,说人坏话,败坏别人的名誉。
4	强国	qiángguó	(名)	国力强大的国家。
5	总体(上)	zǒngtǐ(shàng)	(名)	若干个体所合成的事物。
6	趋(向)(于)	qū(xiàng)(yú)	(动)	朝着某个方向发展。
7	发扬光大	fāyáng-guāngdà		发展提倡,使日益盛大。
8	古董	gǔdǒng	(名)	古代留传下来的器物。
9	意气	yìqì	(名)	由于主观和偏激而产生的情绪。
10	威风	wēifēng	(名)	使人敬畏的声势或气派。
11	立身	lìshēn	(动)	自立、做人。
12	喂养	wèiyǎng	(动)	给幼儿或动物东西吃,并照顾其生活,使能成长。
13	保养	bǎoyǎng	(动)	保护调养。
14	时不时	shíbushí	(副)	时常。
15	强健	qiángjiàn	(形)	(身体)强壮。
16	不可告人	bùkě-gàorén		不能告诉别人,多指不正当的打算或计谋不敢公开说出来。
17	恶意	èyì	(名)	不良的居心;坏的用意。malice, evil intentions
18	偏见	piānjiàn	(名)	偏于一方的见解;成见。prejudice, bias
19	对抗	duìkàng	(动)	对立起来相持不下。
20	利于	lìyú	(动)	对某人或某事物有利。
21	最终	zuìzhōng	(副)	最后;末了。

"有效",就是要以发现问题,提出问题,解决问题为目的。也就是说,提出问题是为了要解决问题,而不是去作无谓的争论,那是没有任何意义和价值的。

事实上,我们所要讨论的中国文化,在现实中一直就存在着两种区别很大的认识和看法。一个就是说中国文化应该包括中华民族内各民族的所有文化,各民族文化之间应该是相互尊重和平等存在的关系。还有一个,就是**以汉文化为主**,**以**其他各民族文化**为辅**的中国文化。正是这样一个主次分明的中国文化,所以才会形成诸如"炎黄子孙""华夏儿女"和"龙的传人"等说法。应该说,这两种认识和看法代表了两种不同的心态和立场。

一个是从务实出发,一个是以正统自居,各有各的道理。然而,究竟哪一种看法,是真正体现了中国文化的实质呢?

我们经常说中国文化博大精深。到底是怎么个博大精深呢?当然就是体现在它的多元化和包容性上。但是一旦回到现实当中来,往往会有很多人好像就有意无意地忽视了这样一个事实:我们所说的中国文化,不单单是指从炎黄时代开始的华夏文化,以及由华夏文化一直逐步演变成为后来的汉文化,还要包括中华民族内各个民族的所有文化,像蒙古④文化、西藏⑤文化、维吾尔⑥文化、满⑦文化、哈萨克⑧文化、傣家⑨文化和朝鲜⑩文化等,有多少不同的民族就有多少不同的民族文化,有多少不同的山水风情就有多少不同的乡土文化,有多少不同的乡民就有多少不同的民俗文化。

所有这些民族的、地方的和民俗的文化,都应该是包含在中华民族的范畴里的中国文化。也就是说,即便是汉文化,除了常见的经史典籍,也还有在民间口耳相传的民俗文化,也还有各地风采纷呈的乡土文化。

22	无谓	wúwèi	(形)	没有意义;毫无价值。
23	辅	fǔ	(名)	辅助性的;非主要的。
24	主次分明	zhǔcì-fēnmíng		主要的和次要的区分得很清楚。
25	诸如	zhūrú	(动)	举例用语,放在所举例子的前面,表示不止一个例子。
26	炎黄子孙	Yán-Huáng zǐsūn		炎、黄是指炎帝神农氏和黄帝轩辕氏,是中国古代传说中的两个帝王,借指中华民族的祖先。"炎黄子孙"泛指中华民族的后代。

27	华夏儿女	Huáxià érnǚ		"华夏"：中国的古称。"华夏儿女"泛指中国人。
28	龙的传人	lóng de chuánrén		"龙"是中国古代传说中的神异动物，封建时代用龙作为帝王的象征。"龙的传人"泛指中国人。
29	正统	zhèngtǒng	（形）	谨守传统不变的；严守规矩的。
30	自居	zìjū	（动）	自以为具有某种身份。
31	博大精深	bódà-jīngshēn		（思想、学说等）广博高深。
32	多元化	duōyuánhuà	（形）	指多样的；不是集中统一的。
33	一旦	yídàn	（副）	指不确定的时间，表示有一天。
34	有意无意	yǒuyì-wúyì		指看似无意实际上是有意的。
35	单单	dāndān	（副）	只；仅仅（表示从一般的人或事物中指出个别的）。
36	演变	yǎnbiàn	（动）	发展变化（指历时较久的）。
37	山水风情	shānshuǐ fēngqíng		有山有水的风景和风土人情。
38	乡土文化	xiāngtǔ wénhuà		指本乡本土的文化。
39	乡民	xiāngmín	（名）	居住在乡村的老百姓。
40	民俗	mínsú	（名）	民间的风俗习惯。
41	范畴	fànchóu	（名）	人的思维对客观事物的普遍本质的概括和反映。category
42	即便	jíbiàn	（连）	即使。表示假设的让步。
43	经史	jīngshǐ	（名）	经：指古代儒家的经典和语言文字方面的著作；史：指古代各种历史著作和部分地理著作。
44	典籍	diǎnjí	（名）	这里泛指古代图书。
45	口耳相传	kǒu'ěr-xiāngchuán		人与人之间用说和听的方式传播信息。
46	风采	fēngcǎi	（名）	文章中指作品华丽的色彩。
47	纷呈	fēnchéng	（动）	纷纷呈现。

例如：由于中华大地的辽阔广远，加上历史的悠久而逐步形成的河洛文化[11]、齐鲁文化[12]、燕赵文化[13]、三晋文化[14]、岭南文化[15]、徽文化[16]、湖湘文化[17]、荆楚文化[18]、闽南文化[19]、巴蜀文化[20]等众多丰富多彩的乡土地域与文化。事实上，这些民间的地域乡土文化和民俗文化比经史典籍里的所谓秀才文化对人们生活的影响更大。而中国的老百姓们，常常更多的是通过民间传说、戏曲或小说，通过当地的道观寺庙和历史遗迹，通过祖祖辈辈的言传身教来感受中国传统文化的精髓和神韵的。

说到底，中国文化的深层内涵，就是如何让生活过得更舒适惬意，也就是所谓的怡情适性和陶然忘机的神仙境界。能够做到荣辱不惊，气定神闲，这才是真正的学问。能够把这种安详宁静让别人也感受到，并和大家一同分享生活的乐趣和喜悦，这才是真正的中国文化。

第二部分

炎黄子孙、中华文明和中华民族的来历

要想弄清中国文化，就要先弄清中国的概念。想要弄清中国的概念，就要先去了解中国历史，从历史的事实真相中探源究本。然而历史的事实真相也

48	辽阔	liáokuò	（形）	广阔；宽广。
49	广远	guǎngyuǎn	（形）	广阔辽远。
50	众多	zhòngduō	（形）	很多。
51	丰富多彩	fēngfù-duōcǎi		内容丰富，形式多样。
52	地域	dìyù	（名）	地方（指本乡本土）。
53	秀才	xiùcai	（名）	泛指读书人。
54	戏曲	xìqǔ	（名）	指中国传统的戏剧形式，以唱歌、舞蹈为主要表现手段。
55	道观	dàoguàn	（名）	道士聚居和进行宗教活动的场所。
56	寺庙	sìmiào	（名）	供奉神佛或历史上有名人物的处所。

57	遗迹	yíjì	（名）	古代或旧时代的事物遗留下来的痕迹。
58	祖祖辈辈	zǔzǔbèibèi		世世代代。
59	言传身教	yánchuán-shēnjiào		一面口头上传授，一面行动上以身作则，指言语行为起模范作用。
60	精髓	jīngsuǐ	（名）	比喻事物最重要、最好的部分。（精髓——精华）
61	神韵	shényùn	（名）	精神和韵味、情调（多用于艺术作品）。
62	说到底	shuōdàodǐ		说到根本上。
63	深层	shēncéng	（形）	深入的；更进一步的。
64	惬意	qièyì	（形）	满意；称心；舒服。
65	怡情适性	yíqíng-shìxìng		文章中指心情喜悦、满足、舒服。
66	陶然忘机	táorán-wàngjī		形容心情喜悦舒畅，使人忘记了世俗的念头。
67	神仙	shénxiān	（名）	神话中的人物，有超人的能力，可以超脱尘世，长生不老。
68	境界	jìngjiè	（名）	事物所达到的程度或表现的情况。extent reached, plane attained, state, realm
69	荣辱不惊	róngrǔ-bùjīng		光荣和耻辱都不能使之不安。
70	气定神闲	qìdìng-shénxián		神情安定的样子。
71	安详	ānxiáng	（形）	从容不迫；稳重。
72	宁静	níngjìng	（形）	（环境、心情）安静。
73	乐趣	lèqù	（名）	使人感到快乐的意味。（乐趣——趣味）
74	来历	láilì	（名）	人或事物的历史或背景。
75	真相	zhēnxiàng	（名）	事情的真实情况。
76	探源究本	tànyuán-jiūběn		追究事物产生的根源。也说"追本溯源""探本穷源"。

不是那么容易就能了解清楚的。即便是正史的记载，它也多多少少地掺杂了编纂者的思想、观念和主张。如此一来，我们就要把放眼历史长河中的目光收回来，来看看当前脚踏实地的现实。毕竟很多历史中找不到的答案，往往就会深深地躲藏在现实生活中，不时地伺机来故技重演。

就拿"炎黄子孙"这个说法来讲，早就不止一位历史学家提出，要慎重使用这样一个不合时宜的旧说法，可一直还是会有人不时地**挂在嘴边**，生怕不这样说会显得他没学问似的。那么为什么说这是不合时宜的旧说法呢？还是让我们先来看看"炎黄子孙"这个说法是怎么来的吧。

"炎黄子孙"的说法，来自远古时期炎帝与黄帝的传说。那时大约是在公元前3000年左右，当时有三个较大的部落，他们分别是蚩尤[21]部落、黄帝部落和炎帝部落。这三个部落所居住的地方，大约就是中国的黄河[22]一带，也就是人们常说的中原地区[23]。大约是由于天灾人祸，先是部落的迁移引发了冲突，然后冲突不断地升级就导致了大规模的决战，最后就产生了炎黄部落。

炎帝和黄帝的部落又经过一系列的战争，最后还是炎帝被打败了，归服了黄帝部落。由于黄帝部落的影响越来越大，于是中原地区的居住民们，就都自认为是黄帝的子孙。炎帝也作了很多的贡献，在传说中被称为神农氏[24]，就是日尝百草，发明了许多农作物和中药的那位古人。为了纪念炎帝和黄帝的伟大贡献，发源于中原地区的华夏族人，也就是汉朝[25]以后的汉族人，渐渐地就开始自称是"炎黄子孙"。

根据当代历史学[26]与考古学[27]的专家们已公布的《夏商周年表》[28]，确定夏代始年约为公元前2070年。这样，根据史书上的记载，黄帝大约是在夏朝之前一千年左右。如此一来，中华文明从黄帝时算起，就有大约五千年左右的历史了。这也就是"五千年中华文明"一说的由来。

但是，为什么现在再用这样一个说法已经不合时宜了呢？这就是我们在一开始就提到的，如今的中华民族和中华文明乃至中国文化，已经远远不是一个汉文化所能全部概括和代表的了。

那么，"中华"这个称呼又是怎么来的呢？"中华民族"的称呼又是从何而来的呢？

中国文化到底是什么样子的

77	正史	zhèngshǐ	（名）	指《史记》《汉书》等国家颁布或认可的史书。
78	掺杂	chānzá	（动）	混杂。
79	编纂	biānzuǎn	（动）	编辑（多指资料较多、篇幅较大的著作）。
80	放眼	fàngyǎn	（动）	放开眼界（观看）。
81	长河	chánghé	（名）	比喻长的过程。
82	脚踏实地	jiǎotàshídì		形容做事踏实认真。
83	躲藏	duǒcáng	（动）	把身体隐蔽起来，不让人看见。
84	伺机	sìjī	（动）	观察、等待时机。
85	故技重演	gùjì-chóngyǎn		再一次使用过去用过的手段、方法。
86	不合时宜	bùhé-shíyí		不符合当时的需要。
87	生怕	shēngpà	（动）	很怕。
88	远古	yuǎngǔ	（名）	遥远的古代。
89	部落	bùluò	（名）	由若干血缘相近的氏族结合而成的集体。
90	天灾人祸	tiānzāi-rénhuò		自然灾害和人为的灾害。
91	迁移	qiānyí	（动）	离开原来的所在地而另换地点。
92	升级	shēngjí	（动）	指战争的规模扩大，事态的紧张程度加深等。
93	决战	juézhàn	（名）	敌对双方使用主力进行决定胜负的战役或战斗。
94	归服	guīfú	（动）	归顺并服从。
95	发源	fāyuán	（动）	开始发生。（发源——起源）
96	自称	zìchēng	（动）	自己称呼自己。
97	史书	shǐshū	（名）	记载历史的书籍。
98	由来	yóulái	（名）	事物发生的原因。
99	乃至	nǎizhì	（连）	甚至。也说"乃至于"。
100	远远	yuǎnyuǎn	（副）	强调程度很高。
101	从何而来	cóng hé ér lái		从哪里来。

早在周朝㉙，也就是西周㉚初年，周成王㉛即位后，辅助成王治政的周公㉜便在原先的洛邑㉝城（约为现在的河南洛阳地区）的基础上，重新营建了一座规模宏大的新都城，这就是史称"周公建洛邑"后的"新洛"，又被称为"中土"或"中国"。后来到了春秋时代㉞，中原地区的居民们经过长期的融合变化，已经形成了一个大的主要部族，也就是汉族的前身：华夏族。这样，"中土""中国"和"华夏族"合在一起，就被称为"中华"。由此以后，"中华"也便逐渐成为整个中国的代称。

由于汉朝时期的辉煌强大，生活在中原地区的人们渐渐地开始被统称为"汉人"，以至包括华夏族在内的汉朝各民族，也就渐渐地演变成了至今的汉族。到了现代，以汉民族人数为最多的中华民族，就成了中国各个民族的总称。

然而我们知道，现在中华民族是由一共五十六个民族所组成的。除了汉族，还有五十五个民族。因此，来源于炎黄二帝、华夏族和汉族的"炎黄子孙"和"华夏儿女"，实际上确实已经不太适合作为整个中华民族的代称了。

第三部分

例如，在《统一与分裂》这本非常有影响的学术专著里，作者葛剑雄㉟教授就特别强调地说道："近年来，'炎黄子孙'的使用频率越来越高，范围越来越广，由文人学者扩大到社会各界，并进入了政府要人的谈话和官方文件，大有取代'中华民族'或'中国人民'二词的势头。这不能不引起稍有历史常识的人的不安。"为什么会感到不安呢？就是因为如今的中华民族早已经不能简单地用"炎黄子孙"来概括了。作者紧接着继续论证说：

"从秦汉㊱以来，由北方进入黄河流域的非华夏民族至少有匈奴㊲、乌桓㊳、鲜卑㊴、女真㊵、蒙古、维吾尔、回㊶、满等，其中有的来自遥远的中亚㊷和西亚㊸。这些民族中，一部分又迁回了原地或迁到中国以外去了，但相当大一部分加入了汉族，有的整个民族都已经消失在汉人之中了。在南方，随着汉人的南迁，原来人数众多、种族繁杂的夷、蛮、越、巴、僰、僚、俚㊹等，有的已经完全

| 102 | 即位 | jíwèi | （动） | 指开始做帝王或诸侯。 |
| 103 | 辅助 | fúzhù | （动） | 从旁边帮助。 |

104	治政	zhìzhèng	（动）	管理政治。
105	营建	yíngjiàn	（动）	营造；建造。
106	宏大	hóngdà	（形）	巨大；宏伟。（宏大——巨大——庞大）
107	都城	dūchéng	（名）	首都。
108	史称	shǐchēng		历史上称为。
109	融合	rónghé	（动）	几种不同的事物合成一体。
110	部族	bùzú	（名）	部落和氏族的合称。
111	前身	qiánshēn	（名）	指事物演变中原来的组织形态或名称等。
112	由此	yóucǐ		从这里。
113	代称	dàichēng	（名）	代替正式名称的另一名称。
114	统称	tǒngchēng	（动）	总起来叫作。
115	总称	zǒngchēng	（名）	总括起来的名称。
116	来源（于）	láiyuán(yú)	（动）	（事物）起源；发生。
117	学术专著	xuéshù zhuānzhù		研究有系统的、较专门的学问的著作。
118	频率	pínlǜ	（名）	在单位时间内某种事情发生的次数。
119	文人学者	wénrén xuézhě		读书人和在学术上有一定成就的人。
120	各界	gèjiè	（名）	各个领域；各个行业。
121	要人	yàorén	（名）	指有权势有地位的人物。
122	官方	guānfāng	（名）	政府方面。
123	取代	qǔdài	（动）	排除别人或别的事物而占有其位置。
124	势头	shìtóu	（名）	事物发展的状况。
125	论证	lùnzhèng	（动）	论述并证明。
126	繁杂	fánzá	（形）	（事情）多而杂乱。

消失，有的后裔的居住区已大大缩小，原来他们的聚居区大多已成为汉人聚居区。南方的汉人事实上有相当大一部分是他们的子孙。所以，在今天的十亿汉人中，地道的炎黄子孙反而是'少数民族'。即使是汉人，如果只认炎帝、黄帝这两位老祖宗的话，也有点儿对不起自己的亲祖宗了。"

由此，我们说，既然中华民族是中国国内各民族的大融合，那么，中国文化也应该是中国国内各种文化的大融合。当然，我们并不否定具有五千年历史的中华文明在其中的积极和主导作用。实际上，正是中华文明有着这种"海纳百川"的胸怀，这种"吐故纳新"的特性，才会一直延续到今天，而且依然具有强盛的生命力，继续不断地吐故纳新，进而发扬光大。

在这个问题上，葛剑雄教授总结得非常好，他说："世界上大概不存在绝对纯血统的民族；如果有，也必定会退化以至消亡。华夏族由世界上最古老的民族之一发展到今天这样一个世界上人口最多的民族，并非只是依靠了祖先的伟大或血统的优良，而是由于不断大量吸收了其他民族，凝聚了各民族的精华。同样，中华民族的伟大力量来自组成她的各个民族，来自各民族自身的创造力和共同的凝聚力。"

最为突出的一个例子，就是中华民族对佛教㊺文化的继承和发扬。佛教的发源地是印度㊻，流传到今天大致分为三大语系：汉传佛教㊼、藏传佛教㊽和南传佛教㊾。这其中，中国就占了两个半之多，中国云南省㊿的傣族、德昂族㉛和布朗族㉜等民族信仰的佛教就属南传佛教。中国西藏和青海省㉝等地的佛教就属藏传佛教。而遍布中国内地、香港㉞、澳门㉟和台湾㊱的汉传佛教，不但形成了自成一统的大乘佛教㊲体系，而且还产生了法性宗、瑜伽宗、天台宗、华严宗、禅

127	后裔	hòuyì	（名）	已经死去的人的子孙。
128	聚居	jùjū	（动）	集中地居住在某一区域。
129	大多	dàduō	（副）	大部分；大多数。
130	祖宗	zǔzōng	（名）	一个家族的上辈，多指较早的。也指民族的祖先。
131	主导	zhǔdǎo	（动）	主要的并且引导事物向某方面发展的。
132	海纳百川	hǎinàbǎichuān		大海可以容纳无数的河流。文章中比喻某种事物宽容地接纳其他事物。

133	胸怀	xiōnghuái	（名）	心胸；心怀。mind, heart（胸怀——心胸）
134	吐故纳新	tǔgù-nàxīn		本来指人体呼吸。现比喻扬弃旧的、不好的，吸收新的、好的。
135	特性	tèxìng	（名）	某人或某事物特有的性质。
136	延续	yánxù	（动）	照原来的样子继续下去；延长下去。
137	强盛	qiángshèng	（形）	强大而昌盛（多指国家）。
138	生命力	shēngmìnglì	（名）	指事物具有的生存、发展的能力。
139	进而	jìn'ér	（连）	表示在已有的基础上进一步。（进而——从而）
140	血统	xuètǒng	（名）	人类因生育而自然形成的关系，如父母与子女之间、兄弟姐妹之间的关系。blood relationship, blood lineage
141	退化	tuìhuà	（动）	泛指事物由优变劣，由好变坏。
142	消亡	xiāowáng	（动）	消失；灭亡。（消亡——消失——消灭）
143	并非	bìngfēi	（动）	并不是。
144	精华	jīnghuá	（名）	（事物）最重要、最好的部分。
145	发源地	fāyuándì	（名）	比喻事物发端、起源的地方。
146	语系	yǔxì	（名）	有共同来源的一些语言的总称。课文中指由汉文、藏文、巴利文记录的佛教经典及由此形成的佛教派别。
147	信仰	xìnyǎng	（动）	对某人或某种主张、主义、宗教极度相信和尊敬，拿来作为自己行动的榜样或指南。
148	遍布	biànbù	（动）	分布到所有的地方；散布到每个地方。
149	自成一统	zìchéng-yītǒng		在某个领域或技术上有独创的见解或独特的做法，能够独立成为一个体系。

宗、净土宗、律宗和密宗等八大流派㊽。尤其是有着中国特色的禅宗，一直影响和扎根到了日本㊾、朝鲜㊿和越南㉛，甚至现在欧美㉜也逐渐有越来越多的人对禅发生兴趣。

　　如此看来，即便是被称为正统的中华文明，例如其中的汉文化，也不单单只是华夏文化一脉因循的结果。我们现在所看到的中华文明，早就已经是包括了汉文化、藏文化、蒙古文化和维吾尔文化等多种文化在内的多元化文明，是各个地区、各个民族和各地居民等各种文化的共同累积和沉淀。

　　也就是说，我们一定要弄清楚，传统的中华文明与新中华文明（即新时代的中国文化），还是有着很大区别的。区别就在于：传统的中华文明是以继承了华夏文化的汉文化为正统，有"夷汉"之别。而新中华文明则不存在什么"夷汉"之别，是基于相互尊重和平等对待的各民族文化的共同融合。这个新中华文明，不但继承了传统的中华文明和中华民族内各民族的传统文化，而且还吸收了全世界各个国家民族的先进文明。就像传统的中华文明是吸收中华民族内各民族的精华一样，新中华文明也将是同样地吸收了全世界各个国家民族文化精华的结果。

（作者：蒋清越　选自《你是中国人吗？——解构中华魂》，北京：中国致公出版社，2006年，有改动）

150	流派	liúpài	（名）	指学术思想或文艺创作方面的派别。
151	扎根	zhāgēn	（动）	比喻深入到人群或事物中去，打下基础。
152	一脉因循	yímài-yīnxún		由一个血统或一个派别延续下来。
153	累积	lěijī	（动）	层层增加；积聚。
154	沉淀	chéndiàn	（动）	比喻凝聚，积累。
155	基于	jīyú	（介）	把某种事物作为结论的前提或语言行动的基础。

① **梁漱溟**：1893—1988，中国哲学家、教育家。一生致力于研究儒家学说和中国传统文化，造诣颇深，多有论著。

② **逞口舌之利**：（劝说、争辩、交涉时）显示口齿的伶俐。

③ **有色眼镜**：比喻妨碍得出正确看法的成见或偏见。

④ **蒙古**：指蒙古族，中国少数民族之一。主要分布在内蒙古。

⑤ **西藏**：即Tibet。

⑥ **维吾尔**：指维吾尔族，中国少数民族之一。主要分布在新疆。

⑦ **满**：指满族，中国少数民族之一。主要分布在辽宁、河北、黑龙江、吉林等省，在北京、成都、西安、呼和浩特等大城市也有散居。

⑧ **哈萨克**：指哈萨克族，中国少数民族之一。主要分布在新疆北部。

⑨ **傣家**：指傣族，中国少数民族之一。主要分布在云南。

⑩ **朝鲜**：指朝鲜族，中国少数民族之一。主要分布在吉林。

⑪ **河洛文化**：指黄河与洛水（今河南洛河）一带的文化。

⑫ **齐鲁文化**：指山东一带的文化。

⑬ **燕赵文化**：指北京、河北一带的文化。

⑭ **三晋文化**：指山西一带的文化。

⑮ **岭南文化**：指广东、广西一带的文化。

⑯ **徽文化**：指安徽一带的文化。

⑰ **湖湘文化**：指湖南一带的文化。

⑱ **荆楚文化**：指湖北一带的文化。

⑲ **闽南文化**：指福建一带的文化。

⑳ **巴蜀文化**：指四川、重庆一带的文化。

㉑ **蚩尤**：传说中制造兵器的人，又传为主兵之神。一说为原始部族的首领，相传以金属做兵器。后与黄帝发生战争时被杀。

㉒ **黄河**：Yellow River。

㉓ **中原地区**：一般指今河南省一带。

㉔ **神农氏**：传说中农业和医药的发明者。一说神农即炎帝。

㉕ **汉朝**：朝代名。公元前206年—公元220年。

㉖ **历史学**：研究和阐述人类社会发展的具体过程及其规律性科学。

㉗ **考古学**：根据古代人类活动遗留下来的实物史料研究人类古代情况的一门学科。

㉘ **《夏商周年表》**：2000年11月9日，"夏商周断代工程"（国家重点科研项目）正式公布了《夏商周年表》，把中国的历史纪年由西周晚期的共和元年，即公元前841年向前延伸了1200多年，弥补了中国古代文明研究的一大缺憾。根据这份年表，中国的夏代始年约为公元前2070年；夏商分界约为公元前1600年；商周分界为公元前1046年。

㉙ **周朝**：朝代名。公元前1046年—公元前256年。

㉚ **西周**：周朝的前半段被称为"西周"。公元前1046年—公元前770年。

㉛ **周成王**：西周国王。继位时年幼，由叔父周公摄政。后采取一系列措施巩固了西周王朝的统治。

㉜ **周公**：西周初年政治家。

㉝ **洛邑**：也写作"雒（Luò）邑"，古都邑名，周成王时周公营建。故址在今河南洛阳市洛水北岸。

㉞ **春秋时代**：时代名。因鲁国编年史《春秋》得名。一般认为是从公元前770年到公元前476年。这时出现了大国争霸的局面。

㉟ **葛剑雄**：现任复旦大学中国历史地理研究所所长，《统一与分裂》是他1991年出版的历史学著作。

㊱ **秦汉**：古朝代名。秦，公元前221年——公元前206年，是中国历史上第一个统一的封建帝国；汉，公元前206年——公元220年。

㊲ **匈奴**：中国古代北方少数民族名。主要活动在今河北、山西以北地区。

㊳ **乌桓**：中国古代北方少数民族名。主要居住在今东北一带。

㊴ **鲜卑**：中国古代北方少数民族名。居住在今东北、内蒙古一带。

㊵ **女真**：中国古代北方少数民族名。分布在今松花江、黑龙江一带。

㊶ **回**：即回族，中国少数民族之一。散布在全国，与汉族杂居。信仰伊斯兰教。

㊷ **中亚**：指亚洲中部地区。

㊸ **西亚**：也叫西南亚，指亚洲西南部地区。

㊹ **夷、蛮、越、巴、棘、僚、俚**：均为古代居住在中国南方的民族。

㊺ **佛教**：世界主要宗教之一。相传为公元前6世纪至公元前5世纪古印度迦毗罗卫国王子释迦牟尼所创，广泛流传于亚洲的许多国家。主张众生平等、有生皆苦，以涅槃为理想境界。东汉时（一说西汉）传入中国。

㊻ **印度**：India。

㊼ **汉传佛教**：指东汉时流传到中国的佛教。

㊽ **藏传佛教**：即喇嘛教，亦称“西藏佛教”。是佛教与西藏原有的本教长期相互影响、相互斗争的产物。

㊾ **南传佛教**：流传于斯里兰卡、缅甸、泰国、柬埔寨、老挝和中国傣族等居住地区佛教的统称。由印度向南传入而得名。

㊿ **云南省**：简称滇或云。在中国西南部。省会为昆明市。

(51) **德昂族**：中国少数民族之一，旧称崩龙族。主要分布在云南西南部。

(52) **布朗族**：中国少数民族之一。主要分布在云南西双版纳等地。

(53) **青海省**：简称青，在中国西北部。省会为西宁市。

(54) **香港**：Hong Kong。

(55) **澳门**：Macao; Aomen。

(56) **台湾**：Taiwan。

(57) **大乘佛教**：公元1世纪左右逐步形成的佛教派别，强调利他，以普度一切众生，所以自命为大乘。

(58) **法性宗、瑜伽宗、天台宗、华严宗、禅宗、净土宗、律宗、密宗**：都是中国的佛教宗派。佛教自东汉传入中国以来，开始与中国传统伦理和宗教观念相结合。到隋唐时达到鼎盛，产生了一系列具有中国特色的宗派，对于中国哲学、文学、艺术和民间风俗都有一定的影响。

(59) **日本**：Japan。

(60) **朝鲜**：Korea。

(61) **越南**：Viet Nam。

(62) **欧美**：指欧洲（Europe）和美洲（America）。

词语辨析

1 精髓——精华

【牛刀小试：把"精髓"或"精华"填入下面的句子中】

1. 老庄思想的（　　　　）就是主张人生一切顺其自然，清净无为。
2. 这种美容（　　　　）液有美白、祛斑和抗皱的功能，价格昂贵。
3. 高水平的教师是我们学校的（　　　　），是学校发展的主要力量。
4. 很多人吃芹菜时都把叶子扔掉，但其实那正是芹菜的（　　　　）部分，营养价值很高呢。

【答疑解惑】

语义

这两个词都是指事物最重要、最美好的部分。都是褒义词。

【例】（1）"仁"和"礼"是孔子思想的精髓。

（2）这一段表演是这部电影中的精华，常常被人称道。

A. 这两个词的语义侧重点有所不同。"精髓"侧重在最能体现事物的本质，含有成为事物核心的意味；"精华"侧重在重要、精良、美好、宝贵。

【例】（3）要真正了解一种哲学思想，你首先得把握它的精髓。

（4）这道菜的精华全在馅儿里面，吃的时候一定要仔细品味。

B. "精髓"有以骨髓作比喻的形象色彩，语义比"精华"重一些。试比较前面的句子。

C. "精髓"多用于思想文化方面，使用范围较小；"精华"常用于人或具体的事物，也可以用于思想文化方面，使用范围比较大。

【例】（5）这几个从外地引进的人才是我们公司的精华，公司要委以重任。

（6）书里面的精华部分我都已经看过了，其他的不看也罢。

用法

这两个词都是名词。但它们在搭配上稍有不同。

【例】A."精华"可以说"精华部分"，"精髓"没有这种搭配。（见例6）

B. "精华"还可以组合成"精华素""精华露""精华液"等词语,"精髓"没有这种组合能力。

语体

这两个词都常用于书面语。

2 乐趣——趣味

【牛刀小试:把"乐趣"或"趣味"填入下面的句子中】

(1)这种填字游戏玩儿起来(　　　　)无穷,还可以锻炼智力呢。

(2)退休后的爷爷在社区公益服务中找到了(　　　　),每天比上班还忙呢。

(3)他们两个,一个喜欢书法,一个喜欢国画,(　　　　)相投,一见面好像有说不完的话。

(4)刘老师的"(　　　　)阅读"课很有意思,阅读的内容幽默感十足,让学生们在快乐中学到了知识。

【答疑解惑】

语义

这两个词都是指使人感到愉快的情趣。

【例】(1)在业余时间,收藏传统的工艺美术品是他最大的乐趣。

(2)一到春天,颐和园的西堤莺飞草长,花红柳绿,漫步其中,极有趣味。

但这两个词的语义侧重点有所不同。"乐趣"着重指一种快乐的情趣,是在参与某种活动中的快乐感觉和精神享受,语义范围较小;"趣味"着重指使人愉快,感到有意思、有吸引力的情趣、意味,可以是人从事物中感受到情趣,也可以是事物本身有趣、吸引人,语义范围较大。

【例】(3)外行人觉得下围棋枯燥无味,其实你如果深入地去了解它,就会发现其中有无穷的乐趣。

(4)这个游戏设计得很有趣味,以至于小明玩儿得废寝忘食,连饭也顾不上吃。

另外,这两个词语的感情色彩也有区别。"乐趣"是褒义词,而"趣味"是中性词。

【例】(5)我劝你别一天到晚沉浸在这种低级趣味的娱乐之中,多做些有意义的事情。

用法

这两个词都是名词。但它们在搭配上有明显的不同。

A. "乐趣"常做"是、有、富有、产生、享受、分享、缺乏、感到、尝到、充满、寻找"等词语的宾语;"趣味"则常做"有、带有、增添、增加、提高、显示出"等词语的宾语。

【例】(6)退休后的老王没有了工作压力,终于可以充分享受人生的乐趣了。

(7)他在装饰一新的屋子里悬挂了一些以自然风景为题材的国画,更增添了房间里的趣味。

(8)在老师的指导下,小强尝到了学习乐趣,从此再也不用父母督促了。

(9)酒吧里的装饰、色调、音乐等都显示出了一种西方古典的趣味。

B. "乐趣"可以有"人生、工作、学习、教学、田园、助人"等词语作定语;而"趣味"的定语常常是"幽默、高雅、低级、小市民"等。

【例】(10)书房里摆放着琴棋书画各类物品,表现出主人的高雅趣味。

(11)每到周末他们一家就会驱车到几十千米以外的乡间,感受田园生活的乐趣。

C. "乐趣"可以组合成"乐趣无穷";"趣味"除了可以组合成"趣味无穷"外,还可以说"趣味横生""趣味相投""趣味性""趣味阅读""趣味汉语""趣味数学""低级趣味"等词语。

【例】(12)他们俩趣味相投,一见如故。

(13)编写语言教材一定要讲究趣味性,这样才能引起学生的学习兴趣。

语体

这两个词都是书面语体。

3 发源——起源

【牛刀小试:把"发源"或"起源"填入下面的句子中】

(1)你知道货币是什么时候(　　　　)的吗?

(2)这条浩浩荡荡、波涛汹涌的大河在它的(　　　　)地只是一条涓涓细流。

(3)根据现有资料来看,这些诗被认为是中国古代诗歌的(　　　　)。

(4)老师和学生们就艺术的(　　　　)问题展开了热烈的讨论。

【答疑解惑】

语义

这两个词都表示开始发生的意思。但它们所指的对象不同。"发源"多用于河流，引申义用于艺术、运动等；"起源"多用于人、动物、植物、艺术、文字、货币等事物。另外，"发源"的使用范围较窄；"起源"的使用范围较宽。

【例】（1）中国第一大河长江发源于青藏高原唐古拉山脉的各拉丹东雪山。

（2）关于人类的起源问题，自古以来科学家们有各种各样的解释。

（3）虽说现代足球发源于英国，但实际上早在唐代中国就有了用脚踢球的游戏了。

（4）这种舞蹈起源于云南的少数民族，后来经过艺术家的加工，就成了现在这个样子。

用法

这两个词都是动词。它们作动词用时，后面都要加介词"于"。它们在用法上的不同是：

A. 词性。"起源"还兼属名词。

【例】（5）一般认为，远古时期的这种刻画符号是汉字的起源。

B. "发源"可以组成"发源地"。

【例】（6）几位历史学家和新闻记者组成一个小组，去探访古代文明的发源地。

语体

这两个词都是书面语体。

4 宏大——巨大——庞大

【牛刀小试：把"宏大""巨大"或"庞大"填入下面的句子中】

（1）你去过故宫吗？那里的建筑物大都气势（　　　　），极具有震撼力。

（2）我骑在大象的背上，它的（　　　　）的身躯让我产生了一种非常新奇的感觉。

（3）山顶有一块（　　　　）的石头，形状非常奇特，像一只千年老龟匍匐着。

（4）北京奥运会的主场地"鸟巢"规模（　　　　），风格独特，已经成了北京的标志性建筑之一。

（5）我认为公司刚成立就投入如此（　　　　）的广告费用还为时尚早。

（6）当相恋五年的男友向她求婚时，（　　　　）的幸福几乎使她晕倒。

【答疑解惑】
语义

这三个词都是"非常大,大得不同寻常"的意思。它们在语义上的区别主要有:

A. 语义侧重点不同。"宏大"侧重于雄壮而伟大,大得有气魄,可以指具体或抽象的事物;"巨大"侧重在非常大,突出广度、高度、程度超过一般,可以用于人、具体事物或抽象的事物,使用范围最广;"庞大"侧重在特别大或过于大,多用于体积厚重,内容复杂的具体事物。

【例】(1) 天安门广场周围的建筑物都显得雄伟、宏大,看起来很有气势。

(2) 一块巨大的广告牌矗立在车水马龙的马路旁边。

(3) 这种机器体积庞大,被人们戏称为"巨无霸",运送起来非常困难。

B. 感情色彩不同。"宏大"是褒义词;"巨大"和"庞大"是中性词,而"庞大"在用于机构、开支时还常含贬义。

【例】(4)"五岳"之首的泰山气势宏大,高入云天,历来是诗人们赞颂的对象。

(5) 听到母亲突然故去的消息,巨大的悲痛一下子把他击倒了。

(6) 政府机构庞大臃肿是办事效率低下的主要原因,必须加以改革。

用法

这三个词都是形容词。但它们搭配的对象有所不同。"宏大"常修饰建筑、广场、规模、志愿、理想、目标、气魄、胸怀等;"巨大"修饰的对象最为广泛;"庞大"常修饰形体、数量、计划、开支、组织、机构、编制、体系等事物。

【例】(7) 公司有一个宏大的目标,就是五年内进入世界企业500强。

(8) 王医生医术高超,妙手回春,把长在病人腹中的一个巨大的肿瘤给彻底切除了,给了他第二次生命。

(9) 这次洪水给农民们造成了巨大的损失,半年的辛勤劳作毁于一旦。

(10) 2008年北京奥运会所需要的志愿者的数字是庞大的,尤其需要小语种方面的人才。

另外,庞大还可以构成"庞然大物"。

【例】(11) 这次考古挖掘发现,10亿年以前这个地区生存着一种庞然大物——恐龙。

语体

这三个词都常用于书面语。

5 胸怀——心胸

【牛刀小试：把"胸怀"或"心胸"填入下面的句子中】

（1）（　　　　）开阔一些，态度宽容一些，脾气温和一些，这三个"一些"是我的做人准则。

（2）这么点儿小事他居然记了一辈子，（　　　　）未免太狭窄了。

（3）高中毕业时，他（　　　　）治病救人的崇高理想，把医学院作为自己的唯一志愿。

（4）这些慈善家为挽救癌症患者而捐出了巨额财产，他们的博大（　　　　）真让人肃然起敬。

【答疑解惑】

语义

这两个词都是指人的抱负和气量。

【例】（1）作为一个政治家，应该胸怀/心胸开阔，志向远大，品德高尚。

语义上的不同之处在于：

A. 这两个词的程度有所不同。"胸怀"程度比较高，多用于正式的场合；"心胸"的程度相对较低，适用于任何场合。试比较：

【例】（2）邓小平同志有着政治家的博大胸怀，在他领导下制定的一系列政策对中国的政治改革起到了前所未有的巨大影响。

（3）老李心胸开阔，为人厚道，跟他打交道让人感觉舒服极了。

B. 这两个词的感情色彩不同。"胸怀"是褒义词，而"心胸"是中性词。

【例】（4）他是个胸怀/心胸坦荡的男子汉，从来不做那种鸡鸣狗盗的事情。

（5）和心胸狭窄的人交朋友真累。

用法

这两个词都是名词。它们在用法上的不同主要体现在词性上。"胸怀"还兼属动词，有"心里想着"的意思。

【例】（6）五四时期，一大批青年学生胸怀救国救民的大志，或投身革命，或到西方寻求拯救国家的良方。

语体

"胸怀"是书面语，"心胸"在书面语和口语中都可以使用。

6 进而——从而

【牛刀小试：把"进而"或"从而"填入下面的句子中】

(1) 他先是得了全国羽毛球比赛的第一名，（　　　）又获得了一系列重要的国际赛事的冠军。

(2) 经过多年的刻苦研究，他获得了一系列的科研成果，（　　　）奠定了自己首席科学家的位置。

(3) 交通越来越发达和便利，（　　　）给我们的生活带来了极大的变化。

(4) 你应该先确定自己的学习目标，（　　　）才能有效地选择适合自己的学习内容和方法。

【答疑解惑】

语义

这两个词都可以表示进一步的行动。

【例】(1) 孩子先得了感冒，进而又发展成肺炎。

(2) 天气变化无常，加上着凉后抵抗力下降，从而使孩子患了感冒。

语义上的不同之处主要在于它们所表示的逻辑关系有所不同。"进而"侧重在表示在前述情况的基础上出现了另一行为或另一种情况，是单纯的递进；"从而"表示的是带有结果性质的行为，表示因果关系。试比较：

【例】(3) 这个孩子从小不服从家长和老师的管教，后来与社会上的不良分子混在一起，进而走上了吸毒、贩毒的犯罪道路。

(4) 伤者被送来时失血过多，生命垂危，医生马上为他施行了手术，从而挽救了他的生命。

用法

这两个词都是连词，都是用于后一个分句。在用法上的差别有：

A. 搭配（一）："进而"的前面可以有"并""并且""又""必须""才能"等词，而"从而"只能用于后一个分句之首。

【例】(5) 通过调查访问，他渐渐了解了事情的真相，并进而挖掘出了深藏在其中的缘由。

(6) 学生必须先掌握好基础理论和知识，才能进而在工作中加以运用。

B. 搭配（二）："从而"后面可以加逗号。

【例】（7）由于采取了科学的管理方法，加上引进了世界上最先进的技术和设备，从而，使得企业的生产和产品产生了一个质的飞跃，具备了进入国际市场的实力。

C. 搭配（三）：因为"从而"表示因果关系，所以在前面的句子中常常有"因""因为""由于"等词出现。（见例7）

【例】（8）因为每个人都在社会中生活，与家庭、社会有着千丝万缕的联系，从而我们可以得出这样的结论：婚姻往往不仅仅是两个人之间的私事。

语体

这两个词都常用于书面语。

7 消亡——消失——消灭

【牛刀小试：把"消亡""消失"或"消灭"填入下面的句子中】

（1）一些民族、国家在历史的长河中渐渐（　　　　）了，我们只能在遗留的史料中去追寻它们的足迹。

（2）不经意间，他已经从人群中（　　　　）得无影无踪，不知去向了。

（3）要想（　　　　）已有的疾病，必须加强锻炼，增强自己的体质。

（4）秦代末年，经过一系列激烈的战斗，刘邦（　　　　）了项羽的军队，建立了汉朝，再一次统一了中国。

（5）虽然这种语言现在已经（　　　　）了，但研究它还是有利于我们了解人类早期的历史和文化。

（6）剧烈运动之后，饥饿的学生们一阵狼吞虎咽，把桌子上的蛋糕全部（　　　　）了。

【答疑解惑】

语义

这三个词都有"事物逐渐减少到没有"的意思。都是中性词。它们在语义上的区别主要有：

A. 语义侧重点不同。"消亡"侧重于表示衰亡，逐渐消失，多用于重大的或抽象的事物；"消失"侧重在表示逐渐减少，以至不再存在，可以用于人、具体事物或抽象事物；"消灭"侧重在表示彻底除掉，一般是强制性的行为，可以用于具体事物或抽象事物,其失去的过程可以是逐渐的,也可以是突然的。

【例】(1)在历史发展的漫长进程中,一些民族逐渐消亡了。

(2)望着父亲苍老的背影渐渐消失在茫茫人海之中,我心中涌上一股酸楚的滋味。

(3)害虫被消灭以后,庄稼长势喜人,一片丰收在望的景象。

B. 对象的感情色彩不同。"消亡"和"消失"的主体可以是褒义词、贬义词或中性词,而"消灭"的对象常常是敌对的或坏的,常含贬义。

【例】(4)经过秦始皇焚书坑儒的浩劫之后,很多珍贵的典籍都消亡了。

(5)一些经典的、有生命力的艺术作品不会很快消失,而会长时间地流传下去。

(6)虽然新的国家建立了,但旧的残余势力还没有完全被消灭。

C. 语义的轻重也有所不同。"消灭"的语义比"消亡"和"消失"重。(试比较以上各例)

用法

这三个词都是动词。但它们在搭配上有所不同。"消亡"和"消失"不能带宾语;而"消灭"是可以带宾语的。

【例】(7)有一种理论说,当人类社会发展到极其先进的程度时,国家就会消亡。

(8)小时候过年时的情调和意味现在已经基本上消失了。

(9)政府之所以采取这么严厉的措施,就是为了消灭目前社会上存在的贪污腐败等丑恶现象。

语体

这三个词都常用于书面语。

1 ……,总体上趋于肯定,……

……,总体上趋向(于)否定,……

【解释】趋于、趋向(于):动词,都是向某个方面发展的意思。使用时必须带宾语,并且不能用于"把"字句和"被"字句。

【举例】（1）经过吃药、打针等一系列的治疗，老刘的病情已经趋于稳定。

（2）随着居民的入住和物业管理的加强，这个小区的各项服务和设施趋于完善。

（3）经过一番争论，老师和同学们的意见渐渐趋向于一致。

（4）现在电视台的节目越来越趋向于丰富多彩了，这主要是因为各电视台之间存在着收视率竞争的缘故。

【链接1】"趋向"还有名词的用法。指事物朝着某一方向发展变化的势头。

【举例】（5）最近人们的投资出现了一种新的趋向，就是购买各种基金。

【链接2】日趋：副词，一天一天地走向；逐渐地。

【举例】（6）随着人生阅历的丰富，他变得日趋成熟了。

【练习】用动词"趋于"或"趋向（于）"完成对话：

（1）A：他们俩已经认识半年多了，现在的关系怎么样啊？
B：_____

（2）A：这孩子原来学习成绩平平，但听说现在越来越让人刮目相看了。
B：_____

（3）A：那个地区的紧张局势最近有什么新发展吗？
B：_____

（4）A：你觉得随着社会和科技的发展，人们的生活或心理发生了什么样的变化？
B：_____

2 还有一个，就是以汉文化为主，以其他各民族文化为辅的中国文化。

【解释】以……为主，以……为辅：把某人或某事作为主要的，把某人或某事作为辅助的。这两个句子常常合起来使用，表示人或事物的主次。

【举例】（1）在唐三彩所使用的颜色中，以黄色为主，以绿色和蓝色为辅。

（2）我们家是典型的中国传统家庭，不管什么事情都是以长者的意见为主，以年轻人的意见为辅。

（3）听健康专家说，中国传统的以粮食和蔬菜为主，以肉食为辅的饮食结构其实是最为健康的。

【练习】根据下面提供的材料，用"以……为主，以……为辅"完成句子：

(1) 学习语言；课堂学习、课外学习（自己学习）

_____。

(2) 我们公司；电脑芯片、电脑配件

_____。

(3) 打羽毛球；快速进攻、顽强防守

_____。

(4) 她演的电影；爱情题材、武侠题材

_____。

(5) 兴趣爱好；体育活动、文娱活动

_____。

3 ……，可一直还是会有人不时地挂在嘴边……

【解释】挂在嘴边：俗语，经常在说话时提到的意思。常用的格式有："把……挂在嘴边""被……挂在嘴边""嘴边（常）挂着……""……挂在嘴边"等。

【举例】(1) 他一天到晚把配置啦、内存啦、点击啦、升级啦什么的挂在嘴边，一听就知道是搞电脑的。

(2) 他自己出钱资助贫困孩子上学的事情在单位里成了新闻，最近老被同事们挂在嘴边。

(3) 自从他远渡重洋，出国深造之后，他父母的嘴边就老挂着他，一天要念叨好几次。

(4) 5G网络、人工智能、物联网、大数据这些是人们常挂在嘴边的热门话题。

【练习】用"挂在嘴边"的几种常用格式回答问题：

(1) 你爸爸或妈妈最爱谈论的话题是什么？（把……挂在嘴边）

_____。

(2) 当警察的常爱说些什么话题？（被……挂在嘴边）

_____。

(3)（贵国或中国的）大学生们平时最关心的是什么？（嘴边挂着……）

_____。

（4）中国的出租车司机常爱跟你聊些什么？（……挂在嘴边）

_____

4 这其中，中国就占了两个半之多，……

【解释】数量词＋之多：表示数量很大。这个数量的大小是相对的。

【举例】（1）去年的股市以牛市为主，张先生通过炒股获利一百万之多。

（2）他有感而发，奋笔疾书，一口气写了十万字之多。

（3）这本书一下子卖出去五万册之多，从而跃居畅销书排行榜之首。

（4）他是先秦历史的专家，掌握的各种材料有几千册之多。

（5）在我们学院的留学生中，亚洲人大约占了70%之多。

【练习】用"数量词＋之多"完成下面的对话：

（1）A：这本工具书对学汉语的留学生来说非常实用，很受欢迎。

B：_____

（2）A：你看昨天电视中"谁是大胃王"比赛的新闻了吗？

B：_____

（3）A：昨天的足球比赛结果怎么样啊？

B：_____

（4）A：小马博闻强记，掌握的外语词汇量相当大，被称为我们班的"活字典"。

B：_____

5 传统的中华文明是以继承了华夏文化的汉文化为正统，有"夷汉"之别。

【解释】有……之别：表示两种事物之间有差别，是一种书面语的表达方式。中间的词语，可以是两个表示不同事物的单音节词语，也可以是两个或多个双音节或多音节的词语。也可以说"有……之分"。

【举例】（1）汉字有繁简之别，这两种字体现在世界上都有人使用。

（2）父母常跟我说，家人和外人毕竟是不一样的，说话办事应有内外之别，这样才能做到恰当、得体。

（3）现在市场上的电视机主要有平面和曲面之别，而平面所占据的市场份额更大。

（4）北大校园里的建筑物，就其建筑风格而言，有普通的、古典的和现代的之别。

（5）人的性格有内向和外向之别、乐观和悲观之别、积极和消极之别、主动和被动之别。性格不同，为人处世的方法也就有所不同。

【练习】根据下面提供的语境，用"有……之别"完成句子：

（1）汉语的语体：书面语、口语

_____

（2）狗的种类：工作犬、玩赏犬

_____

（3）哲学思想：唯物主义、唯心主义

_____

（4）音乐的风格：古典音乐、流行音乐、民族音乐

_____

6 ……，是基于相互尊重和平等对待的各民族文化的共同融合。

【解释】基于：介词，是"根据"的意思，表示引进动作行为的前提或根据。它的后面通常是名词性的词语或词组。

【举例】（1）基于这个学生的考试成绩，我们学校决定给予他全额奖学金。

（2）电脑价格的确定主要是基于它的品牌、配置和质量。

（3）这个孩子的家人都已经在这场灾难中丧生了，基于这种情况和人道主义的考虑，我们俩打算收养这个孩子，重新给他一个温暖的家。

（4）基于现代化的生活给我们的健康带来的种种问题，我们必须听取健康专家的意见，改变我们不健康的生活方式。

【练习】用"基于"完成下面的句子：

（1）_____，我们打算再给他一次机会。

（2）_____，全家人一致决定取消这次筹划已久的旅行。

（3）他的行为已经触犯了法律，_____。

（4）我父母虽然从来没有来过中国，但对中国文化却情有独钟，_____。

综合练习

中国文化到底是什么样子的

Ⅰ 词语练习

一　用画线的字组成其他的词

1. 偏见：（　　　）（　　　）（　　　）（　　　）
2. 自居：（　　　）（　　　）（　　　）（　　　）
3. 秀才：（　　　）（　　　）（　　　）（　　　）
4. 神韵：（　　　）（　　　）（　　　）（　　　）
5. 强盛：（　　　）（　　　）（　　　）（　　　）

二　填入合适的名词

（一）喂养（　　　）　　保养（　　　）　　编纂（　　　）
　　　掺杂（　　　）　　放眼（　　　）　　引发（　　　）
　　　营建（　　　）　　辅助（　　　）　　论证（　　　）

（二）（　　　）演变　　（　　　）纷呈　　（　　　）迁移
　　　（　　　）融合　　（　　　）升级　　（　　　）发源
　　　（　　　）即位　　（　　　）延续　　（　　　）沉淀

（三）强健的（　　　）　无谓的（　　　）　正统的（　　　）
　　　众多的（　　　）　辽阔的（　　　）　深层的（　　　）
　　　安详的（　　　）　宁静的（　　　）　宏大的（　　　）

三　填入合适的动词

（　　　）要义　　（　　　）强国　　（　　　）古董
（　　　）威风　　（　　　）偏见　　（　　　）心态
（　　　）遗迹　　（　　　）神韵　　（　　　）境界
（　　　）真相　　（　　　）频率　　（　　　）生命力

四 填入合适的形容词或副词

（一）（　　）的古董　　　（　　）的心态　　　（　　）的典籍

　　　（　　）的决战　　　（　　）的部族　　　（　　）的都城

　　　（　　）的内涵　　　（　　）的势头　　　（　　）的胸怀

（二）（　　）营建　　　（　　）融合　　　（　　）辅助

　　　（　　）退化　　　（　　）信仰　　　（　　）消亡

五 填入合适的量词或名词

一（　　）古董　　　一（　　）戏曲　　　一（　　）寺庙

一（　　）决战　　　一（　　）都城　　　一（　　）专著

六 写出下列词语的近义词或反义词

（一）写出近义词

　　诋毁——　　　强健——　　　偏见——　　　对抗——

　　包容——　　　演变——　　　民俗——　　　风采——

　　辽阔——　　　惬意——　　　躲藏——　　　迁移——

　　延续——　　　取代——　　　信仰——　　　繁杂——

（二）写出反义词

　　强健——　　　恶意——　　　众多——　　　辽阔——

　　宁静——　　　升级——　　　宏大——　　　延续——

　　深层——　　　强盛——　　　退化——　　　精华——

　　真相——　　　繁杂——

七 选词填空

| 精髓 | 精华 | 乐趣 | 趣味 | 发源 | 起源 | 宏大 | 巨大 |
| 庞大 | 胸怀 | 心胸 | 进而 | 从而 | 消亡 | 消失 | 消灭 |

1. 他现在所从事的艺术品经纪人的工作正好与他对艺术品的强烈爱好相吻合，所以他能够从工作中享受到无穷的（　　　　　）。

2. 小李这个人（　　　　　）狭窄，总是无端猜疑自己的女朋友，他女朋友忍无可忍，终于跟他分手了。

3. 她顶着家庭的（　　　　　）压力和心爱的人结婚了，心中充满了对未来幸福生活的憧憬。

4. 儒家思想是中国传统文化的（　　　　　），对中国的社会发展有深远的影响。

5. 自然科学和社会科学中的每一个学科都有一个（　　　　　）体系，一般人不花费几年的时间是不可能彻底掌握的。

6. 这个地区先是频繁发生沙尘暴，并（　　　　　）为沙所覆盖，彻底变成了一片沙漠。

7. 探戈舞最早（　　　　　）巴西，现在在世界各地都很流行。

8. 随着秦始皇对中国的统一，战国时代的很多诸侯国（　　　　　）了。

9. 他（　　　　　）美好的生活理想来到北京求学，希望学成之后能够依靠知识改变自己的命运。

10. 对于中国五千年的传统文化，我们应该取其（　　　　　），去其糟粕，这样才能使其更好地发扬光大。

11. 最近警方抓捕了一批涉嫌毒品交易的不法分子，基本上（　　　　　）了这个城市的贩毒势力。

12. 最近的一次考古发现，又把这个地区人类（　　　　　）的时间向前推了几十万年。

13. 由于及时采取有效的措施抑制了砍伐森林的现象，（　　　　　）使这一地区的环境得到了很好的保护。

14. 这一组水墨画以活泼可爱的动物为主角，生动幽默，（　　　　　）横生。

15. "白日依山尽，黄河入海流。欲穷千里目，更上一层楼。"这首唐诗表现了盛唐时期诗人们（　　　　　）的气魄和豪放的风格。

16. 这种款式的鞋子是前几年流行的，现在已经完全（　　　　　）了。

17. 这几幅隶书和草书作品是这次书法展览会的（　　　　　），吸引了大量观众的眼球。

18. 这种小市民（　　　　　）低俗无聊，实在不是一个大学教授应该有的。

八 解释句子中画线部分的意思

1. 然而,我们谈论中国文化的目的,不是为了<u>逞口舌之利</u>,……

    A. 谈论时表现说话很流利

    B. 说话时显示口齿的伶俐

    C. 争辩时语言非常锋利

2. 我们的目的是要继承和发扬中国文化,因为这是我们中国人<u>立身的根本</u>。

    A. 指自立和做人的根本

    B. 指独立和自主的根本

    C. 指工作和生活的根本

3. ……,<u>时不时</u>地还要去做体育锻炼来强健它。

    A. 没时间

    B. 有时间

    C. 时常

4. "积极",就是尽量去避免<u>戴着有色眼镜</u>来看问题,……

    A. 比喻有成见或偏见

    B. 比喻太主观或主动

    C. 比喻看不清或模糊

5. ……,尽量去避免带着<u>不可告人</u>的恶意来混淆问题。

    A. 有秘密的事情不能告诉别人

    B. 有不正当的打算不敢公开说

    C. 有个人隐私不想告诉别人

6. ……,提出问题是为了要解决问题,而不是去作<u>无谓</u>的争论,……

    A. 没有称谓和内容的争论

    B. 无所谓和无目的的争论

    C. 毫无意义和价值的争论

7. 我们经常说<u>中国文化博大精深</u>。

    A. 指中国文化的历史悠久深远

    B. 指中国文化的形式又多又好

    C. 指中国文化的内容广博高深

8. ……，有多少不同的山水风情就有多少不同的乡土文化，……

   A. 指自然风景和风土人情

   B. 指自然风景和人的感情

   C. 指自然风景和人造风景

9. ……，即便是汉文化，除了常见的经史典籍，也还有在民间口耳相传的民俗文化，……

   A. 指古代儒家的经典著作和各种历史方面的著作

   B. 指古代儒家经典、研究语言文字的书籍以及历史、地理方面的著作

   C. 指古代佛教的经书、儒家经典和历史、地理方面的著作

10. ……，也还有各地风采纷呈的乡土文化。

    A. 华丽的色彩纷纷呈现

    B. 仪表举止呈现出风采

    C. 五彩的颜色纷纷呈现

11. ……，通过祖祖辈辈的言传身教来感受中国传统文化的精髓和神韵的。

    A. 用语言传授加上自己亲自教授

    B. 口头传授加上行动上以身作则

    C. 亲自用语言和行动进行教授

12. ……，从历史的事实真相中去探源究本。

    A. 探究事物的起源和根本

    B. 探询事物的源头和本质

    C. 追究事物产生的根源

13. 毕竟很多历史中找不到的答案，往往就会深深地躲藏在现实生活中，不时地伺机来故技重演。

    A. 把过去表演过的内容重新演一次，中性词

    B. 使用过去使用过的手段或方法，含贬义

    C. 重新用过去的老办法表演一次，含褒义

14. ……，要慎重使用这样一个不合时宜的旧说法，……

    A. 不符合当时的需要

    B. 不符合适宜的时间

    C. 不符合时代的特点

15. 当然，我们并不否定具有五千年历史的中华文明在其中的积极和<u>主导作用</u>。

    A. 指主要的并且能够积极地指导别人的作用

    B. 指主要的并且能领导和指导大部分人的作用

    C. 指主要的并且引导事物向某方面发展的作用

16. 实际上，正是中华文明有着这种"<u>海纳百川</u>"的胸怀，这种"<u>吐故纳新</u>"的特性，才会一直延续到今天，……

    A. 比喻宽容地接纳其他事物和扬弃旧的，吸收新的

    B. 比喻宽容地接受很多事物和吐出老的，接纳新的

    C. 比喻胸怀像大海一样宽阔和抛弃老的，接受新的

17. ……，而是由于不断大量吸收了其他民族，<u>凝聚</u>了各民族的<u>精华</u>。

    A. 汇聚了事物最优秀、最美丽的部分

    B. 聚集了事物最重要、最好的部分

    C. 集中了事物最优美、最出色的部分

18. ……，尤其是有着中国特色的禅宗，一直影响和<u>扎根</u>到了日本……

    A. 比喻稳定地进入到事物中去，具有基础

    B. 比喻固定到人物或事物中去，打好基础

    C. 比喻深入到人群或事物中去，打下基础

19. ……，例如其中的汉文化，也不单单只是华夏文化<u>一脉因循</u>的结果。

    A. 由一根脉搏或一个家族流传下来

    B. 由一个血统或一个派别延续下来

    C. 由一个血脉或一个家庭发展下去

20. ……，早就已经是包括了汉文化、藏文化、蒙古文化和维吾尔文化等多种文化在内的<u>多元化文明</u>，……

    A. 指多角度的、内容很丰富的文明

    B. 指多样的、不是集中统一的文明

    C. 指多方面的、不是单一的文明

九 用所给的词语填空，并模仿造句

发扬光大	不可告人	博大精深	有意无意	山水风情	口耳相传
丰富多彩	祖祖辈辈	言传身教	荣辱不惊	气定神闲	探源究本
脚踏实地	故技重演	不合时宜	天灾人祸	海纳百川	吐故纳新

1. 中国古代的哲学思想（　　　　），其中有很多内容对我们的人生是很有启发意义的。

2. 看老李打太极拳时的样子，脸上（　　　　），动作行云流水，一看就知道他深得太极拳的真谛。

3. （　　　　）的校园生活使刚上大学的小胡兴奋不已，整日忙个不停。

4. 他上次比赛时就因为服药而被取消了资格，这次又（　　　　），还是被查了出来，弄得身败名裂。

5. 阔别家乡20年，但那里的一草一木和（　　　　）仍然使他魂牵梦绕。

6. 一个国家对待外来文化必须具有（　　　　）的胸怀，这样才能充分吸取不同文化的精华，从而也不断地丰富自己的文化。

7. 村民们（　　　　）都生活在这片土地上，已经与这里的山山水水融为一体。现在要让他们搬迁，别提有多难了。

8. 他的（　　　　）的工作作风深得老板和同事们的赞赏。

9. 在中华文化中有很多值得我们（　　　　）的精华。

10. 能够做到（　　　　）的人必定有着深厚的文化修养和高尚的道德境界。

11. 在这么庄重的场合穿休闲装是非常（　　　　）的，你赶快去换一套正装吧。

12. 这个民间故事并没有书面记载，只是靠老百姓（　　　　）才一直流传到今天。

13. 近年来这个国家（　　　　）不断，老百姓生活在水深火热之中，急需国际社会的援助。

14. 他竟然使用这么卑鄙的手段，一定有（　　　　）的目的。

15. 要想保持民族文化的活力，必须不断地（　　　　），吸取精华，扬弃糟粕。

16. 父母的（　　　　）一定会对孩子的成长起到决定性的影响。

17. 她只是（　　　　）地看了他一眼，便使他激动了半天。

18. 在汉字课上，老师就汉字起源的问题，带领我们（　　　　），一直追溯到遥远的上古时代。

Ⅱ 课文理解练习

一 根据课文内容判断正误

【开头部分】

1. 作者认为,生活方式、观念、主张等不属于文化的范围。（　　）
2. 作者认为,文化的目的就是要能改善人们的生活。（　　）

【中国文化的实质】

3. 作者把人们对中国文化的态度归纳为四种,他赞成第一种。（　　）
4. 作者所说的"务实",就是要继承和发扬中国文化。（　　）
5. 作者所说的"积极"就是不带着有色眼镜、个人情绪和不可告人的恶意来看待文化。（　　）
6. 从"一个是从务实出发,一个是以正统自居"这句话中,我们可以得知作者的观点是倾向于第一种对中国文化的认识和看法。（　　）
7. 作者认为,中国文化的博大精深就是表现在它包含了大量的乡土文化。（　　）
8. 作者认为,民间乡土文化对普通老百姓生活的影响比经史典籍中所谓的秀才文化还要大。（　　）
9. 作者认为,中国的老百姓主要是从经史典籍中来感受中国文化的精髓和神韵的。（　　）
10. 在作者看来,中国文化的深层内涵就是自己让生活过得舒适惬意,达到一种神仙境界,并和大家一同分享生活的乐趣和喜悦。（　　）

【炎黄子孙、中华文明和中华民族的来历】

11. 作者认为通过对历史的探源究本就可以弄清关于中国的概念。（　　）
12. 作者认为有人把"炎黄子孙"挂在嘴边可以使他显得很有学问。（　　）
13. 从作者的话中可以看出,他是反对随便使用"炎黄子孙"这个称呼的。（　　）
14. 在蚩尤部落、黄帝部落和炎帝部落的战争冲突中,黄帝部落是最终的胜利者。（　　）
15. 黄帝就是传说中发明很多农作物和医药的神农氏。（　　）

16. "五千年中华文明"这种说法是把中华文明从黄帝时算起的。（   ）
17. 根据作者的解释，"中华"这个称呼是"中国"和"华夏族"合称。（   ）
18. 从汉代开始，生活在中原地区的人们被统称为"汉人"。（   ）
19. 作者认为把"华夏儿女"这个称呼作为对整个中华民族的称呼是很合适的。

（   ）

20. 《统一与分裂》这本书的作者是很赞成用"炎黄子孙"来代替"中华民族"或"中国人民"这两个词语的。（   ）
21. 作者认为，在目前的中国，有十亿人是地道的汉族人。（   ）
22. 作者认为，中国文化应该是中国国内各种文化的大融合。同时他也承认具有五千年历史的中华文明在中国文化中的积极和主导作用。（   ）
23. 作者在举出佛教的例子时认为，佛教在中国的发展中并没有形成自己的特色和流派。（   ）
24. 作者举出佛教发展的例子是为了说明，中华文明是多元化的文明，是各个地区、各个民族和各地居民等各种文化的共同累积和沉淀。（   ）
25. 作者最后说，传统中华文明和新中华文明的区别主要在于：传统中华文明是以汉文化为正统的，而新中华文明则是以各民族文化的共同融合。（   ）

二 根据课文内容，用指定的词语回答问题

1. 在文章的开始，作者是如何解释文化和文化的目的的？

（意味着 同样的 改善 包括 这样说来 ……就是…… 目的）

2. 作者把人们对中国文化的态度归结为哪四类？

（赞美 诋毁 既有……也有…… 总体上 既有……也有…… 总体上 认为）

3. 具体解释一下作者所说的对待中国文化的务实、积极、有效的态度。

（最起码 尊重 避免 看待 混淆 消极 不利于 以……为目的 无谓）

4. 作者说对于什么是中国文化这个问题有哪两种不同的认识和看法？作者的倾向性如何？

（包括 所有 ……之间应该是……关系 传统意义 以……为主，以……为辅）

5. 作者认为中国文化的博大精深主要表现在什么地方？请做出具体的解释。

（体现在 不单单 还要包括 山水风情 乡土文化 即便 口耳相传 风采纷呈 事实上 常常更多地 祖祖辈辈 言传身教 精髓和神韵）

6. 在解释"中国"这个概念时，作者为什么说"要把放眼历史长河中的目光收回来"？

   （弄清　真相　探源究本　然而　多多少少　掺杂　如此一来　脚踏实地）

7. "炎黄子孙"这个称呼是怎么来的？作者为什么认为这是一个"不合时宜的旧说法"

   （来自　部落　天灾人祸　迁移　升级　归服　再后来　由于　发源于）

8. "中华"和"中华民族"的称呼又是怎么来的？从作者的论述中看，他对这样的称呼持什么态度？

   （周朝　辅助　营建　宏大　被称为　中原地区　融合　形成　前身　这样……由此以后　代称）

9. 在历史的发展中，中华民族是怎样进行南北融合的？

   （从……以来　进入　来自　加入　消失　在南方　随着　缩小　大多　事实上　所以　地道　反而　即使……也）

10. 作者认为，中华文明的强盛的生命力表现在什么地方？作者举了什么例子来加以说明？

    （既然　那么　积极和主导　实际上　海纳百川　吐故纳新　延续　依然　进而　由……发展到　并非……，而是　同样　突出　流传　不但……而且　如此看来　不单单　多元化　累积和沉淀）

三　思考与讨论

1. 在"中国文化的实质"这部分中，作者批判了什么样的观点？又提出了什么样的看法？

2. 在"炎黄子孙、中华文明和中华民族的来历"这部分中，作者对"炎黄子孙""华夏儿女""中华民族"等几个不同称呼有什么看法？

3. 在"炎黄子孙、中华文明和中华民族的来历"这部分中，作者是如何举例论证中华文明"海纳百川"的胸怀和"吐故纳新"的特性的？

4. 在文章的最后，作者认为传统的中华文明与新中华文明有什么区别？

5. 在贵国文化中有哪些精华的内容？请选择最有代表性的作具体介绍。

6. 你认为贵国的文化与中国文化最大的不同表现在哪些方面？

7. 在现在这个全球化的时代，各种文化相互影响、相互融合是一种不可阻挡的潮流，但也存在着一些文化冲突。你对此有什么评价？

8. "只有民族的，才是世界的"，你是怎样理解这句话的？

阅读与理解

中国文化到底是什么样子的

学古诗是否要学吟诵

有些家长提问，学古诗是否要学吟诵（yínsòng）？吟诵应该怎么学才正宗？想去报课外班，却不知道选什么老师——有的老师把自己包装得像"武林高手"，都是这个派、那个派的第多少代传人。看一些吟诵节目，怎么感觉听起来那么奇怪？又听到某些所谓的学者批驳吟诵是糟粕（zāopò），家长们更无所适从。

吟诵究竟是什么呢？

（一）

新式教育之前，老师教学生读古籍经典、诗词歌赋时，讲得很少，主要是教学生背诵。背诵要先会读。读的方法就是学生学着老师的调子去吟诵。正是因为私塾（shú）教育都是通过吟诵的方式，1911年，清朝政府下令北京的私塾停止这种"终日咿唔（yīwú），不求解悟"的教学方法。同时，随着话剧的推广，西方的朗诵方式进入中国，又一路随着北伐、抗战宣传等社会政治运动需要被逐渐定型。如今，在中国，古诗文的朗诵被普遍接受、欣赏，吟诵成了埋在时间灰烬（jìn）中的古董；日本、韩国、越南等还保留着汉诗文吟诵的传统。

吟诵没有彻底消亡、在一些地方被保留下来，是由于它符合古诗文的根本特点。汉语有四声，是旋律型声调语言，汉语的诗自古便与唱关系紧密。《诗经·毛诗序》说："诗者，志之所之也。在心为志，发言为诗，情动于中而形于言。言之不足，故嗟叹（jiētàn）之。嗟叹之不足，故咏歌之。咏歌之不足，不知手之舞之足之蹈之也。情发于声；声成文，谓之音。"《诗经》便是通过"采风"而成——是将各地的歌词采集编辑所得。因此，诗又称为诗歌。

（二）

"能唱"是古典诗词的一大特点。无论是否专门为其配乐，汉语声调的相对的音高关系及诗词本身的平仄（zè）、音韵促成了它的可唱性。当作者或者读者发声反复诵读诗作时，不自觉地就会有一些曲调出来，所谓"依字行腔"。吟诵就是个人读诗时自然而然地"唱"出来，所以吟诵不是哪位先贤特意发明的，它是汉语的自然产物。

虽然都是"唱"，吟诵与歌唱却不同。任半塘在《唐声诗》中谈到吟诵与歌唱的区别时写道："惟'诵'之声无定调，为朗读，为时言；歌之声有定调，为音曲，为永言。诵欲有所讽谏（fěngjiàn），故吐辞必近语言，以便当面晓悟；歌之用在感发，故衍声必符乐曲，以利远飏（yáng）而激众。"通俗地说，吟诵就是随时的感发，"怎么高兴怎么来"，是一种情绪的自我表达和陶醉。

近二十年来，普通话的推行力度逐渐加强，很多年轻人不再使用方言。而现在会吟诵的老人绝大多数在吟诵时都使用方言。这就造成了有些不熟悉方言的人听方言吟诵时觉得"奇怪"。至于吟诵的"摇头摆尾"是不可避免的。因为歌唱的时候，口腔、鼻腔、胸腔、腹腔等都需要配合发声，所以，任何种类的歌唱都不可避免地要摇动身体或者头部。在舞台演出时，歌者会在发声方便的同时，设计舞台动作，力求身体的晃动美观。而吟诵不是为了表演，身体的晃动追求的是自然而然。

（三）

反复吟诵，可以更好地体会出古诗文的韵律、节奏来，感受到作品的意境，便于记忆，"把理解的种子先通过吟诵这种乐教的方式放进孩子的心里"。孩子们从小记住诗文，对一些当时不懂的字句，长大了慢慢就明白了。事实上，古代的诗歌作品不是为儿童写作的，几乎没有童诗，诗作中的意蕴往往很丰富，很多篇目通过文字表面的分析是难以理解作者的本来含义的，所以孩童、学生期间就想一步到位地搞清诗意，根本不大可能的。学习古诗确实要首先记住，再渐渐领悟。有些作品在人生不同时期会有不同感受，这也是古诗词的魅力所在。

曾国藩说："凡作诗最宜讲究声调，须熟读古人佳篇，先之以高声朗诵，以昌其气；继之以密咏恬吟，以玩其味。二者并进，使古人之声调拂拂然若与我之喉舌相习，则下笔时必有句调奔赴腕下，诗成自读之，亦自觉琅琅可诵，引出一种兴会来。"曾国藩提倡的就是通过反复吟诵，先体会出作品的气韵来，再领悟到作品炼字、选词之妙，积累多了，在创作中便能自由地使用。

吟诵还能陶冶情操。陈廷焯在《白雨斋词话》中说："熟读温韦词，则意境自厚。熟读周秦词，则韵味自深。熟读苏辛词，则才气自旺。熟读姜张词，则格调自高。熟读碧山词，则本原自正，规模自远。"

吟诵，原本是我们与生俱来的传统之一，几乎是"本能"。吟诵不难学，尤其是年轻学生，接受能力强，稍作留意就好。是否学得会、学得好倒不要紧，毕竟现在学生们的功课多、时间紧，古诗文学习不是唯一的任务，但多了解一些自己民族和文化的重要传统总不是坏事。

余光中在回忆自己从小习得的吟诵时说，吟诵不仅让古诗文融化在他的骨血中，让他在寂寞时自解，还为他带来表演时的殊荣——在他的诗歌朗诵会上，朗诵完自己的作品，他一定吟诵几首古诗："吟声一断，掌声立起，反应之热烈，从无例外。"

（原载《北京晚报》，2018年3月28日，有改动）

阅读练习

一　根据文章内容选择正确答案

1. 现在的家长们为什么会无所适从？

    A. 因为看了武侠片　　　B. 因为听了专家的意见　　　C. 因为各种说法太多

2. 吟诵没有完全消亡的原因是：

    A. 符合古诗文的特点　　　B. 听起来很好听　　　C. 国家保护这项艺术

3. 古典诗词之所以具有"可唱性"，主要是因为：

    A. 古典诗词在古代都是为歌曲填写的词

    B. 每一首古典诗词在古代都是有乐谱的

    C. 汉语特有的声调及诗词的平仄、音韵

4. 关于吟诵和歌唱的区别，下面选项正确的是：

    A. 吟诵的对象是古代诗词，歌唱的对象是现代诗词

    B. 吟诵没有固定的曲调，歌唱有固定的曲谱

    C. 吟诵都是为了表达愉快的心情，歌唱时却不一定

5. 关于吟诵时身体会摇动，下面选项正确的是：

    A. 是自然的摇动　　　B. 是有意的晃动　　　C. 不摇动不能吟诵

6. 关于孩子学习古代诗词，作者的观点是：

   A. 应该先领悟，然后再记忆

   B. 记忆对于领悟没有促进作用

   C. 应该先记住，然后再逐渐领悟

7. 关于曾国藩的话，下面选项理解正确的是：

   A. 多领会词语的微妙，对自己写作有好处

   B. 大声朗读，体会气韵，才能自由使用

   C. 多学习多积累，自己才能自由使用

二 思考与讨论

1. 你读过中国古代的诗词吗？说说你的感觉。

2. 在这篇文章中，作者说了吟诵古代经典诗词的各种好处。你是否同意他的看法？为什么？

3. 在你们国家，孩子们会学习古代的经典诗歌作品吗？你觉得学习这些内容对自己有好处吗？为什么？

论中国传统人生哲学的思想精华

课前思考

1. 你有最喜欢的人生格言吗？是什么？
2. 每个人都会有自己的人生。你思考过人生吗？你的理想人生是什么样的？
3. 这篇论文是已故的陕西师范大学历史系教授赵吉惠的力作。赵教授从专业的角度分析了中国传统哲学中所蕴含的人生哲理和人生价值观，内容有一定的深度。全文分为两部分：(1) 中国传统人生哲学的四种类型及其基本特点；(2) 中国传统人生哲学的思想精华。考虑到本教材的特点，这里选择了其中的第二部分。请在老师带领下阅读并准确理解，然后说说自己的看法。

课文

第一部分

所谓人生哲学，这是现代的说法，在中国古代叫作"为人之道"或"处世之方"。中国文化历来重视"为人之道""处世之方"，因而包含非常丰富的人生哲理，为建立现代的科学人生观、世界观提供了极其宝贵的可供借鉴和吸取的历史文化遗产。

比较重要的是儒、道、墨、法①这四种类型的人生哲学。我们把这些人生哲学从整体上加以分析，可以看出两个基本特征：一是做人与为学一致；二是个人修养与为政的统一。这是由中国文化的特质与类型决定的。

第一，关于做人与为学的一致。中国文化从来把学问与道德联系起来，看作是评价理想人格的基本素质要求。《论语·学而》第一段话就是："学而时习之，不亦说乎？有朋自远方来，不亦乐乎？人不知，而不愠，不亦君子乎？②"孔子一生把学习看作是人生的一大乐趣，看作是人生的一种理念。因此，他总是把人生与为学联系起来看待的。体现他这种人生哲学的还有两句话就是"以文会友，以友辅仁③"（《论语·颜渊》）。他把"文""友""仁"三者统一起来，也就是把做人与为学统一起来。在做人与为学的关系上，做仁人是最高的价值追求。正是在这种意义上，他又毅然地说出："朝闻道，夕死可矣！④"（《论语·里仁》）

第二，关于个人修养与为政的统一。中国传统的人生哲学，不仅主张做人与为学的一致，而且更强调做人与为政的统一。这一特点更加突出。中国文化的基本特点之一是强调"内圣"与"外王"⑤的内在联系与转化，无论是儒家文化抑或道家文化都体现了这一特征。概括儒家道统与治统的《礼记·大学》⑥所阐发的"三纲领""八条目"最能典型地说明这个问题。儒家认为，无论为人或为治，都应该遵行"大学之道"。所谓大学之道三纲领是：大学之道在明明德，在亲民，在止于至善⑦。这里的"明德""亲民""至善"，既是个体人格、个人修养的理想境界，又是从政、为治的最高目标。所谓大学之道八条目则是：格物、致知、诚意、正心、修身、齐家、治国、平天下⑧。从大学之道八条目的内在关系分析，儒家是把个人修养看作"治国平天下"的必要前提条件，从这个意义上，《大学》又说："自天子以至于庶人，壹是，皆以修身为本⑨。"同时又把"治国平天下"看成是人生的最高追求，格物、致知、诚意、正心等修身、为学活动，最后的归宿则是"治国平天下"。这样，我们便理解了为什么说儒家的人生哲学是"入仕"的道理，从而也就认识了儒家人生哲学的体现的"内圣外王"之道的精神。

以上便是中国传统人生哲学的两个基本特征，这些特征所体现的也正是中国文化或中国传统人生哲学的基本精神。

中国传统人生哲学与中国传统文化一样，是中华民族数千年来生活、实践、交往经验的积累与升华，是中国人民数千年来不断反省人生道路的智慧结晶。

1	借鉴	jièjiàn	（动）	跟别的人或事相对照，以便学习或吸取教训。（借鉴——参考）
2	为学	wéi xué		做学问。
3	为政	wéi zhèng		处理政治事务，治理国家。
4	人格	réngé	（名）	个人的道德品质。personality
5	理念	lǐniàn	（名）	思想、观念。philosophy
6	正是	zhèng shì		就是。
7	毅然	yìrán	（副）	坚决地；毫不犹豫地。
8	抑或	yìhuò	（连）	表示选择。
9	阐发	chǎnfā	（动）	论述并发挥。
10	内在关系	nèizài guānxì		事物之间隐含的联系（与"外在"相对）。
11	前提	qiántí	（名）	事物发生或发展的先决条件。
12	归宿	guīsù	（名）	人或事物的最终着落。
13	入仕	rù shì		做官。
14	升华	shēnghuá	（动）	比喻事物的提高和精炼。
15	结晶	jiéjīng	（名）	比喻珍贵的成果。

由于历史时代的不同、价值取向各异，人生道路自然呈现出不同的选择方式，因而也就有了对人生道路的不同评价和不同的评价方法坐标。唯物史观⑩从人类历史发展眼光看，任何文化现象都是历史的、具体的，都可能包含正负两个方面，针对某种社会需要来说，它是积极的、有用的，针对另外一种社会需要而言，它又是过时的、无用的，甚至是消极的。从这个意义上说，文化现象、中国传统人生哲学本身，既包含有积极的精华部分，也包含有消极的糟粕部分。科学研究的任务是分清楚"精华"与"糟粕"，以达到取其精华，弃其糟粕的目的。关于中国传统人生哲学的思想精华，可以从不同的方面论述很多内容，这里拟从十个方面加以探讨和论述。

第一，追求人生的理想境界。在中国传统多元文化的人生哲理中，不同程度地体现着一种精神动力源泉，就是对人生理想的追求。如果把这种理想加以高度概括，那就是人生对于真、善、美境界的追求。尽管儒、道、墨、法、佛各家对真、善、美的解释各不相同，但是对这种精神追求却是共通的。"真"是本体性概念，"善""美"是伦理性、认知性概念。儒家、道家、墨家、法家，都以改造现实世界为人生最善、最美的追求。儒家把这种**至善至美**的追求归结为"天下为公"的"大同之道"⑪（见《礼记·礼运篇》），为此而奋斗就是人生或生命的最高价值，也可以使生命永存。道家则认为人生进入"体道"的回归自然的境界，是至善至美的人生最高价值体现，这样可以无私无欲、延年益寿、与自然同体、与自然为一⑫。墨家以人生"兴天下之利，除天下之害"⑬为至善、至美的理想与行为。法家以"实用"为最高的追求。法家虽然缺乏道德理想的追求，但是仍然有他们自己的真、善、美的解释。佛家虽然讲究"一切皆空""万法唯识"⑭，但是通过行善事引导人们追求至善至美的"真如"佛性⑮，以便死后登上"西方净土"⑯。总之，真、善、美是中国传统人生哲学的理想追求，对于我们今天的理想教育、道德教育仍有借鉴意义。

16	价值取向	jiàzhí qǔxiàng		哲学概念。指的是某个主体基于自己的价值观，在面对或处理各种矛盾、冲突、关系时所持的基本价值立场、价值态度等。
17	坐标	zuòbiāo	（名）	文中比喻标准。coordinate
18	正负	zhèngfù		文中指好的和坏的。
19	糟粕	zāopò	（名）	比喻粗劣而没有价值的东西。
20	拟	nǐ	（动）	打算。
21	探讨	tàntǎo	（动）	研究讨论。
22	论述	lùnshù	（动）	叙述和分析。
23	多元文化	duōyuán wénhuà		指在人类社会中存在多种多样的文化的现象。
24	哲理	zhélǐ	（名）	关于宇宙和人生的原理。philosophy
25	动力	dònglì	（名）	比喻推动事物前进和发展的力量。
26	源泉	yuánquán	（名）	比喻力量、知识、感情等的来源或产生的原因。
27	高度	gāodù	（形）	程度很高的。
28	各不相同	gèbù xiāngtóng		都不一样。
29	共通	gòngtōng	（形）	共同。（共通——共同）
30	本体	běntǐ	（名）	哲学概念。指事物的最终本性。noumenon
31	伦理	lúnlǐ	（名）	指人与人相处的各种道德准则。ethics, moral principles
32	认知	rènzhī	（动）	通过思维活动认识、了解。acknowledge, cognize
33	永存	yǒngcún	（动）	永久存在。
34	延年益寿	yánnián-yìshòu		增加岁数，延长寿命。
35	善事	shànshì	（名）	慈善的事。
36	至善至美	zhìshàn-zhìměi		最善最美。
37	以便	yǐbiàn	（连）	用在下半句话的开头，表示使下文所说的目的容易实现。

第二部分

第二，发扬刚毅进取、自强不息的奋斗精神。中华民族自古以来就是"刚毅进取""自强不息"的民族。《周易·乾卦》《传》曰："天行健，君子以自强不息。"[17]坤卦《传》曰："地势坤，君子以厚德载物。"[18]乾卦象天，坤卦象地，天的运行强健，所以理想人格（君子）的气质应当自强不息，地的形势是顺天存在的，所以理想人格（君子）的品格应当是以深厚的德泽化育万物。北京大学教授张岱年[19]据此把《周易》对"刚毅进取""自强不息"的论述概括为中华民族的文化精神，这是颇有见地的。实际上，这种文化精神在更普遍的意义上，反映了中国传统人生哲理的深层精神追求。孔子[20]晚年对弟子讲述自己的心志时说："其为人也，发愤忘食，乐以忘忧，不知老之将至云尔。"[21]（《论语·述而》）曾子也说过："士不可以不弘毅，任重而道远。仁以为己任，不亦重乎？死而后已，不亦远乎？"[22]（《论语·泰伯》）这些话都反映了自强不息的人生哲理，值得我们吸取与借鉴。

第三，注重人生修养、安贫乐道。中国文化提倡反躬自省，著名哲学家梁漱溟[23]认为："儒家孔门之学要在反躬修己。"曾子一句有名的修身格言即是"吾日三省吾身：为人谋而不忠乎？与朋友交而不信乎？传不习乎？"[24]（《论语·学而》）子贡问于孔子："贫而无谄，富而无骄，何如？"孔子回答说："可也，未若贫而乐，富而好礼者也。"[25]（《论语·学而》）这里的"贫而乐"，是指人生不以贫苦为忧，反而乐志于道，坚持自己的志向。当然，那更不用说"富而好礼"的人生走向了。道家也是重视人生修养。《老子》说："重积德则无不克，无不克则莫知其极。"[26]（59章）提倡"知足常乐"，"少私寡欲"。《老子》有句名言："祸莫大于不知足，咎莫大于欲得。故，知足之足，常足矣。"[27]（46章）还说："知足不辱，知止不殆，可以长久。"[28]（44章）这便是道家对人生道路的透视。

38	刚毅进取	gāngyì jìnqǔ	坚强而有毅力，而且立志有所作为。
39	自强不息	zìqiǎng-bùxī	努力向上，永不停止。
40	自古以来	zìgǔ-yǐlái	从古代到现代。

论中国传统人生哲学的思想精华

41	运行	yùnxíng	（动）	指星球、车船、工作等转动起来。
42	气质	qìzhì	（名）	指人的稳定的个性特点。
43	品格	pǐngé	（名）	指人的道德品质。
44	深厚	shēnhòu	（形）	浓厚而坚实。
45	德泽	dézé		文章中指品德、道德。
46	化育万物	huàyù-wànwù		产生、孕育世上的一切。
47	据此	jù cǐ		根据这个。
48	见地	jiàndì	（名）	见解。
49	晚年	wǎnnián	（名）	指人年老的时期。
50	弟子	dìzǐ	（名）	学生；徒弟。
51	心志	xīnzhì	（名）	意志。will
52	注重	zhùzhòng	（动）	重视。
53	安贫乐道	ānpín-lèdào		安于贫困的境遇，乐于奉行自己信仰的道德准则。
54	反躬自省	fǎngōng-zìxǐng		也说"反躬自问"，反过来反省自己。
55	要	yào		重要和关键的地方。
56	反躬修己	fǎngōng-xiūjǐ		反思并提升自我。
57	格言	géyán	（名）	含有劝诫和教育意义的话。aphorism
58	贫苦	pínkǔ	（形）	贫困穷苦。
59	乐志于道	lè zhì yú dào		文中意思是有志于追求真理并以此为乐。
60	志向	zhìxiàng	（名）	对未来的意愿和决心。ambition
61	富而好礼	fù ér hào lǐ		富庶而又讲究礼教。指虽很富有但不骄纵无礼。
62	走向	zǒuxiàng	（名）	文中比喻人生的发展方向。
63	知足常乐	zhīzú chánglè		满足于已经得到的，就会经常处于快乐之中。
64	少私寡欲	shǎosī-guǎyù		减少私欲。
65	透视	tòushì	（动）	比喻清楚地看到事物的本质。

第四，人生处世"以和为贵"，适可而止。儒家的处世学讲究"中庸"之道，"和谐"为怀，"礼之用，和为贵㉙"。(《论语·学而》)所谓"中庸"即以"中"为用，适可而止，不走极端，不为已甚。这样，便可以保持比较"和谐"的人际关系。宋儒程颐解释说："不偏之谓中，不易之谓庸。中者，天下之正道，庸者，天下之定理。"㉚（朱熹《四书集注》）后来朱熹对"中庸"提出了更简洁的解释："中者，不偏不倚，无过不及之名。庸，平常也。"㉛（《四书集注》）今人冯友兰㉜更用"极高明而道中庸"一语来评价儒学中的"中庸"之道，可见，"中庸"之道是儒家人生哲学中的核心理论，所谓"极高明"就在于它"不偏不倚""以和为贵"。过去我们在很长时间里把"中庸"之道误解为"不讲原则"的"好人主义"加以批判，现在看来是曲解了"中庸"的本义。其实，"中庸"是"极高明"的处事哲学，只有坚持"中庸"之道，才能"和谐"人际关系，创造好的人文环境，才可能避免与克服片面性与极端主义。

第三部分

第五，人生处事不蛮干，顺其自然，因势利导。道家的处世哲学强调"因顺自然"，不可任意妄为。《老子》说："天之道，不争而善胜，不言而善应，不召而自来，坦然而善谋。"㉝（73章）"圣人处无为之事，行不言之教。"（2章）"不自伐，故有功；不自矜，故长。夫惟不争，故天下莫能与之争。"（22章）这里讲的虽然是对帝王的要求，但是这之中包含的人生哲理，则是具有普遍意义的。上面所说的"不争""不言""无为"，并非真的"不争""不言""无为"，而是不乱争，不胡言、不先言，不乱为，这就是因循自然，不可妄为。《老子》书中有一句更加形象的话，那就是"治大国，若烹小鲜㉞"。"小鲜"是小鱼。治大国，何以若烹小鲜鱼呢？因为烹小鱼，弄得不好就乱掉了，所以要细心、谨慎，不可乱翻动。这句话给人们的启示是人生要小心谨慎从事，不可违背自然的力量。凡事，要"因其自然"，方能收到较好的效果。治国更不可蛮干，不可随意"运动"人民，应该因势利导。

第六，人生处事要善于"见微知著""防患于未然"。中国的许多文化典籍中，对于"见微知著""防患于未然"有过很好的总结与概括，是指导人生

论中国传统人生哲学的思想精华

处事的重要哲理。《周易》坤卦初六爻辞中有"履霜,坚冰至[35]"的判断,这揭示了一个重要思想:看问题,处理问题,思想不能僵化、凝固,当你"履霜"的时候,要想到它会在气温继续下降的条件下,变成"坚冰"。《周易·系辞》进

66	适可而止	shìkě'érzhǐ		到了适当的程度就停止,指做事不过分。
67	和谐	héxié	(形)	配合得适当。
68	不为已甚	bùwéi yǐshèn		不做太过分的事,多指对人的责备或处罚适可而止。
69	不偏不倚	bùpiān-bùyǐ		指不偏袒任何一方,保持公正或中立。
70	误解	wùjiě	(动)	理解得不正确。(误解——曲解)
71	批判	pīpàn	(动)	对错误的思想、言论或行为做系统的分析,加以否定。(批判——批评)
72	曲解	qūjiě	(动)	错误地解释客观事实或别人的原意。
73	人文环境	rénwén huánjìng		指由于人类活动而形成的社会大环境,是人为因素造成的、社会性的,而非自然形成的。
74	蛮干	mángàn	(动)	不顾一切地硬干。
75	顺其自然	shùn qí zìrán		顺应事物自身的发展趋势,不人为地干涉。
76	因势利导	yīnshì-lìdǎo		顺着事情的发展趋势加以引导。
77	任意妄为	rènyì-wàngwéi		想怎样就怎样,指做一些不好的事情。
78	帝王	dìwáng	(名)	指君主国的最高统治者。
79	因循自然	yīnxún-zìrán		按照自然规律和趋势。
80	细心	xìxīn	(形)	很用心,很仔细。
81	违背	wéibèi	(动)	不遵守。(违背——违反)
82	见微知著	jiànwēi-zhīzhù		见到一点苗头就能知道它的发展趋向或事物的本质。
83	防患于未然	fáng huàn yú wèi rán		在祸患发生之前就加以预防。
84	僵化	jiānghuà	(动)	停止发展。
85	凝固	nínggù	(动)	比喻固定不变。

Advanced III

一步发挥了上述思想说:"善不积,不足以成名;恶不积,不足以灭身。"㊱用这个人生哲理去批评那些"小人"的心理与行为,借以警世和指导人生。具体地说:"小人以小善为无益而弗为也;以小恶为无伤而弗去也。故恶积而不可掩,罪大而不可解。"㊲用这些人生哲理去观察、分析社会的治乱,预见统治者的安危存亡,则得出结论:"危者,安其位者也;亡者,保其存者也;乱者,有其治者也。"㊳由于揭示了这些人生哲理,既提高了人们观察、分析人生道路的能力,又可以知其所为而避其不可为,所以又说:"知微知彰,知柔知刚,万夫之望"。

第七,人生处事要看到祸福的转化,经常保持清醒的头脑。中国文化**长于**悟性辩证思维,古者圣贤对于人生的吉凶祸福,社会的安危治乱,常有比较透彻的观察与分析,成为指导人生的宝贵的至理名言,是中国传统人生哲理的颇有价值的精神财富。《老子》云:"祸兮,福之所倚;福兮,祸之所伏……正复为奇,善复为妖。人之谜,其日固久。"㊴(朱熹《四书集注》)所以人生的理想性格应该是"直而不肆,光而不耀"。(朱熹《四书集注》)即正直而不放肆,光亮而不炫耀自己。这是**何等的**深邃,做起来又**何等的**困难!《周易》有几条卦爻辞所蕴含的转化辩证思想特别深刻。乾卦爻辞上九一条云:"亢龙有悔。""龙",物象,中国是"龙"文化国家,以"龙"比喻为吉祥,亦喻天之阳气。"亢"为高亢,阳极于上,动必有悔。以"亢龙"比喻处高危之地位。"悔"有返意。"亢龙有悔"一语警喻人生处高位极点必有灾祸,即物极必反之意。人生顺利向上时,应有节制、约束自己的理性,以防物极必反之祸害。《系辞传》解释否卦九五爻时明确告示:"君子安而不忘危,存而不忘亡,治而不忘

86	上述	shàngshù	(形)	上面说的。
87	小人	xiǎorén	(名)	指人格卑鄙的人。
88	警世	jǐngshì	(动)	警戒世人,使醒悟。
89	治乱	zhìluàn	(动)	整治、改变混乱的状况。
90	预见	yùjiàn	(动)	根据事物的发展规律预先料到将来。
91	安危存亡	ānwēi-cúnwáng		安全、危险、存在、灭亡。
92	转化	zhuǎnhuà	(动)	转变,改变。

93	清醒	qīngxǐng	（形）	（头脑）清楚；明白。
94	头脑	tóunǎo	（名）	代指思维能力。
95	悟性	wùxìng	（名）	指人对事物的分析和理解能力。
96	辩证思维	biànzhèng sīwéi		一种思维方式，指使用辩证法思考问题。
97	圣贤	shèngxián	（名）	指品格最高尚、智慧最高超的人物。
98	吉凶祸福	jíxiōng-huòfú		吉祥、不幸、祸事、福气。
99	透彻	tòuchè	（形）	详尽而又深入。
100	至理名言	zhìlǐ-míngyán		最正确、最有名的话。
101	财富	cáifù	（名）	具有价值的东西。
102	正直	zhèngzhí	（形）	公正坦率。
103	放肆	fàngsì	（形）	（言行）轻率随意，毫无顾忌。
104	光亮	guāngliàng	（名）	文章中指光明磊落。
105	炫耀	xuànyào	（动）	夸耀，显示。
106	深邃	shēnsuì	（形）	文中指深奥。
107	蕴含	yùnhán	（动）	包含。
108	亢龙有悔	kàng lóng yǒu huǐ		意为居高位的人要戒骄，否则会因失败而后悔。
109	物象	wùxiàng		事物显现出的形象。
110	比喻	bǐyù	（动）	用容易明白的甲事物来说明不容易明白的乙事物。
111	高危	gāowēi	（形）	发生某种不良情况的危险性很高。
112	警喻	jǐngyù		有警示作用的比喻。
113	灾祸	zāihuò	（名）	自然的或人为的有害的事情。
114	物极必反	wùjí bìfǎn		事物发展到极端，就会向相反的方向转化。
115	节制	jiézhì	（动）	限制或控制。（节制——控制）
116	祸害	huòhài	（名）	祸事。

乱。是以身安而国家可保也。"⑩清代扬州八怪之一郑板桥深得中国传统人生哲理真精神,用"难得糊涂""吃亏是福"概括了他的人生哲学,对人极有启发。他在解释"难得糊涂"时说:"聪明难,糊涂难,由聪明而转入糊涂更难。放一著,退一步,当下心安,非图后来福报也。"他在解释"吃亏是福"时又说:"满者损之机,亏者盈之渐。损于己则益于彼,外得人情之平,内得我心之安,既平且安,福即在是矣。"㊶这些脍炙人口、极有厚度的人生哲理精华,既可启发人的智慧,安排实现自我人生价值的合理途径,又可使人经常保持清醒头脑,保持自己的节操,而不忘乎所以。

第四部分

第八,待人谦恭有礼,不为人先,留有余地。儒家和道家都特别注重人的自我调控、自我修养、处处以谦恭待人,不为人先,留有余地。孔子非常谦恭好学,《论语》记载:"子入太庙,每事问。"(《论语·八佾》)他还经常教导弟子们:"知之为知之,不知为不知,是知也。"㊷(《论语·为政》)有一次弟子子张请教如何做才能得到好的俸禄。孔子回答说:"多闻阙(同缺义)疑,慎言其余,则寡尤;多见阙殆(同疑义),慎行其余,则寡悔。言寡尤,行寡悔,禄在其中矣。"(《论语·为政》)这里讲的"阙疑""慎言""慎行"等等,都能给人留有进退迂回的余地,使人少犯错误,不犯大错误。道家在这方面更为深沉、持重,翻开一部《道德经》,真是名言触目,妙语连珠,警句省人,处处告以"圣人被褐怀玉"的大道理。例如第76章:"人之生也柔弱,其死也坚强。万物草木之生也柔脆,其死也枯槁。故坚强者死之徒,柔弱者生之徒。是以,兵强则灭,木强则折。坚强处下,柔弱处上。"㊸由此,又引发出"损有余而补不足"的道理。在第67章概括起来说:"我有三宝,持而保之:一曰慈,二曰俭,三曰不敢为天下先。"接着他又解释说:"慈,故能勇;俭,故能广;不敢为天下先,故能成器长。"㊹

第九,人生能苦能乐,先人之苦而苦,后人之乐而乐㊺,生活朴实、节用。中华民族向来以勤俭耐劳、刻苦朴实而著称于世,形成了优良的民族传统。几千年来,我们的祖先依靠这些好的传统开拓、建设了自己的土地、家园,创造了伟大的中华文明。我们还应在新的历史条件下,继续发扬这些优良传统,光大伟大的中华文明。墨家在先秦文化中是最能发扬艰苦耐劳精神的著名学派，其创始人墨翟就出身于劳动者（工匠），其弟子很多都是能够吃苦耐劳的劳动

117	难得糊涂	nándé hútu		清朝乾隆年间著名书画家郑板桥的传世名言，指人在该装糊涂的时候不容易做到。
118	吃亏是福	chīkuī-shìfú		中国的老话，意思是要把吃亏看作一种福气。
119	脍炙人口	kuàizhì-rénkǒu		美味的食品人人都爱吃。比喻好的诗文或事物得到人们的称赞。
120	途径	tújìng	（名）	比喻达到一个目标的路径。
121	节操	jiécāo	（名）	高尚的道德、品德。
122	忘乎所以	wànghūsuǒyǐ		由于过度兴奋或骄傲自满而忘记了一切。
123	谦恭有礼	qiāngōng-yǒulǐ		谦虚而有礼貌。
124	不为人先	bùwéi-rénxiān		不一定要超过别人。
125	留有余地	liúyǒu-yúdì		指在言语或行动中留下可以回旋的空间。
126	调控	tiáokòng	（动）	调节控制。（调控——调整）
127	俸禄	fènglù	（名）	指封建时代官员的薪水。
128	阙疑	quēyí	（动）	把疑难的问题留着，不下判断。
129	慎言、慎行	shènyán、shènxíng		说话、做事小心谨慎。
130	进退迂回	jìntuì-yūhuí		前进、后退和环绕。文中指留有余地。
131	持重	chízhòng	（形）	谨慎，稳重。
132	妙语连珠	miàoyǔ-liánzhū		有意味或动听的言语接连不断。
133	警句省人	jǐngjù-xǐngrén		简练而含义深刻的语句可以让人醒悟。
134	朴实	pǔshí	（形）	朴素踏实，不浮夸。
135	节用	jiéyòng		节约使用。
136	勤俭耐劳	qínjiǎn-nàiláo		勤劳而又节省，禁得起劳累。
137	祖先	zǔxiān	（名）	一个民族或家族的上代，特指年代比较久远的。

者。《墨子·鲁问》记载他们"短褐之衣，藜藿之羹，朝得之，而夕不得"㊻。墨子学说提倡"节用""节葬""非乐"㊼等原则，都包含丰富的艰苦朴素的思想作风。这些都构成中华民族优良的民族精神的一部分，我们在今天提倡弘扬墨家精神（或墨子精神），就是指的弘扬这些优良传统。儒家提倡民本主义，对我们今天培养、建立为人民服务的人生观、价值观，很有借鉴、启发意义。孟子以带有批评的口吻说："为民上而不与民同乐者，亦非也。乐民之乐者，民亦乐其乐；忧民之忧者，民亦忧其忧。乐以天下，忧以天下，然而不王者，未之有也。"㊽（《孟子·梁惠王下》）后来宋人范仲淹把这些深刻思想概括为"先天下之忧而忧，后天下之乐而乐"㊾的名句，为名垂千古、指导人生走向的深刻哲理。

　　第十，保持个体人格尊严，发扬勇于承担的大丈夫精神。过去有人在谈论中西文化比较时，批评中国文化"不讲个体人格"，这未免有片面夸大之嫌。中国文化与西方文化相比较，固然不如西方文化那样强调尊重个体人格，但不是不尊重个体人格。在这方面，儒家、道家都有许多尊重个体人格的论述，道家更加提倡个体人身自由。所谓"庄子精神"，主要是指他的人生自由、放达、追求理想境界的精神。儒家虽有压抑个性的弊病，但也有不少强调个体人格独立的思想。孔子说："三军可夺帅也，匹夫不可夺志也。"（《论语·子罕》）又说：杀身成仁，舍生取义。㊿孟子更具体地论述到："天将降大任于斯人也，必先苦其心志，劳其筋骨，饿其体肤，空乏其身，行拂乱其所为，所以动心忍性，曾（增）益其所不能。"[51]（《孟子·告子下》）又告诫说："富贵不能淫，贫贱不能移，威武不能屈。"[52]（《孟子·滕文公下》）明清之际大学者顾炎武后来又把这些民族精神归结为："国家兴亡，匹夫有责。"[53]这些至理名言，都是中国传统人生哲学的思想精华，都能对人生道路产生良好的借鉴和导向作用，都能给人们以深刻的思想启示。我们应该以积极、反省的态度，批判继承，发扬光大。

　　　　　　　　（原载《陕西师范大学学报（哲学社会科学版）》1998年3期。录入编辑：里德）（赵吉惠）

| 138 | 作风 | zuòfēng | （名） | 在思想、工作、生活等方面表现出来的态度、行为。 |
| 139 | 弘扬 | hóngyáng | （动） | 发扬光大。 |

140	人生观	rénshēngguān	（名）	对人生的看法。
141	价值观	jiàzhíguān	（名）	对政治、经济、道德、金钱等所持的看法。
142	口吻	kǒuwěn	（名）	指说话的口气。
143	名垂千古	míngchuí qiāngǔ		好的名声永远流传。
144	个体	gètǐ	（名）	单个的人或生物。
145	尊严	zūnyán	（名）	值得敬重的身份或地位。
146	勇于	yǒngyú	（动）	在困难面前不退缩。
147	未免	wèimiǎn	（副）	实在不能不说是……，表示不认同。
148	固然	gùrán	（连）	先承认某个事实，下文引起转折。
149	人身自由	rénshēn zìyóu		指公民的身体不受侵犯的自由。
150	放达	fàngdá	（形）	言行不受世俗礼法的拘束。
151	压抑	yāyì	（动）	对感情、力量等加以限制，使不能充分流露或发挥。
152	导向	dǎoxiàng	（动）	引导方向。

注释

① **儒、道、墨、法**：指中国历史上战国时期（公元前770—公元前221）"百家争鸣"中最著名的四家，其代表人物分别是：孔子和孟子、老子和庄子、墨子、韩非子。

② **学而时习之，不亦说乎？有朋自远方来，不亦乐乎？人不知，而不愠，不亦君子乎**：大概意思是，学了后又定时复习它，不是很高兴吗？朋友从远方来，不是很快乐吗？别人没弄明白，我也不生气，这不就是君子吗？（注释中的译文改写自杨逢彬《论语新注新译》简体版，北京大学出版社2018）

③ **以文会友，以友辅仁**：大意是，君子用文章学问来聚会朋友，用朋友来帮助自己成就仁德。

④ **朝闻道，夕死可矣**：大意是，早上得知真理，当晚死了都可以。

⑤ **"内圣"与"外王"**：大意是，内在具备圣人最高的道德，以此治理国家，实现仁政。是中国古代自身修养和治理国家的最高理想。语出《庄子·天下》。

⑥ **儒家道统与治统的《礼记·大学》**："道统"是指儒家的传道系统和脉络；"治统"是指治理国家的一脉相传的统系。《礼记》据传是孔子的七十二弟子及其学生们所作，西汉礼学家戴圣所编，是中国古代一部重要的典章制度选集，共二十卷四十九篇，《大学》是其中的一篇。

⑦ **大学之道在明明德，在亲民，在止于至善**：大意是，《大学》的道理，在于彰显人人本来就有的、自身所具的光明德性，在于使人人都能去除污染而自我革新，达到最完善的地步。语出《礼记·大学》。

⑧ **格物、致知、诚意、正心、修身、齐家、治国、平天下**：大意是，推究事物的道理；深入钻研获得知识；使自己的心志真诚；端正自己的心思；努力完善自己的品德修养；管理家事；管理国家；使天下太平。出自《礼记·大学》。

⑨ **自天子以至于庶人，壹是，皆以修身为本**：大意是，从天子到普通百姓，一概，都以修炼自己的身心为最根本的事情。

⑩ **唯物史观**：也称"历史唯物主义"，马克思、恩格斯所创立的关于人类社会发展最一般规律的科学，认为社会历史发展具有自身固有的客观规律；物质资料的生产方式是社会发展的决定力量；社会存在决定社会意识，社会意识又反作用于社会存在；人民群众是历史的创造者。

⑪ **"天下为公"的"大同之道"**："天下为公"出自《礼记·礼运》，原指天下不为一家私有，后来指一种美好的社会政治理想。"大同之道"指一种理想社会。

⑫ **"体道""与自然同体""与自然为一"**：都是道家思想。"体道"是指感悟大道与躬行正道。另外，道家认为人类是自然的一部分，应该与自然合而为一。

⑬ **兴天下之利，除天下之害**：意思是，兴办对天下有利的事情，革除对天下有害的事情。语出《墨子·非乐》。

⑭ **"一切皆空""万法唯识"**：佛教的教义。"一切皆空"的意思是，世界上的事物都是无永恒无常态的，是变动的。"万法唯识"的意思是，没有心外之物，宇宙间的万物是由"心识"变现出来的。

⑮ **"真如"佛性**：永恒存在的实体，叫作真如。众生领悟佛教真理之性，叫作佛性。

⑯ **西方净土**：佛学术语，指西方极乐世界。佛教认为那是一个庄严、清净、平等的世界。

⑰ **天行健，君子以自强不息**：大意是，宇宙在不停地运转，君子应该效法天地，努力向上，永不停息。《周易》是中国古代传统经典之一，相传为周文王所作，主要内容为占卜。

⑱ **地势坤，君子以厚德载物**：坤象征大地，大地宽广深厚，因此能生长万物。坤卦是《易

论中国传统人生哲学的思想精华

经》六十四卦的第二卦。

⑲ **张岱年**：（1909—2004），中国现代哲学家、哲学史家。1933年毕业于北京师范大学教育系，曾任教于清华大学哲学系。1952年后，任北京大学哲学系教授。主要著作有《中国哲学史大纲》《中国哲学史方法论发凡》等。

⑳ **孔子**：（公元前551—公元前479），名丘，字仲尼，春秋末期鲁国陬邑人（今山东曲阜）。孔子是中国古代著名思想家、教育家，他开创了私人讲学的风气，是儒家学派创始人。

㉑ **其为人也，发愤忘食，乐以忘忧，不知老之将至云尔**：大意是，他的为人（指孔子），发愤用功而忘记吃饭，乐在其中而忘记忧愁，浑然不知衰老就要到来，不过如此而已。

㉒ **士不可以不弘毅，任重而道远。仁以为己任，不亦重乎？死而后已，不亦远乎？（曾子）**："这句话的大意是，读书人不可以不宽宏大量而又果决能断，因为他负担沉重，路途遥远。以实现仁德为己任，不是很沉重吗？奋斗到死才算完，不是很遥远吗？曾子（公元前505—公元前435），名参（Shēn），字子舆，春秋末年鲁国人。中国著名的思想家，孔子的晚期弟子之一，儒家学派的重要代表人物。

㉓ **梁漱溟**：（1893—1988），蒙古族。中国当代著名的思想家、哲学家、教育家，主要研究人生问题和社会问题，是现代新儒家的代表人物之一，被称为"中国最后一位大儒家"。

㉔ **吾日三省吾身：为人谋而不忠乎？与朋友交而不信乎？传不习乎**：大意是，我每天多次反省自己：为别人出谋划策是否尽心竭力了呢？和朋友交往是否诚实呢？老师传授给我的学业是否复习了呢？

㉕ **子贡问于孔子："贫而无谄，富而无骄，何如？"孔子回答说："可也，未若贫而乐，富而好礼者也。"**：这段对话的大意是，子贡请教孔子说："贫穷却不谄媚，有钱却不骄傲放纵，怎么样？"孔子说："可以了，但不如贫穷却又快乐，有钱却谦逊好礼。"子贡是孔子的学生之一。

㉖ **《老子》说："重积德则无不克，无不克则莫知其极。"**：《老子》也称《道德经》，是春秋时期著名哲学家、道家学派创始人老子的著作。这句话的大意是，不断地积累仁政和善行，就没有什么不能战胜的；没有什么不能战胜的，那就无法估量他的力量到底有多大。

㉗ **祸莫大于不知足，咎莫大于欲得。故，知足之足，常足矣**：大意是，最大的祸害莫过于不知足，最大的罪过莫过于贪得无厌。所以懂得知足的人常常是很满足的。

㉘ **知足不辱，知止不殆，可以长久**：大意是，知道满足就不会受到羞辱，知道适可而止就不会遇到危险，这样才可以持久。

㉙ **礼之用，和为贵**：意思是，"礼"的作用，以适度恰当为可贵。

㉚ **不偏之谓中，不易之谓庸。中者，天下之正道，庸者，天下之定理**：这句话的大意是，不偏于一边叫作中，不改变的叫作庸。中是天下的正道，庸是天下的定理。程颐：宋代理学家和教育家。

㉛ **中者，不偏不倚，无过不及之名。庸，平常也**：这句话的大意是，中就是不偏不倚，说话做事不会超过或少于合适的度；庸就是平常、正常。朱熹：（1130—1200），宋朝著名的理学家、思想家、哲学家、教育家、诗人，他被认为是儒学的集大成者，世尊称为朱子，也是唯一非孔子亲传弟子而享祀孔庙的人。《四书集注》是集儒家经典《大学》《中庸》《论语》《孟子》于一体的巨作，是朱熹最有代表性的著作之一。

㉜ **冯友兰**：（1895—1990），中国当代著名哲学家、教育家。1918年毕业于北京大学哲学系，1924年获美国哥伦比亚大学哲学博士学位。回国后，先后任清华大学和北京大学教授。他的《中国哲学史》是20世纪中国学术的重要经典，对中国现当代学界乃至国外学界影响深远。被誉为"现代新儒家"。

㉝ **《老子》说："天之道，不争而善胜，不言而善应，不召而自来，坦然而善谋。"**

参考翻译：上天的规律是，不斗争而善于取胜；不说话而能很好地回应；不召唤而自动到来，坦然而善于安排筹划。

"圣人处无为之事，行不言之教。"

参考翻译：圣人用无为的方法处世，不用说教的方法告诉别人应该怎么做。

"不自伐，故有功；不自矜，故长。夫惟不争，故天下莫能与之争。"

参考翻译：不自己夸耀，反而能有功劳；也不自我矜持，所以才能长久。正因为不与别人相争，所以天下没人能与他争。

㉞ **治大国，若烹小鲜**：语出老子《道德经》第六十章，意思是，治理大国就像烹调美味的小菜一样。

㉟ **履霜，坚冰至**：意思是，脚踩在白霜上时，就可知道寒冬快来了。比喻事态逐渐发展将会有严重的后果。

㊱ **善不积，不足以成名；恶不积，不足以灭身**：大意是，不积累对人有益的事，就不能成为一个名声好的人；不积累罪恶的事情，就不会出现自我毁灭的结果。

㊲ **小人以小善为无益而弗为也；以小恶为无伤而弗去也。故恶积而不可掩，罪大而不可**

解：大意是，小人认为小的善行不会给自己带来什么好处，而不去做；小的恶行也不会有什么损害，而不去除。这样下去，恶行越积越多，无法掩盖；罪行越来越大，无法消除。

㊳ **危者，安其位者也；亡者，保其存者也；乱者，有其治者也**：大意是，危机出现，是由于认为自己的位子安定；毁灭到来，是由于认为可保证长治久安；动乱产生，是由于认为天下平安无事。语出《周易·系辞下》。

㊴ **祸兮，福之所倚；福兮，祸之所伏……正复为奇，善复为妖。人之谜，其曰固久**：大意是，灾祸中可能蕴含着幸运，幸运中也可能蕴含着灾祸……正常与怪异可互相转变，善良与邪恶也能彼此循环。人们迷惑于祸、福的转换，为时已久。

㊵ **君子安而不忘危，存而不忘亡，治而不忘乱。是以身安而国家可保也**：大意是，君子安定的时候不忘记可能出现的危险，生存的时候不忘记可能灭亡，国家大治的时候不忘记可能出现的祸乱。所以，就能使本人身体安宁，国家也得以保全了。

㊶ **满者损之机，亏者盈之渐。损于己则益于彼，外得人情之平，内得我心之安，既平且安，福即在是矣**：大意是，什么东西满到顶点的时候就会开始损失；而出现损失的时候，就又会慢慢往满的方向发展。这边有了损失，对那边就会有益处。在外能得到人情的平衡，而我的内心又很安宁。这样的平静和安宁的生活就是所说的福。郑板桥（1693—1765），清代著名的书画家、文学家。

㊷ **知之为知之，不知为不知，是知也**：知道就是知道，不知道就是不知道，这就是聪明智慧。

㊸ **人之生也柔弱，其死也坚强。万物草木之生也柔脆，其死也枯槁。故坚强者死之徒，柔弱者生之徒。是以，兵强则灭，木强则折。坚强处下，柔弱处上**：大意是，人活着时身体是柔软的，而死亡后身体反而是僵硬的。草木万物活着时也是柔软的，而死亡后却是枯槁僵硬的。由此看来，刚强的东西往往属于死亡的一类，柔和温润的东西才是属于生存的一类。因此，用兵爱逞强就会灭亡，树木粗壮了就会遭到砍伐摧折。凡是强大的，总是处于下位，凡是柔弱的，反而居于上位。

㊹ **慈，故能勇；俭，故能广；不敢为天下先，故能成器长**：大意是，一个人慈悲所以会勇敢，节俭所以能够积累更多的财富。不敢处在天下人的前面，所以能够成大器。

㊺ **先人之苦而苦，后人之乐而乐**：吃苦在别人的前面，享受在别人的后面。

㊻ **短褐之衣，藜藿之羹，朝得之，而夕不得**：大意是，穿着粗布的短衣服，吃着用野草做的饭，而且早上能得到，晚上就得不到了。

㊼ **"节用""节葬""非乐"**："节用"就是节约费用；"节葬"就是节俭办丧事，"非乐"就是不搞繁琐奢靡的音乐演奏。

㊽ **为民上而不与民同乐者，亦非也。乐民之乐者，民亦乐其乐；忧民之忧者，民亦忧其忧。乐以天下，忧以天下，然而不王者，未之有也：**大意是，作为老百姓的统治者有快乐而不与老百姓一同享受，也是不对的。把老百姓的快乐当作他自己的快乐的，老百姓也会把他的快乐当作自己的快乐；把老百姓的忧愁当作他自己的忧愁的，老百姓也会把他的忧愁当作自己的忧愁。以天下百姓的快乐为快乐，为天下百姓的忧愁而忧愁，这样还不能使天下归服于他的，是从来不曾有的事。（注释译文改写自杨逢彬《孟子新注新译》，北京大学出版社2018）

㊾ **先天下之忧而忧，后天下之乐而乐：**意思是在天下人担忧之前担忧，在天下人快乐之后才快乐。

㊿ **孔子说："三军可夺帅也，匹夫不可夺志也。"（《论语·子罕》）又说：杀身成仁，舍生取义：**"三军可夺帅也，匹夫不可夺志"的意思是，一国的军队，可以强取它的主帅；一个平头百姓，却不能剥夺他的想法。"杀身成仁，舍生取义"是从《论语·卫灵公》"志士仁人，无求生以害仁，有杀身以成仁"简化而来。原意是，志士仁人，没有贪生怕死而损害仁德的，只有牺牲自己来成全仁德的。

(51) **天将降大任于斯人也，必先苦其心志，劳其筋骨，饿其体肤，空乏其身，行拂乱其所为，所以动心忍性，曾（增）益其所不能：**大意是，当上天将要把大任务降临某人肩上时，必定要让他的内心痛苦，让他的筋骨疲乏，让他的身体饥饿，让他行动时身无长物一贫如洗，总是干扰他的作为，使他事事不如意，用这些来磨砺他的心性，坚韧他的意志，增强他的能力。

(52) **富贵不能淫，贫贱不能移，威武不能屈：**意思是，富贵不能引诱他，贫贱不能改变他，威武不能压服他。

(53) **顾炎武："国家兴亡，匹夫有责。"：**顾炎武（1613—1682）是明末清初杰出的思想家、经学家、史地学家和音韵学家。这两句话的意思是：关心国家的兴盛和衰亡，是每个人的责任。

词语辨析

1. 借鉴——参考

【牛刀小试：把"借鉴"或"参考"填入下面的句子中】

1. 为了写这篇论文,我搜集了很多(　　　　)资料。

2. 在创业的过程中,他善于(　　　　)别人的经验,因此他从不放弃和其他企业家交流的机会。

3. 他(　　　　)了其他国家治理污染的做法,认为这些做法并不完全适合中国国情,但是也有不少值得(　　　　)的地方。

4. 这是我个人的一些想法,仅供(　　　　)。

【答疑解惑】

语义

这两个词都有"看看别的人的东西或别的事"的意思。

【例】(1) 这种模式没有什么 参考/借鉴 价值。

但是这两个词的语义侧重有所不同。"借鉴"侧重于"把别的人或事当镜子,对照自己,以便吸取经验或教训"。"参考"只是看看别人的东西或别的事,不一定都采用或吸取。简单地说,"借鉴"强调"学习、吸取","参考"强调"看看"。

【例】(2) 面对这些挑战,我们必须一起行动,必须 借鉴 以往的经验教训。

(3) 为了写这本书,作者 参考 了上百种书刊,但是大部分都没什么用处,真正能用上的只有二十几种。

(4) 财务部门在学习创新方面积累了很多经验,为全公司提供了 参考 和 借鉴。

用法

词性:都是动词。

搭配:"借鉴"一般用于值得吸取的经验教训。"参考"适用范围较广,只要是拿来看看的都可以用。请注意:把自己的东西给别人的时候,一般说给别人"参考",而不是"借鉴"。

【例】(5) 文章称，虽然对于中国的成功有着诸多解释，但以下十条经验可供其他发展中国家的领导人和政策制定者借鉴。

(6) 各国有各国的国情，在经济改革方面，别国的做法都只能拿来参考，不能全部照搬。

(7) 以上是我对这一问题的看法，仅供参考（reference only）。

"参考"还可以组成"参考书""参考资料""参考文献（references）"。

【例】(8) 从这篇论文后面列出的参考文献可以看出他研读了大量古今中外的著作。

语体

"借鉴"偏于书面语；"参考"可用于书面语和口语。

2 共通——共同

【牛刀小试：把"共通"或"共同"填入下面的句子中】

1. 你们几个人的普通话发音有一个（　　　　）的问题：就是en、eng不分。
2. 小时候，无论我问的是"天空为什么是蓝色的"，还是"小宝宝是从哪儿来的"，或者"奶奶为什么会离开我"，妈妈的回答总有一些（　　　　）之处。
3. 请问，同一个账号，安卓（Android）和苹果（iOS）上的资料能（　　　　）互享吗？
4. 以前这个村里各家的垃圾都是各家随意处理，严重影响了村容村貌和环境卫生，近几年来村民们（　　　　）努力，终于解决了这一问题。

【答疑解惑】

语义

这两个词都有"大家都具有的"意思。

【例】(1) 这三篇作文有一个共同/共通的毛病。

(2) 我看不出来这两者之间有什么共同点/共通点。

但这两个词语义侧重点不一样。"共同"有"彼此相同、属于大家共有的"意思，"共通"强调彼此相通（不一定完全一样）。

【例】(3) 停止战争，恢复这一地区的和平，是世界人民的共同心愿。

(4) 东西方文化虽然存在很大的差异，但是只要你善于发现，就能找到共通之处。

用法

都是形容词。

A. "共通"还指"通行于或适用于各方面的（applicable to both or all）"，还可以作谓语，如：精神共通、理念共通、学术共通、资料共通互享。

【例】（5）孔子在《论语》中说"己所不欲，勿施于人"，意思是自己不希望他人对待自己的言行，自己也不要以那种言行对待他人。这是古今中外共通的道理。

（6）这位中国领导人在国际会议上提出"构建理念共通、繁荣共享、责任共担的命运共同体"。

B. "共同"还可用于：共同（的）财产、共同（的）目标、共同（的）心愿……。意思是"属于大家的"。

【例】（7）通过HSK6级是全班同学共同的目标。

C. "共同"还可以作副词，用在动词前面，表示"大家一起（做）"的意思：共同长大、共同发现、共同投资、共同富裕……。

【例】（8）这个交通事故官司已经判了，法院判决双方共同承担责任。

3 误解——曲解

【牛刀小试：把"误解"或"曲解"填入下面的句子中】

1. 这位名人非常讨厌记者，他认为这些记者经常故意（　　　　）他的言论。
2. 那个店员（　　　　）了顾客的意思，以为顾客两个都要买，其实顾客的意思是两个都喜欢，但是只要白的。
3. 经过多次沟通，这两家公司终于消除了（　　　　），并开始商谈重新合作的可能性。
4. 这个人的心理是不是有问题？为什么他总是恶意（　　　　）别人的话？

【答疑解惑】

语义

这两个词都有错误地理解的意思。

【例】（1）我只是抱怨几句，并不想辞职，他误解/曲解了我的意思。

但是"曲解"的语义比"误解"更重。"误解"只是一般情况下不正确的理解别人的话或想法，一般是无意的。"曲解"是错误解释客观事实或别人的原意，比"误解"情况更严重，多指故意的甚至是恶意的。

【例】（2）这次班里的活动，老师的意思是大家自愿参加，是我误解了，以为每个人都必须参加。

（3）这位评论家为了自己的目的，这样分析这篇小说，实际上是曲解了作者的原意。

（4）对于我的这番话，不管他们是无意的误解或有意的曲解，我都不在乎。

用法

都是动词。但"误解"还有名词的用法，常常说"造成误解""解开误解"，还可以用"深"修饰。

【例】（5）老板对我的误解是怎么造成的？我至今都搞不清楚。

（6）这兄弟俩因为遗产分配问题造成了很深的误解，家人都希望他俩好好当面谈一次，解开误解。

4 批判——批评

【牛刀小试：把"批判"或"批评"填入下面的句子中】

1. 作为一个管理者，在（　　　　）下属的时候一定要注意方法和方式。

2. 他在论文中揭露和（　　　　）了当今一些网络小说中宣扬的男权主义思想。

3. 因为屡次不交作业，他被老师叫到办公室（　　　　）了一顿。

4. 这位学者强调要（　　　　）地继承古代的文化遗产，对于一些不适合现代社会的要予以摒弃。

【答疑解惑】

语义

都有分析优劣、正误，给以评判的意思。但语义和搭配对象有所不同。"批判"是对错误的思想、言论或行为做系统的分析，并加以否定，语义较重。"批评"是对一般的缺点和错误提出意见，语义较轻。

【例】（1）鲁迅在其作品中批判了那个时代的国民劣根性，主张改造国民的思想。

（2）经理批评了这几个服务员对客人的傲慢态度。

用法

都可作动词。主要区别在于：

a. "批评"还可以表示：指出优点和缺点；评论好坏。

【例】（3）文学批评是在一定的文学理论指导下，以文学欣赏为基础，对文学现象进行分析、评价的科学活动。

b. "批评"还可作名词，如"三项批评""领导的批评"。

【例】（4）王志文在会上提出的这两点批评，公司管理层一定会认真讨论。

c. "批判"还可用于"批判地……"，这里"批判"作状语，意思是分清是非、好坏或有用无用（去分别对待）。

【例】（5）我们要批判地继承古代的文化遗产。

5 违背——违反

【牛刀小试：把"违背"或"违反"填入下面的句子中】

1. 爷爷告诫我：早睡早起身体好！晚睡晚起是（　　　　）自然规律的。
2. 个人利益固然重要，但前提是不能（　　　　）和损害社会公共利益。
3. 明知道这样做会（　　　　）父母的意愿，他还是决定从大学退学开始创业。
4. 在这种情况下辞退员工，是（　　　　）劳动法的。

【答疑解惑】

语义

都有不遵守、不依从、不相容，或向所要求的反面去做的意思，都含贬义。"违背"强调背离，不符合，语义较轻；"违反"强调正好相反，相对立，语义较重。

【例】（1）为了给女朋友买奢侈品，他违背/违反原则拿了客户的礼金。

（2）因为多次违反学校纪律，他被开除了。

用法

都是动词。但搭配对象和适用范围有所不同：

"违反"多用于原则、方针、政策、精神等；"违背"使用范围比"违反"更宽，"违背"除了用于以上这些，还经常和诺言、誓言、承诺、良心、意愿、心愿、利益等词语搭配。

【例】（3）在接受采访时，这位奥委会官员批评了打假球的现象，认为这种做法违背/违反了奥林匹克精神。

（4）这种屠杀无辜平民的行为严重违反了国际法。

（5）他在婚礼上坚定地发誓"会一心一意地爱自己的妻子"，没想到婚后一个月就违背了誓言，出轨了。

6 节制——控制

【牛刀小试：把"节制"或"控制"填入下面的句子中】

1. 住院治疗一个月以后，爷爷的病情基本上得到了（　　　　）。
2. 相爱的人之间，一旦试图（　　　　）对方的思想，爱就会慢慢消失，甚至转化成恨。
3. 地球上的很多资源都是有限的，人们不应该没有（　　　　）地开发、使用。
4. 老李自从得了糖尿病以后，每天都不得不（　　　　）饮食，这让"美食家"老李顿时觉得少了生活乐趣。

【答疑解惑】

语义

"节制"侧重在"节"，指依照一定的标准加以限制。"控制"侧重在"掌握""掌控"，指掌握住使不任意活动或不越出范围。

试比较：

【例】（1）我必须**节制**饮食，否则体重就没法**控制**了。

（2）明明知道无**节制**地用手机玩游戏有害健康，但他还是**控制**不住自己，每天都要玩儿十来个小时。

用法

都是动词。

a. "节制"还经常用于：有节制、没有节制、（毫）无节制、加以节制等。

【例】（3）他喝酒完全没有**节制**，简直把酒当水喝。

（4）我已经花了太多的钱网购了，必须加以**节制**了！

b. "控制"经常用于：得到控制、得以控制、失去控制、进行控制、加以控制、控制不住等。

【例】（5）他已经喝醉了，走得东倒西歪的，根本不能**控制**方向。

（6）消防队员及时赶到火灾现场，火势很快得到了**控制**，没有继续蔓延。

7 调控——调整

【牛刀小试：把"调控"或"调整"填入下面的句子中】

1. 在比赛以前怎么才能（　　　　）好自己的状态？
2. 开始工作以后，我不得不（　　　　）了自己的作息时间，从晚睡晚起变成了早睡早起。

3. 房价持续走高，政府是否应该干预，出台更严厉的楼市（　　　　）措施？
4. 宏观（　　　　）手段分为：经济手段、行政手段和法律手段，经济手段包括财政政策和货币政策。

【答疑解惑】

语义

都有改变的意思。但"调控"语义更重，也更正式。

"调控"有"调节控制"的意思，而控制的背后很可能有复杂而科学的理论支撑，"调控"一般不是一种经验行为而是类似一种科学行为，所以"调控"在一定条件下可以交给制度或者系统自动进行，不需要人工干预或者调节。

"调整"是"在原有状态的基础上，根据客观情况和要求，做些适当的改变，使正常地或更好地发挥作用"。这种改变都是具体的，可大可小，不一定有理论支撑。

试比较：

【例】（1）为了解决经济问题，政府出台了一系列政策调控物价。

（2）因为原材料涨价，公司决定调整产品价格。

用法

都是动词。但搭配对象和使用范围有所不同。"调控"对象一般是大范围的：对国家的宏观经济进行调控、调控地下水水位。"调整"的对象更多样化，可以是经济、计划、政策、机构、时间、速度以及语言、文字、结构、思想、感情等：

调整计划/政府的工作重心调整/调整物价/调整关系/调整结构/调整领导班子/调整课表/调整步伐/调整节奏/调整心态/调整情绪

【例】（3）我国的宏观调控主要是指国家综合运用各种手段对国民经济进行的调节和控制。

（4）这个计划不太现实，根本完成不了，需要重新调整。

8　弊病——毛病

【牛刀小试：把"弊病"或"毛病"填入下面的句子中】

1. 这台电脑三天两头出（　　　　），干脆换台新的吧。
2. 有的人认为，手机给人们的生活带来的（　　　　）大于给人们带来的幸福。
3. 我从小就有丢三落四的（　　　　），从小到大，光雨伞就丢了几十把了。

4. 在电视节目中，这位导演大胆地谈了对当今演艺界广泛存在的一些（　　　）的看法，揭露了不少内幕。

【答疑解惑】

语义

都可以指不好的方面，含贬义。但"弊病"比"毛病"语义更重，更正式。试比较：

【例】（1）在座谈会上，老王指出了公司人事管理上存在的一些毛病/弊病。

用法

都是名词。"弊病"的使用范围比"毛病"窄：

a. "弊病"指事情上的毛病，多用于制度、系统、体制。

【例】（2）现代的考试方法存在哪些弊病？应该如何改革？

（3）"任人唯亲"曾经是中国传统家族企业的一大弊病，在激烈的市场竞争中，这些家族企业为了做大做强，也不得不跟上时代的步伐，去除"任人唯亲"的弊病，广纳人才。

b. "毛病"搭配更广，多用于器物出现的损伤等问题、个人的较小的习惯性缺点以及身体的问题。

【例】（4）我的手机屏幕出了一点毛病，去哪儿可以修？

（5）这个学生总的来说不错，只要能改掉上课迟到的毛病，就是一个优秀的学生了。

（6）我胃疼的老毛病又犯了，不能陪你吃麻辣香锅了。

语体

"弊病"书面语色彩浓，"毛病"口语中用得较多。

语言点

1 儒家把这种<u>至</u>善<u>至</u>美的追求归结为"天下为公"的"大同之道"。

【解释】至：副词。意思是：最；极。

【举例】至真/至善/至美/至诚/至尊/至高无上/至爱/至交/至亲

【链接】（1）"至多/至少/至迟"中的"至"也是"最"的意思，但这三个词都是副词。
例：他已经出发了，至迟后天就能赶到这儿。

（2）"至今/至此/至死/至极"中的"至"是"到"的意思。例：这个人真是可恶至极！

【练习】选上面的词语填空：

（1）无论跟什么人打交道，他都（　　　　）待人，好多人因此跟他成了朋友。

（2）在中国的神话中，玉皇大帝是统治天庭的（　　　　）的神。

（3）这家俱乐部承诺为购买（　　　　）卡的会员提供"至尊服务，至尊享受"。

（4）谈到中国电影导演，他兴奋地说：张艺谋是我的（　　　　），他的电影我几乎都看过。

（5）我跟刘先生在生意上是多年合作伙伴关系，我俩也是三十多年的（　　　　），彼此都非常了解。

（6）真没想到他已经70多岁了，我以为他（　　　　）50岁。

（7）电影接近尾声，（　　　　），观众总算明白了电影里男女主角的关系。

2 凡事，要"因其自然"，方能收到较好的效果。

【解释】方：副词。跟"才"意思相同而语气略重，也更书面一些。"方能"意思是"才能"。"方可"意思是"才可以"。"方知"意思是"才知道"。

【举例】（1）市场永远在变化发展，唯有不断创新方能让企业长盛不衰。

（2）报名时需在"赛事报名"栏里填写个人资料，包括姓名、性别、参赛组别、所属省、市俱乐部等，并在赛前签署免责协议书，方可参加比赛。

（3）俗话说："当家才知柴米贵，养儿方知父母恩。"等你将来结了婚，有了自己的孩子就理解父母的很多做法了。

【练习】用"方能""方可""方知"改写句子：

（1）校园周边的食品摊贩经相关部门许可或备案登记后才可以经营。

　　　　　　　　　　　　　　　　　　　　　　　　　　　　　　。

（2）开发新产品时，必须抓住消费者心理，才能打造出受消费者欢迎的产品。

　　　　　　　　　　　　　　　　　　　　　　　　　　　　　　。

(3)"爱过才知道情重,醉过才知道酒浓。"只有经历过某件事的人,才能对这件事有更深刻的了解。
_____。

(4)政府有关部门再次强调:网约车平台必须合法合规经营才能够持续发展。
_____。

3 中国文化长于悟性辩证思维。

【解释】长(cháng)于+名词/动词结构:对(某事)做得特别好;擅长。比较书面化。

【举例】长于音乐/长于打戏/长于草书/长于分析/长于沟通/长于解决问题

【链接】(1)"黑夜长(cháng)于白天"的意思是"黑夜比白天时间长"。跟上面的意思不同。

(2)"生于杭州,长(zhǎng)于上海"的意思是"在杭州出生,在上海长大"。

【练习】用"长(cháng)于"改写句子:

(1)这位京剧演员哭戏演得很好,她演的角色大多是悲剧人物。
_____。

(2)他精通书法,尤其擅长行书。
_____。

(3)有这样一种看法:多说话的人,多半不是做事做得好的人。我认为这是一种偏见。
_____。

(4)这种审美化教学方法有利于培养擅长审美创造的人才。
_____。

4 这是何等的深邃,做起来又何等的困难!

【解释】何等的:用于感叹语气,表示不同寻常。

【举例】何等的自信/何等的天真/何等的艰难/时间是何等的宝贵/何等的爱你/何等的不凡/何等的不幸/何等的不公平/何等的不讲情面/何等的不舍

【链接】多么。

【练习】选用上面的词语完成句子:

(1)改革是_____。

(2) 这是_____。
(3) 沟通是_____。
(4) 他的一生是_____。

5 孟子以带有批评的口吻说……

【解释】以/用……的口吻：意思是"用……的语气"，比较书面语。

【举例】（1）以儿童的口吻/以成年人的口吻/以长辈的口吻/以记者的口吻/以领导的口吻/以弱者的口吻/以胜利者的口吻

（2）以商量的口吻/以称赞的口吻/以开玩笑的口吻/以命令的口吻

（3）以轻松的口吻/以幽默的口吻/以严肃的口吻/以严厉的口吻/以慈爱的口吻/以生硬的口吻/以平等的口吻

【练习】选用上面的词语完成句子：

（1）他总是（　　　）来教训晚辈，结果谁都躲着他。
（2）作为比赛中的赢家，更要懂得谦虚，不要到处（　　　）跟人说话。
（3）在军队里，上级总是很严肃地（　　　）对下级下达指令。
（4）这位政治家在回忆录中（　　　）写道：他是我见过的最有智慧的人之一。
（5）他看起来十分和善，但是当员工犯了错误时，他也会（　　　）批评他们。
（6）这位外交家（　　　）回答了记者的提问，引得大家哈哈大笑，会场气氛顿时轻松起来。

6 过去有人在谈论中西文化比较时，批评中国文化"不讲个体人格"，这未免有片面夸大之嫌。

【解释】有……之嫌：意思是：有……的嫌疑；嫌：嫌疑；被怀疑有某种行为的可能性。一般是不好的、负面的行为。

【举例】有偷盗之嫌/有贿赂之嫌/有抄袭之嫌/有作弊之嫌/有洗钱之嫌/有强制消费之嫌/有嫌贫爱富之嫌/有种族歧视之嫌/有以大欺小之嫌/有狐假虎威之嫌/有以公谋私之嫌/有不自量力之嫌

【练习】选用上面的词语填空：

（1）王教授认为这篇论文和自己的论文十分相似，有（　　　）。
（2）考试时要遵守考场纪律，东张西望，容易（　　　）！

（3）逛超市一定要遵守超市的规章制度，带饮料进去或边逛边吃自己带进去的食物，会不会（　　　　）？

（4）听说几家大公司都决定投标，这家小公司便放弃了，以免（　　　　）。

（5）他利用公司的平台帮亲戚家的产品做宣传，（　　　　）。

综合练习

Ⅰ 词语练习

一 用画线的字组成其他的词

1. 毅然：（　　　）（　　　）（　　　）（　　　）
2. 正负：（　　　）（　　　）（　　　）（　　　）
3. 德泽：（　　　）（　　　）（　　　）（　　　）
4. 炫耀：（　　　）（　　　）（　　　）（　　　）
5. 祖先：（　　　）（　　　）（　　　）（　　　）

二 填入合适的名词

（一）借鉴（　　　）　　阐发（　　　）　　探讨（　　　）

　　论述（　　　）　　注重（　　　）　　批判（　　　）

　　认知（　　　）　　透视（　　　）　　违背（　　　）

　　预见（　　　）　　蕴含（　　　）　　节制（　　　）

　　调控（　　　）　　开拓（　　　）　　弘扬（　　　）

　　曲解（　　　）　　约束（　　　）

（二）（　　　）升华　　（　　　）永存　　（　　　）运行

　　（　　　）僵化　　（　　　）凝固　　（　　　）转化

　　（　　　）持重　　（　　　）朴实　　（　　　）压抑

（三）共通（　　　）　　深层（　　　）　　上述（　　　）

　　高危（　　　）　　个体（　　　）　　和谐（　　　）

　　强健的（　　　）　　深厚的（　　　）　　贫苦的（　　　）

清醒的（　　　　）　　　正直的（　　　　）　　　放肆的（　　　　）

三 填入合适的动词

（一）毅然（　　　　）　　　高度（　　　　）　　　细心（　　　　）
　　　透彻（　　　　）　　　勇于（　　　　）　　　深层（　　　　）

（二）（　　　　）前提　　　（　　　　）坐标　　　（　　　　）糟粕
　　　（　　　　）归宿　　　（　　　　）源泉　　　（　　　　）误解
　　　（　　　　）圣贤　　　（　　　　）财富　　　（　　　　）光亮
　　　（　　　　）祸害　　　（　　　　）途径　　　（　　　　）尊严
　　　（　　　　）走向　　　（　　　　）悟性　　　（　　　　）节操

四 填入合适的形容词或副词

（一）（　　　　）的人格　　（　　　　）的理念　　（　　　　）的哲理
　　　（　　　　）的动力　　（　　　　）的气质　　（　　　　）的品格
　　　（　　　　）的见地　　（　　　　）的格言　　（　　　　）的灾祸
　　　（　　　　）的口吻　　（　　　　）的晚年　　（　　　　）的俸禄

（二）心志（　　　　）　　　志向（　　　　）　　　头脑（　　　　）
　　　节操（　　　　）　　　作风（　　　　）　　　导向（　　　　）

（三）（　　　　）为学　　　（　　　　）为政　　　（　　　　）阐发
　　　（　　　　）误解　　　（　　　　）调控　　　（　　　　）节制
　　　（　　　　）地论述　　（　　　　）地批判　　（　　　　）地运行

五 填入合适的量词

一（　　　　）格言　　　一（　　　　）灾祸　　　一（　　　　）途径

六 写出下列词语的近义词或反义词

（一）写出近义词

理念——　　　阐发——　　　糟粕——　　　理念——
探讨——　　　源泉——　　　共通——　　　归结——
强健——　　　品格——　　　见地——　　　凝固——

注重——	走向——	和谐——	违背——
放肆——	比喻——	约束——	途径——
蕴含——	开拓——	口吻——	贫苦——

(二)写出反义词

糟粕——	善事——	强健——	深厚——
深层——	晚年——	注重——	和谐——
批判——	细心——	违背——	僵化——
凝固——	小人——	清醒——	正直——
放肆——	朴实——	个体——	贫苦——

七 选词填空

借鉴　参考　共通　共同　误解　曲解　批评　批判
违背　违反　节制　控制　调控　调整　弊病　毛病

1. 我不是说你有什么不对的地方，我的意思是天气不好惹的祸，你千万别（　　　　）啊！

2. 某市的两位保安在执勤时捡到32万元现金，收入并不高的他们没有动心，选择了报警上交，称做事不能（　　　　）良心。

3. 看到主人公在狗狗陪伴下平静地离开这个世界，我（　　　　）不住自己的眼泪了。

4. 咱们（　　　　）努力，争取在规定的期限内交上完美的答卷。

5. 国安老总直指中国足球管理体制存在（　　　　），他一针见血地指出：我们一直在重复错误。

6. 对待传统文化，我们应该（　　　　）地加以继承，而不是全盘套用。

7. 自从今年初我市陆续对房地产政策进行（　　　　）以来，楼市目前交易量稳中有降，价格也趋于平稳，（　　　　）政策效果显现。

8. 为了说明这个问题，老师给我们介绍了很多资料，供大家（　　　　）。

9. 这个运动员最近状态欠佳，对比赛不利，需要（　　　　）。

10. 老板的意思明明是不能妥协退让，你为什么要故意（　　　　）他的意思呢？

11. 因为（　　　　）公司的规定，她被扣除半年的奖金。但她不服，表示要投诉。

12. 体重已经超标啦，吃东西，尤其是油的甜的，一定得有（　　　　）。

13. 这位专家指出，我们应该（　　　　）国际农村发展经验来促进中国的乡村振兴。

14. 他的这些（　　　　）纯粹都是生活方式不健康闹出来的。

15. 孔子和孟子有很多（　　　　）精神，他们是一脉相承的儒家学派代表人物。

16. 善意的（　　　　）对我们是有好处的，还是虚心接受并反思为好。

八 根据句子的意思写出四字词语

1. 富庶而又讲究礼教。（　　　　）
2. 身居高位的人要戒骄，否则会因失败而后悔。（　　　　）
3. 指公民的身体不受侵犯的自由。（　　　　）
4. 反思并提升自我。（　　　　）
5. 事物之间隐含的联系。（　　　　）
6. 吉祥、不幸、祸事、福气。（　　　　）
7. 不一定要超过别人。（　　　　）
8. 一种思维方式，指使用辩证法思考问题。（　　　　）
9. 人在该装糊涂的时候不容易做到。（　　　　）
10. 人类社会中存在的多种多样的文化现象。（　　　　）
11. 减少私欲。（　　　　）
12. 简练而含义深刻的语句可以让人醒悟。（　　　　）
13. 有志于追求真理并以此为乐。（　　　　）
14. 产生、孕育世上的一切。（　　　　）
15. 某个主体对世界所持的基本价值立场、价值态度等。（　　　　）
16. 指由于人类活动而形成的社会大环境。（　　　　）
17. 努力向上，永不停止。（　　　　）
18. 前进、后退和环绕。（　　　　）
19. 满足于已经得到的，就会经常处于快乐之中。（　　　　）
20. 不做太过分的事情。（　　　　）

九 用所给的词语填空，并模仿造句

> 各不相同　延年益寿　至善至美　刚毅进取　自古以来　安贫乐道
> 反躬自省　适可而止　不偏不倚　顺其自然　因势利导　任意妄为
> 见微知著　防患于未然　安危存亡　至理名言　物极必反　吃亏是福
> 脍炙人口　忘乎所以　谦恭有礼　留有余地　妙语连珠　勤俭耐劳
> 名垂千古

1. 这款雕刻中的两条龙面向两侧，龙鳍环卷，气韵生动，代表着中华民族（　　　　）的精神，庄重而又威严。

2. 所谓（　　　　），从一张小小的火车票，也能看到改革开放四十年来的发展变化。

3. 地球南极和北极的冰川融化直接关系到人类的（　　　　）。

4. 世间万物的自然属性都（　　　　），没有两片完全一样的树叶。

5. 有专家认为，房地产行业已经产能过剩了，如果还继续发展，自然会（　　　　）。这是需要警惕的。

6. 作为艺人，对媒体必须抱着包容的心态，但作为媒体，也不宜过分打扰艺人的生活，还是（　　　　）为好。

7. 他虽然已经成为了著名的相声演员，但在前辈面前还是非常的（　　　　），显示出很高的素质。

8. 一些著名大学研究古诗词和古文献的博士们指出，虽然某位演讲家在演讲时（　　　　），声情并茂，但其实他说的内容毫无文学依据，有些甚至是错误的。

9. 社会上一些骗子利用老年人普遍想要（　　　　）的心理，制售假保健品，实在是丧尽天良。

10. 刚到工作单位时，我早来晚走，吃苦在前，不久就赢得了老板和同事的信任，待遇也不断提高，这让我觉得，怪不得"（　　　　）"成为一句（　　　　）的名言。

11. "能人"的光环让他（　　　　），根本听不进别人苦口婆心的忠告。以至于后来发展到滥用职权，（　　　　），触犯了法律。

12. 这位法官认为，作为执法者，唯有（　　　　），才能彰显司法公正。

13. 这位著名歌唱家说：声音不是用尽全力的时候最美，而是（　　　　）才最好听。

14. 父亲经常说："（　　　　）才能致富。干任何事都要付出十二分的努力，不要偷奸耍滑，让人看不起。"

15. 丰子恺的画丹青灵动，笔墨玄妙，让人仿佛进入了一个（　　　）的世界，甚至可以起到净化心灵的作用。

16. 这次的事故是由于出发前没有仔细检查车辆的安全状况。这又一次证明古人说的（　　　）是一句（　　　）。

17. 李白的浪漫主义诗篇中充满奔放的想象和充沛的情感，这让他成为在中国文学史上（　　　）的伟大诗人。

18. 这位书法家过着极其简单的生活，一箪食，一瓢饮，在陋巷，人不堪其忧，他却不改其乐，（　　　），埋头于书法世界。

19. 专家提醒，在幼儿音乐教育方面，父母们要（　　　），不要操之过急；应该充分利用各种机会，（　　　），这样的教育最有效果。

20. 上级要求所有的干部都要严格自我约束，时时（　　　），提高对自己的操守和言行的要求。

21. （　　　），"思乡"都是中国文学的重要主题之一。20世纪80年代，张明敏的这首《我的中国心》唤起了海内外华人的一种对祖国的"乡愁"。

II 课文理解练习

一 根据课文内容判断正误

【第一部分课文】

1. 中国文化非常重视人生哲学。　　　　　　　　　　　　（　　）
2. 儒道两家认为做人和为学一致，墨法两家认为不一致。　（　　）
3. 孔子认为，做"仁人"是最高的价值追求。　　　　　　（　　）
4. 中国传统人生哲学主张做人和为政也要统一。　　　　　（　　）
5. 道家不认为人生哲学和为政是有关系的。　　　　　　　（　　）
6. 在儒家大学之道的"八条目"中，是把个人修养跟治国平天下区别看待的。
　　　　　　　　　　　　　　　　　　　　　　　　　　（　　）
7. 儒家认为，不管是天子还是庶民都应该以"修身"为本。（　　）
8. 作者认为，中国传统的人生哲学也是有糟粕的。　　　　（　　）
9. 中国传统人生哲学的第一个精华是对真善美理想境界的追求。（　　）

10. 儒道墨法四家都以改造现实世界为人生最美最善的追求，而且追求的具体目标都是一致的。　　　　　　　　　　　　　　　　　　　　　（　　）

【第二部分课文】

11. 中国传统人生哲学的第二个精华是具有刚毅进取、自强不息的精神。（　　）

12. 北京大学张岱年教授也同意作者的以上看法。（　　）

13. 中国传统人生哲学的第三个精华是反躬自省、坚持志向。（　　）

14. 儒家主张人生不要以贫苦为忧，而应该乐志于道，坚持自己的志向。（　　）

15. 中国传统人生哲学的第四个精华是，人生处世"以和为贵"，适可而止。
（　　）

16. 朱熹认为，所谓"中庸"，就是中正和庸俗。（　　）

17. "中庸"的极高明之处就在于它不偏不倚、以和为贵。（　　）

18. 作者认为以前对中庸的批判是曲解了它的本义。（　　）

19. 作者认为，中庸可以帮助我们避免片面性与极端主义。（　　）

【第三部分课文】

20. 中国传统人生哲学的第五个精华是，要善于"防患于未然"。（　　）

21. 这第五个精华是针对帝王讲的，跟普通人没有关系。（　　）

22. 《老子》中说的"不争""不言""无为"并不是什么都不做，什么都不说。
（　　）

23. 中国传统人生哲学的第六个精华是，不蛮干，顺其自然，因势利导。（　　）

24. "见微知著""防患于未然"既可以指导人生，也可以分析社会治乱，预见安危存亡。（　　）

25. 中国传统人生哲学的第七个精华是，看到祸福的转化，保持清醒的头脑。
（　　）

26. "祸兮福之所倚，福兮祸之所伏"，这两句话的意思是，有了祸才有福，有了福才有祸。（　　）

27. "难得糊涂""吃亏是福"是《老子》中的经典名言。（　　）

【第四部分课文】

28. 中国传统人生哲学的第八个精华是，待人谦恭有礼，不为人先，留有余地。
（　　）

29. 孔子经常教导弟子们要谨言慎行，做事留有进退迂回的余地。（　　）

30. 道家则主张为人要坚强不屈，积极争先。（　　）

31. 中国传统人生哲学的第九个精华是，慎言慎行，深沉持重。（　　）

32. 在先秦文化中最提倡发扬艰苦耐劳精神的著名学派是墨家。（　　）

33. 儒家提倡的民本主义倡导统治者应该在老百姓担忧之前就为他们担忧。
（　　）

34. 中国传统人生哲学的第十个精华是，勤俭节约，民本主义。（　　）

35. 所谓的"大丈夫精神"，是指保持人格尊严，勇于承担责任。（　　）

36. 儒家比道家更加提倡追求人生自由和潇洒、放达的理想境界。（　　）

二　根据课文内容，用指定的词语回答问题

【读第一部分课文，回答下面的问题。】

1. 中国传统的人生哲学有什么价值？中国古代四种类型的人生哲学有什么基本特征？

（所谓　为人　哲理　提供　宝贵　借鉴　吸取　一致　统一）

2. 作者为什么说中国传统人生哲学的第一个特征是"做人与为学的一致"？

（从来　看作　评价　孔子　理念　总是　仁人　正是　毅然）

3. "关于个人修养与为政的统一"，作者是怎么解释的？

（不仅……，而且……　内在联系　转化　无论……抑或……　典型　前提条件　归宿）

4. 作者认为中国传统人生哲学精华的第一点是什么？

（追求……境界　源泉　高度概括　真善美　各不相同　共通　以……为……　归结）

【读第二部分课文，回答下面的问题。】

5. 作者认为中国传统人生哲学精华的第二点是什么？

（刚毅……自强……　强健　理想人格　深厚　德泽　概括为　见地）

6. 作者认为中国传统人生哲学精华的第三点是什么？

（注重……安贫…… 反躬自省 修身格言 不以……为……，反而…… 志向）

7. "以和为贵，适可而止"具体是什么意思？

（中庸之道 和谐 极端 不为己甚 人际关系 极高明 不偏不倚 误解）

【读第三部分课文，回答下面的问题。】

8. "顺其自然"主要是哪家的思想？跟"治国"有什么关系？

（蛮干 因势利导 虽然……但是…… 普遍意义 细心谨慎 违背 凡事）

9. 作者认为中国传统人生哲学精华的第六点是什么？

（见微……防患…… 典籍 指导 僵化凝固 观察分析 治乱 安危存亡 揭示）

10. 人生处事怎样才能保持清醒的头脑？

（转化 辩证思维 吉凶祸福 至理名言 蕴含 亢龙有悔 物极必反 约束 忘乎所以）

【读第四部分课文，回答下面的问题。】

11. 中国传统人生哲学为什么要强调"谦恭有礼、不为人先、留有余地"？

（自我调控 自我修养 阙疑 慎言慎行 进退迂回 深沉持重 警句省人）

12. 在苦与乐的问题上，中国传统人生哲学是如何看待的？

（先……后…… 勤俭耐劳 刻苦朴实 开拓 墨家 劳动者 艰苦朴素 弘扬）

13. "大丈夫精神"是一种什么样的精神？

（人格尊严 勇于承担 相比较 固然……，但…… 人身自由 儒家虽……，但……）

三 思考与讨论

1. 在课文的第一部分中，作者认为中国传统的人生哲学有哪两个基本特点？

2. 作者认为中国传统人生哲学的第一个思想精华是什么？在这方面，儒道墨法佛有什么共通之处？

3. 在课文的第二部分中，作者是认为中国传统人生哲学的第二、三、四个思想精华分别是什么？

4. 在课文的第三部分，作者论述了中国传统人生哲学的第五、六、七个思想精华，你最同意哪一条？

5. 在课文的第四部分，作者论述了中国传统人生哲学的第八、九、十个思想精华，你认为哪一条对你最有启发？

6. 读完课文，你觉得中国传统人生哲学中有哪些是和贵国一样的或相近的？哪些是完全不同的？

7. 你觉得人生哲学对我们的人生有影响吗？请举出具体事例来说明。

8. 分组做一个小调查，根据课文内容设计几个问题，了解一下家人和朋友的人生哲学有什么共同和不同的地方，然后在班里报告调查的结果。

阅读与理解

从小读点古诗，长大才有远方

如果与考试无关、与现代知识的学习无关，又不为显摆孩子有才华，还占用孩子宝贵的课余时间，为什么要让孩子从小学习一些古诗词？

2016年北京卫视的综艺节目《我是演说家》第三季中，董仲蠡脱颖而出，他的题为《教育的意义》的演说视频成了热点，转发不计其数。他以古诗词的教育作为例子，说明读书和教育的重要性，"之所以要多读书、多受教育，就是因为当我们看到一群鸟在湖面飞过的时候，我们能够吟诵出'落霞与孤鹜齐飞，秋水共长天一色'，而不是在那儿吵吵：我去，全都是鸟！在我们去戈壁旅游、骑着骏马奔腾之时，心里默念着'大漠孤烟直，长河落日圆'，而不是在那儿喊：哎呀妈呀，都是沙子，快回去吧！"

叶嘉莹说："一般人比较偏重于现实，而诗人往往更偏重于理想。尤其是中国的旧诗，它们所经常表现的一个主题就是对美好的事物、美好的对象、美好的理想的追求与怀思。"让孩子从小学习古诗词的一个重要理由是，古诗词能以其凝练、厚重、美好的含义陶冶情操，加强文化修养。

情操是人的思想、感情积累形成的观念，是价值观形成的基础。价值观很重要，不是形而上的词汇。

心理学博士徐凯文在《三败俱伤的时代病：功利的教育、焦虑的家长、空心的孩子》中，揭示了中国社会目前很大的一个隐患——整个社会都患了"空心病"，青少年是首当其冲的受害者。患者有强烈的孤独感和无意义感，自杀欲望强烈，药物和物理治疗都无效，自杀者获救后仍会再次自杀，因为他们仍然不知道自己为什么要活着。"核心的问题是缺乏支撑其意义感和存在感的价值观。"

价值观对于普罗大众也很重要。比如，当人们购物的标准是什么贵买什么、什么流行买什么时，他们浪费的可能是金钱。而当青年人择业的标准是什么行业收入好做什么，择偶的标准是谁家有房子嫁给谁，他们浪费的是生命。之所以会浪费金钱、浪费生命，是因为他们的价值观使然，他们缺乏能帮助他们获取幸福的价值观。

价值观与现实息息相关，而决定价值观的情操更是不可小觑。如果说价值观是保证我们走在康庄大道上的路界，文化修养就是让我们走得更舒适、顺畅的给养。席慕蓉说："所谓诗教，不也就是要把这一种珍贵与淡泊的特性在潜移默化之中，根植到下一代的心里去吗？"

具备了一定的文化修养，能有助于安静从容地观察、思考。董仲蠡的演讲中举了另一个例子："德国的中学生哲学是必修课，我们去日本访问的时候，看到大学生在繁重的学业之后依然参与茶道培训、艺术鉴赏等活动。当时，我们同行的一位老师就问了那个特别经典的问题：'这有啥用啊？'那位老师说：'这些活动是教育的重要组成部分，是修心，让学生能更好地了解自己。'"茶道、艺术鉴赏、哲学等，这些都是文化的组成，能丰富人们的心灵。心里踏实了，才可以了解自己、观察世界。然后能体会人生中的种种美好——人生的目的之一，乐趣所在。武亦姝说："人生的诗意隐藏在生活的每一个角落里，等待人们去发现，为人们涵养一颗诗心。"

古诗词是中国文化厚重的一部分，更是中文不可分割的一部分。不了解古诗文，就无法获知中文传递中的"语码"。比如断桥、杨柳、南浦、长亭在古诗词中意味着别离，月亮代表思念，冰雪象征高洁，芭蕉、芳草、梧桐常与离愁别绪相关。

学习古诗词，有助于学好现代中文。胡适、鲁迅这些最初的白话文倡导者的古诗文底子都很厚，当代许多作家、诗人的古诗文造诣也不低，并深受影响，如杨牧、郑愁予、余光中、席慕蓉等。2017年2月，毕飞宇在清华大学谈李商隐的演讲引起轰动。不止他的演讲内容本身令人惊叹，更多人的惊叹来自不知道他能这样讲诗词、这么懂诗词。其实，擅长中文写作的人没有几位不喜欢古典诗词的——白话文如果脱离了古代诗文，便是无源之水。余光中声称，他翻译王尔德的作品，有些地方译文胜于原文，"有些地方，例如对仗，英文根本比不上中文。在这种地方，原文不如译文，不是王尔德不如我，而是他捞过了界，竟以英文的弱点来碰中文的强势"。余光中感叹说，"我以身为中国人自豪，更以能使用中文为幸"——他所说的中文是包含了古代诗文的中文。

顾彬说："语言决定一切。语言决定你的存在，你的思路。按照当代哲学家的观点：语言包括内容，语言和内容是分不开的。"学好中文，不仅有助于更好地理解文学作品，更有助于个人发展。

为什么要让孩子从小学些古诗词？沧桑回眸，叶嘉莹给予了平实无华却饱含智慧的答案，"真正古典文学的生命，它那种美好的、兴发感动的作用，很多年轻人不能体会了。所以我希望在幼小的生命成长的时候，就能够对于我们中国美好的文化传统，有一点点的感受，将来不管他是念经济、念商贸、念理工都可以，但是必须要有一个文化的根源，这对于他做人处事都会有相当的好处"。

(作者：辛上邪，摘自《北京晚报》2017年4月8日)

阅读练习

一　根据文章内容选择正确答案

1. 关于读书和教育的重要性，董仲蠡是怎么回答的？

　　A. 举例子　　　　　B. 讲道理　　　　　C. 开玩笑

2. 关于为什么要让孩子学习古诗词，作者是这样总结的：

　　A. 古诗词的语言简单易懂，适合孩子学习

　　B. 古诗词的形式可以方便朗诵，长短也合适

　　C. 古诗词的含义可以陶冶情操，加强文化修养

3. 作者认为"空心病"的首要受害者是谁？

　　A. 青少年　　　　　　B. 中老年　　　　　　C. 中青年

4. "空心病"的主要症状是什么？

　　A. 有明显的欲望和功利主义，只想挣钱

　　B. 有强烈的孤独感和无意义感，想自杀

　　C. 只想享受生活和依靠父母，不想工作

5. 作者认为价值观和文化修养分别有什么作用？

　　A. 买流行物品和多多挣钱

　　B. 找到好工作和培养情操

　　C. 走对道路和走得更顺畅

6. 一些看似"没用"的东西，比如哲学、茶道等，到底有什么用？

　　A. 净化人们的头脑

　　B. 丰富人们的心灵

　　C. 改变人们的想法

7. 在中国的古诗词中有一些特殊的"语码"，比如"月亮"代表的意思是：

　　A. 思念　　　　　　　B. 高洁　　　　　　　C. 离别

8. 作者是如何看待古代诗文和现代白话文的关系的？

　　A. 古代诗文与现代白话文没关系

　　B. 古代诗文是现代白话文的源头

　　C. 现代白话文中包含着古代诗文

9. 最后一段中叶嘉莹的话的意思是：

　　A. 从小学习古诗词对于长大想当作家的孩子有用

　　B. 从小学习古诗词对于念经济、理工的孩子没用

　　C. 从小学习古诗词对于所有的孩子都是有好处的

二 谈一谈

1. 你了解中国的古代诗词吗？能说出一两句古诗吗？
2. 根据作者的意思，文化修养、情操、价值观和古代诗词之间有怎样的关系？
3. 你认为学习古代的文学作品对年轻人有用吗？
4. 对于一些"没用"的东西，比如哲学、历史、文学等，年轻人还需要了解吗？为什么？

7 安乐死是人道，还是合理谋杀

课前思考

1. 什么是安乐死？
2. 你是否关注过关于安乐死的争论？你的看法是什么？
3. 据你所知，在哪些国家安乐死已合法化？在你们国家，安乐死是否合法？
4. 安乐死是现今世界上最具争议性的话题之一，本文选取了几位中国的法律工作者在网上关于安乐死的讨论，你认为谁的看法更有道理？

课文

第一部分

案情介绍

据中新网报道 荷兰①成为世界首个承认安乐死合法化的国家。2001年4月11日,荷兰议会一院以46票赞成、28票反对的结果通过了安乐死法案。这项法律在承认安乐死可以成为一种为患者解脱痛苦的手段的同时,也为实施安乐死规定了3个条件,即病人的病情必须是不可治愈的,病人必须在意识清醒的情况下完全自愿地接受安乐死以及病人所遭受的痛苦被认为是难以忍受的。

安乐死在荷兰事实上早就成为医生为患有不治之症的病人寻求解脱的一种手段。荷兰安乐死志愿者协会的统计说,仅1999年就有4000多名患者被施以安乐死或者辅助性自杀。荷兰最新的一项民意调查表明,有86%的人主张使安乐死合法化。但就在议会表决通过安乐死法案时,门外有8000人表示抗议。

据《今日早报》报道 西安市9名尿毒症患者联名要求"安乐死"。由于肾功能丧失,他们全靠做血液透析②来维持生命,每到透析前,他们都感到极度痛苦,浑身疼痛,恶心呕吐,整夜整夜地失眠。对这种长期生不如死的生活,他们已不堪忍受。这些尿毒症患者每个人每月最基本的治疗费也得4400多元,认为自己的病拖累家人是这9名患者欲"安乐死"的原因之一。他们想知道国家对此有没有相关法律规定,联名向当地媒体写了求助信。

据《中国青年报》报道 贵阳③一医生公开声称实施多例安乐死引起争议。2000年年底,贵阳市一名个体医生公开打电话给媒体,声称他曾多次给患者实施过"安乐死"手术。他说,自己实施"安乐死"的对象都是"痛苦的绝症患者",并符合3个条件:其一,要有正规医院的病情证明书,证明已确实无法救治;其二,患者本人及直系亲属强烈要求;其三,必须按一定格式写下申请书,保证实施者的人身安全,以后不得追究实施者任何责任。

该医生说他并不害怕也无愧疚感,只是出于医生的良知,解除病人痛苦。如果眼睁睁地看着病人求生不得,求死不能,那才是最大的不人道。

安乐死是人道，还是合理谋杀

1	安乐死	ānlèsǐ	（名）	指对无法救治的病人停止治疗或使用药物，让病人无痛苦地死去。
2	人道	réndào	（形）	指爱护人的生命、关怀人的幸福、尊重人的人格和权利的道德。
3	谋杀	móushā	（动）	谋划杀害。
4	案情	ànqíng	（名）	案件的情节。
5	法案	fǎ'àn	（名）	提交国家立法机关审查讨论的关于法律、法令问题的议案。proposed law
6	患者	huànzhě	（名）	患某种疾病的人。
7	解脱	jiětuō	（动）	摆脱。
8	不治之症	búzhìzhīzhèng		医治不好的病。
9	寻求	xúnqiú	（动）	寻找，追求。
10	民意	mínyì	（名）	人民共同的意见和愿望。
11	表决	biǎojué	（动）	会议上通过举手、投票等方式做出决定。
12	尿毒症	niàodúzhèng	（名）	肾脏功能减退或丧失的一种病症。
13	联名	liánmíng	（动）	联合署名。
14	肾	shèn	（名）	肾脏。kidneys
15	透析	tòuxī	（动）	医学上的一种分离出杂质的方法。
16	呕吐	ǒutù	（动）	胃壁收缩异常，食物从食管、口腔排出体外。vomit, throw up
17	拖累	tuōlěi	（动）	连累；使受牵累。be a burden to
18	求助信	qiúzhùxìn	（名）	请求援助的信。
19	绝症	juézhèng	（名）	不治之症。
20	直系亲属	zhíxì qīnshǔ		跟自己有直接血缘关系或婚姻关系的人，包括父母、夫妻、子女等。
21	良知	liángzhī	（名）	良心。
22	眼睁睁	yǎnzhēngzhēng	（形）	睁着眼看，多形容发呆、没有办法或无动于衷。in a daze, helplessly or indifferently
23	求生	qiúshēng	（动）	寻求活路；想办法活命。

话题一

人是否有自主决定死亡的权利？尊重他人对死亡的选择，是否确实是人道主义的体现？

程东宁（中法网网友、江苏省高邮市④人民法院⑤副院长） 公民有行使权利和履行义务的职责，而权利可以放弃，义务却必须履行。由此可以看出，对权利的放弃，公民自己有自由选择的余地。然而义务就不同了，如果不履行法律规定的义务，就要受到制裁。人决定自主死亡应该说是对一项权利的具体行使，虽然法律没有将公民自主决定死亡作为一项权利来认定，但现实生活中却时有发生，如自杀就是一个十分典型的例证。因此，对这个问题我们不应回避，而是要面对现实，正视现实。尊重他人对死亡的选择，应该说是对人权的一项保护，也是符合人道主义的。当然，我们对公民自己选择的死亡，只能限于因疾病而无法忍受剧烈疼痛的，或者是国际通行的已经"脑死亡"，用药物来维持心脏跳动的。尽管如此，仍然要履行一套极其严格的法定程序。

周　曙（中法网网友、江苏省高邮市人民法院书记员⑥） 既然是权利，当然有权选择。但问题在于自主决定死亡是不是一种权利。我认为：不是。现代社会，权利存在的前提是它的行使不致危害他人的合法权益及社会公共利益，否则，就有可能是一种侵权或其他形式的违法状态。作为构成社会的自然主体——人，他的死亡不仅是对其个体生命的终结，对其亲友、相关人乃至整个社会都有重要的影响。因为，每一个社会之人都在承担着一定的社会责任，他的存在并不仅是享受他的生活，更是作为一个家庭、团体乃至社会的一分子而承担相应的义务。所以，一般认为，自杀行为是非道德的，自主决定死亡不应是一种合法权利，当然无权选择。

一个人备受痛苦，生不如死，让他痛苦地活着不如使其安然地死去，从这个意义上讲，安乐死确是人道主义的体现。但什么情形才能构成"生不如死"呢？是身患绝症、无法医治？绝症本身就是相对的概念，我们每个人都有死亡之时，是不是每个人都得了绝症，何况现代医学使多少绝症不绝？是痛苦不堪、无法忍受？几乎我们每个人都在忍受着生理、心理的各种痛苦，你能感受痛苦，就说明你已经忍受了痛苦。据我所知，大多数成功人士都经历过常人无法忍受的痛苦，他们忍受了，没有选择"安乐死"。所以，安乐死更是逃避痛苦的体现。

话题二

与其默认现实中杜绝不了的非法存在,不如制定法律让这种存在合法化,荷兰立法者的选择是否正是法律应该走的路?安乐死合法化,有何利弊?

程东宁 在现实生活中,确有医生帮助别人安乐死的。有消息证明原汉中[7]市传染病医院院长助理、肝炎科主任蒲连升,是全国实施安乐死的首例。之后

24	人道主义	réndào zhǔyì	(名)	起源于欧洲文艺复兴时期的一种思想体系。提倡关怀人、尊重人、以人为中心的世界观。法国资产阶级革命时期,把它具体化为"自由""平等""博爱"等口号。humanitarianism
25	网友	wǎngyǒu	(名)	使用网络的人。
26	公民	gōngmín	(名)	具有或取得某国国籍,并根据该国法律规定享有权利和承担义务的人。citizen
27	行使	xíngshǐ	(动)	执行;使用(职权)等。
28	履行	lǚxíng	(动)	实践(自己答应做的或者应该做的事)。
29	职责	zhízé	(名)	职务和责任。
30	制裁	zhìcái	(动)	用强力管束并惩处,使不得胡作非为。apply or impose sanctions against
31	例证	lìzhèng	(名)	用来证明一个事实或理论的例子。
32	正视	zhèngshì	(动)	用严肃认真的态度对待,不躲避,不敷衍。
33	通行	tōngxíng	(动)	普遍适用;流行。
34	侵权	qīnquán	(动)	侵犯和损害他人受到法律保护的权益。
35	安然	ānrán	(形)	没有顾虑;很放心。
36	常人	chángrén	(名)	普通的人;一般的人。
37	默认	mòrèn	(动)	心里承认,但不表示出来。
38	杜绝	dùjué	(动)	制止;消灭(坏事)。put an end to, exterminate
39	立法	lì fǎ		国家权力机关按照一定程序制定或修改法律。
40	官司	guānsi	(名)	指诉讼。lawsuit

又有相关报道，贵阳一医生已做了10多例安乐死。尽管蒲连升官司缠身，并一度身陷囹圄，但最终法律没有认为他的行为构成犯罪，而作了无罪判决，这实际上是对这种行为的一种默认。荷兰立法者用立法的形式来规范安乐死这一行为，应该说是一个不小的进步。凡事都有利弊，安乐死也不例外。从保护人权和实行人道主义的角度考虑，应该说是时代的一大进步，它不仅可以减少患者的痛苦，还可以减少无效的经济支出。但也有不容忽视的弊端，首先，与救死扶伤的原则相冲突，这一原则就是规定医生只能救死扶伤，而没有规定医生可以帮助病人加速死亡；其次，不利于医学上的探究和钻研，容易使医学停滞不前；最后，不能完全排除某些人带有个人非法目的的可能性。

第二部分

夏　敏（中法网网友、江苏省高邮市人民法院审判员⑧）　越来越多的人愿意在疾病不治的情况下寻求"安乐死"，这已是不容回避的事实。20世纪80年代，这个话题就在全国范围内引起过争论，而我们今天如果还仅仅限于争论，或者"安乐死"还仍只是一个话题，那我真要怀疑，我们文明的脚步究竟跨了多大一步？

"安乐死"源于希腊文⑨"euthanasia"，意思是"快乐地死亡"或"尊严地死去"，这里面其实反映出西方人与中国人对死亡的不同态度。中国人通常把死亡看成是很可怕的事情，我们从小所受的"死亡教育"都是伴随着恐怖的。而西方（尤其是宗教意识很强的国家），往往把死亡描绘得很美，是灵魂去了天国，所以电影上我们极少看到西方人死后家人号啕大哭的场面。而在中国，如果亲人去世你不哭个死去活来，人们就会觉得怪了。西方人的悲痛多发自对逝者的眷恋，而我们这里多半是觉得死去的人不幸，惨。

此报道说荷兰是世界上首个承认安乐死的国家，但据我所知，日本最高法院1962年就出台了允许"安乐死"的条例，并对可以实施"安乐死"的情况规定了6项：（1）被现代医学和技术认为是不可能救治的疾病，而且临近死亡；（2）病人的痛苦为他人所目不忍睹；（3）为了减轻病人的死亡痛苦；（4）如果病人神志尚清，应有本人真诚的委托和认可；（5）原则上由医师执行；（6）执行方法必须被认为在伦理上是正当的。人类社会的实践说明,"安乐死"只有在法律上被确定,医生、病人和病人家属才会真正地又"安"又"乐"呀。

"安乐死"的利弊总是相伴存在的,正义的法律也有被邪恶利用的时候,但不能因为有这种情况存在的可能,便规避它的好处和进步性,就否定这样的法律是人道的法律。

41	缠身	chánshēn	(动)	缠扰身心。tied down
42	身陷囹圄	shēnxiàn-língyǔ		被关到监狱里。囹圄:监狱。
43	判决	pànjué	(动)	法庭根据已经查明的事实、证据和有关的法律规定作出被告人有罪或者无罪,犯的什么罪,适用什么刑罚或者免除刑罚的决定叫作判决。宣告判决,一律公开进行。court decision, judgment
44	救死扶伤	jiùsǐ-fúshāng		救护将死的,帮助受伤的。
45	探究	tànjiū	(动)	探索研究;探寻追究。
46	天国	tiānguó	(名)	基督教称上帝所治理的国。比喻理想世界。Kingdom of Heaven, paradise
47	号啕	háotáo	(动)	形容大声哭。
48	死去活来	sǐqù-huólái		晕过去,又醒过来。形容极度疼痛或悲哀。
49	眷恋	juànliàn	(动)	(对自己喜爱的人或地方)深切地留恋。
50	出台	chū tái		(政策、措施等)公布或予以实施。publish or implement (a policy, measure, etc.)
51	目不忍睹	mùbùrěndǔ		形容景象十分凄惨,使人不忍心看。
52	神志	shénzhì	(名)	知觉和理智。
53	医师	yīshī	(名)	受过高等医学教育或具有同等能力、经国家卫生部门审查合格的负主要医疗责任的医务工作者。certified doctor
54	邪恶	xié'è	(形)	(性情、行为)不正而且凶恶。

话题三

根据我国法律，医生对病人实施安乐死是否构成犯罪？如果医生的确是根据绝症病人的请求，基于人道和良知帮助其结束生命，是否能免除实施"安乐死"这种行为的"违法性"？如果不能，是否存在对这位医生的不公？

夏　敏　正义性与合法性不完全是一回事，法律的完善是对正义不断认知的过程，在法律没有对"安乐死"做出特殊的保护性规定之前，它当然不能从行为的违法性中脱离出来。一切都要用现行法律去对照，在罪刑法定的原则[10]下，"安乐死"在现实中通常会将相关人置于危险的境地。这可能对执行医生不公平，但法律就是法律，它不能由情感去摆布，尤其是司法，更不能总想着去实现法律以外的正义。其实我们今天的讨论，不就是在努力使"安乐死"走近法律吗？只有从法律上确立了"安乐死"，才能真正使"安乐死"从"地下"走到"地上"，才能有效地保护关系人[11]各方的权利，减少不必要的纠纷。

周　曙　犯罪构成的要件之一在于行为具有社会危害性且达到犯罪的程度，医生实施安乐死是否具有构成犯罪的社会危害性，基于对安乐死的不同看法有不同的结论。我认为，这种行为具有一定的社会危害，但未达到犯罪的程度，所以不构成犯罪。实施安乐死，作为一种特殊的民事行为，医生在有可能引起的侵权纠纷中应该负有证明其没有过错的责任，并以此作为衡量其行为是否违法并承担责任的标准。

话题四

自1994年始，全国人民代表大会[12]提案组每年都会收到一份要求为安乐死立法的提案。您认为我国是否有必要通过立法赋予安乐死合法地位？

商建刚（中法网网友、上海市中建律师事务所[13]律师）　我基于如下两点理由认为安乐死合法化在中国应该缓行。首先，安乐死涉及人的生命，相关立法应当慎重。是否允许特殊的身份通过一定的程序将符合一定条件的人通过某种手段结束生命，在任何法域都存在很大的争议。荷兰是第一个使安乐死合法化的国家，毕竟大部分法律制度较健全的国度都没有将安乐死合法化，因此，我国没有必要冒这样大的立法风险。其次，我国法律制度的"制衡[14]、监督"机制有待进一步完善，实施安乐死的法制环境不成熟。安乐死合法化的最大可能危害是，安乐死变成坏人实施犯罪的工具。因此，必须在一个很透明的法制社会里,有条件地实施安乐死,否则这个社会中的弱智儿童、老人等就很危险了。

王　磊(中法网网友、福建省莆田市⑮人民检察院⑯起诉科)　通过调查,目前,我国赞成安乐死的主要是老年人和高知识阶层,而离死还很遥远的青年

55	规避	guībì	(动)	设法避开;躲避。
56	免除	miǎnchú	(动)	免去;除掉。
57	认知	rènzhī	(动)	即认识,在现代心理学中通常译作认知。按照认知心理学的观点,人的认知活动是人对外界信息进行积极加工的过程。acknowledge, cognize
58	对照	duìzhào	(动)	(人或事物)相比;对比。
59	罪刑	zuìxíng	(名)	罪状和应判的刑罚。
60	境地	jìngdì	(名)	生活上或工作上遇到的情况。
61	摆布	bǎibù	(动)	操纵;支配(别人行动)。
62	司法	sīfǎ	(名)	指检察机关或法院依照法律对民事、刑事案件进行侦查、审判。administration of justice
63	纠纷	jiūfēn	(名)	争执的事情。
64	要件	yàojiàn	(名)	重要的条件。
65	民事	mínshì	(名)	有关民法的。civil matters, civil case
66	过错	guòcuò	(名)	过失;错误。
67	衡量	héngliáng	(动)	比较;评定。
68	提案	tí'àn	(名)	提交会议讨论决定的建议。draft resolution
69	缓行	huǎnxíng	(动)	暂缓实行。
70	域	yù	(名)	在一定疆界内的地方;泛指某种范围。territory, field
71	国度	guódù	(名)	指国家(多就国家区域而言)。
72	弱智	ruòzhì	(形)	指智力发育低于正常水平。
73	起诉	qǐsù	(动)	向法院提起诉讼。sue
74	知识阶层	zhīshí jiēcéng		具有较高文化水平、从事脑力劳动的群体。

人，对此多持怀疑态度。上海曾以问卷形式，对200位老人进行安乐死意愿调查，赞成者占72.56%；北京的500例同样调查，支持率则高达79.8%；而《健康报》报道，有关部门对北京地区从事各种职业的近千人问卷调查表明，91%以上的人赞成安乐死，85%的人认为国内目前应该立法实施安乐死。天津医学院对92名临终病人的家属进行调查，除6名没有明确表态外，其中56人对安乐死持赞同态度，占总人数的56%。由此看来，通过立法赋予安乐死合法地位的确值得考虑。

（选自《中国法制报道丛书：法治聊天室2》，有删改）

74	持	chí	（动）	遵守，抱有（某种态度、观点等）。
75	问卷	wènjuàn	（名）	列有若干问题让人回答的书面调查材料，目的在于了解人们对这些问题的看法。questionnaire
76	意愿	yìyuàn	（名）	愿望；心愿。
77	临终	línzhōng	（动）	人将要死（指时间）。
78	表态	biǎotài	（动）	表示态度。make known one's position

① **荷兰**：国家名。The Netherlands, Holland
② **血液透析**：一种治疗方法。将血液引入装有半透性膜的透析器（通常为"人工肾"）中，根据半透膜特性的原理，以清除体内过多的水分或某些有害物质。用于治疗肾功能衰竭。
③ **贵阳**：市名。在贵州省中部，是贵州省的省会。
④ **高邮市**：市名。在江苏省扬州市北部，西滨高邮湖，邻接安徽省。京杭运河纵贯境内。
⑤ **人民法院**：中国的审判机关。人民民主专政的重要工具之一。设有最高人民法院、地方各级人民法院及军事法院、海事法院和铁路运输法院等专门人民法院。最高人民法院监督地方各级人民法院和专门人民法院的审判工作，上级人民法院监督下级人民法院

的审判工作。各级人民法院都对本级人大负责，其院长由本级人大选举和罢免。人民法院依照法律规定独立行使审判权，不受行政机关、社会团体和个人的干涉。

⑥ **书记员**：中国各级人民法院和人民检察院内担任记录工作并办理其他事项的人员。分别由各级人民法院和各级人民检察院检察长任免。

⑦ **汉中**：市名。在陕西省西南部、汉江北岸。

⑧ **审判员**：我国各级人民法院担任审判工作的人员。凡有选举权和被选举权的年满二十三岁而且没有被剥夺过政治权利的公民，依照法律规定的程序，可以被任命为审判员。由本级人大任免。各级人民法院按照需要可以设助理审判员，由本级人民法院任免。助理审判员协助审判员进行工作；由院长提出，经审判委员会通过，助理审判员可以临时代行审判员职务。审判人员必须具有法律专业知识。

⑨ **希腊文**：属印欧语系希腊语族。希腊官方语言。现代希腊语通行于希腊和地中海东部。

⑩ **罪刑法定的原则**：审判者必须按照法律预先明文规定的罪名和刑罚才能作出判决的原则。通常概括为"法无明文规定不为罪，法无明文规定不处罚"。由意大利贝卡里亚在1764年《论犯罪与刑罚》一书中首先明确提出。1789年法国《人权宣言》规定："法律只应规定确实需要和显然不可少的刑罚，而且除非根据在犯法前已经制定和公布的且系依法施行的法律，不得处罚任何人。"其后，许多国家都采用这一原则。中国1997年修订后的刑法第3条规定了罪刑法定原则："法律明文规定为犯罪行为的，依照法律定罪处刑；法律没有明文规定为犯罪行为的，不得定罪处刑。"

⑪ **关系人**：相关的人或团体。persons/parties concerned

⑫ **全国人民代表大会**：简称"全国人大"。中华人民共和国最高国家权力机关。它的常设机关是全国人民代表大会常务委员会。全国人民代表大会和全国人民代表大会常务委员会行使国家立法权。全国人民代表大会由省、自治区、直辖市、特别行政区和军队选出的代表组成。各少数民族都应当有适当名额的代表。每届任期五年。

⑬ **律师事务所**：律师的执业机构。受司法行政部门和律师协会的管理和监督。

⑭ **制衡**："制衡原则"认为国家的立法、行政、司法权力分别由不同的机关或人员掌握，就可相互制约，平衡权力，防止专断和腐败。主要代表人物是法国孟德斯鸠。美国杰斐逊进一步论证立法、行政、司法权力要真正做到互相牵制，求得平衡，不能让其中任何一个权力膨胀到超出其他权力之上。check and balance

⑮ **莆田市**：市名。在福建省东部沿海。

⑯ **人民检察院** rénmín jiǎncháyuàn：中国的法律监督机关。依法独立行使检察权，不受行政机关、社会团体和个人的干涉。

综合练习

Ⅰ 词语练习

一 用画线的字组成其他的词

1. <u>案</u>情：（　　　）（　　　）（　　　）（　　　）
2. 制<u>裁</u>：（　　　）（　　　）（　　　）（　　　）
3. <u>默</u>认：（　　　）（　　　）（　　　）（　　　）
4. <u>衡</u>量：（　　　）（　　　）（　　　）（　　　）
5. <u>缓</u>行：（　　　）（　　　）（　　　）（　　　）

二 填入合适的名词

谋杀（　　　）　　寻求（　　　）　　拖累（　　　）

行使（　　　）　　履行（　　　）　　制裁（　　　）

正视（　　　）　　通行（　　　）　　侵权（　　　）

（　　　）缠身　　探究（　　　）　　眷恋（　　　）

出台（　　　）　　免除（　　　）　　对照（　　　）

三 填入合适的量词

一（　　　）患者　　一（　　　）绝症　　一（　　　）官司

一（　　　）纠纷　　一（　　　）提案　　一（　　　）问卷

四 填入合适的动词

（　　　）安乐死　　（　　　）案情　　（　　　）法案

（　　　）民意　　　（　　　）表决　　（　　　）联名

（　　　）人道主义　（　　　）例证　　（　　　）官司

（　　　）判决　　　　（　　　）伦理　　　　（　　　）纠纷

（　　　）问卷　　　　（　　　）意愿　　　　安然地（　　　）

五 填入合适的形容词

（　　　）的案情　　　（　　　）的法案　　　（　　　）的尿毒症

（　　　）的求助信　　（　　　）的职责　　　（　　　）的例证

（　　　）的官司　　　（　　　）的判决　　　（　　　）的境地

（　　　）的过错　　　（　　　）的提案　　　（　　　）的意愿

六 写出下列词语的近义词或反义词

（一）写出近义词

谋杀——　　　　患者——　　　　解脱——

寻求——　　　　拖累——　　　　囹圄——

探究——　　　　眷恋——　　　　规避——

对照——　　　　过错——　　　　意愿——

（二）写出反义词

解脱——　　　　正视——　　　　安然——

邪恶——　　　　常人——　　　　过错——

七 解释句中画线词语的意思

1. 但就在议会<u>表决</u>通过安乐死法案时，门外有8000人表示抗议。

   A. 会议上通过举手、投票等方式做出决定

   B. 会议上通过书面方式表达自己的态度

   C. 会议上通过争论的方式来决定

2. 西安市9名尿毒症患者<u>联名</u>要求"安乐死"。

   A. 互相联系　　　B. 联合署名　　　C. 联手合作

3. 大多数人都十分赞成安乐死，尤其是那些身患<u>绝症</u>的人。

   A. 罕见的病　　　B. 医治不好的病　　　C. 令人绝望的病

4. 任何一个有良知的、理性的人,都不应为了表面上的人道,而实际给一个在痛苦的折磨中等待死亡的人,再多带来一丝的痛苦。

    A. 知识   B. 本能   C. 良心

5. 如果眼睁睁地看着病人求生不得,求死不能,那才是最大的不人道。

    A. 指无法摆脱的极其痛苦的状态

    B. 指既不想活也不想死的状态

    C. 指企图自杀的状态

6. 当然,我们对公民自己选择的死亡,只能限于因疾病而无法忍受剧烈疼痛的,或者是国际通行的已经"脑死亡",用药物来维持心脏跳动的。

    A. 一直流行   B. 彻底执行   C. 普遍适用

7. 与其默认现实中杜绝不了的非法存在,不如制定法律让这种存在合法化。

    A. 不能消灭   B. 不能减少   C. 不能忽视

8. 如果病人神志尚清,应有本人真诚的委托和认可。

    A. 神情还可以   B. 脑子很清楚   C. 知觉和理智还清楚

9. 但法律就是法律,它不能由情感去摆布。

    A. 支配   B. 影响   C. 发展

10. 实施安乐死,作为一种特殊的民事行为,医生在有可能引起的侵权纠纷中应该负有证明其没有过错的责任,并以此作为衡量其行为是否违法并承担责任的标准。

    A. 评比   B. 评定   C. 评论

八 选词填空,并模仿造句

> 不治之症   直系亲属   人道主义   救死扶伤   死去活来   目不忍睹

1. (　　　　)一向被视为白衣天使的天职,但事实上,医护人员应该遵守的职业道德如今却多少变了味。

2. 这位欧盟官员呼吁交战双方遵守国际(　　　　)的基本原则,停止伤及平民的盲目攻击行动。

3. 希望有一天人类能找到有效的药物,使艾滋病、癌症之类的疾病都不再是(　　　　)。

4. 按照规定，伤者（　　　　）必须在手术通知单上签字。如果不签字，手术将无法进行。

5. 车祸现场，鲜血满地，让人（　　　　）。

6. 上个月她还疼得（　　　　）的，现在就活蹦乱跳的了，看来这药还挺管用的。

九 在下面词语中选择至少五个写一段话（可以不按次序写）

安乐死　谋杀　患者　解脱　良知　人道主义
求生　侵权　立法　伦理

Ⅱ　课文理解练习

一　根据课文内容判断正误

案情介绍

1. 荷兰是世界上第一个使安乐死合法化的国家。　　　　（　　）
2. 荷兰法律规定，实施安乐死是无条件的。　　　　　　（　　）
3. 早在安乐死合法化前，荷兰事实上已有人实施安乐死。（　　）

话题一

4. 程东宁认为，法律应当将公民自主决定死亡作为一项权利来认定。（　　）
5. 程东宁认为，公民有选择安乐死的权利。　　　　　　（　　）
6. 周曙认为，个人无权终止自己的生命，因为它影响到他人和社会。（　　）
7. 周曙认为，自主决定死亡不应是一种合法权利。　　　（　　）

话题二

8. 蒲连升是中国最早帮助实施安乐死的医生。　　　　　（　　）
9. 蒲连升因实施安乐死而被判定有罪，因而入狱。　　　（　　）
10. 程东宁认为安乐死合法化有利有弊。　　　　　　　（　　）
11. 夏敏认为"安乐死"还应继续争论下去。　　　　　　（　　）

12. 夏敏认为，西方人与中国人对死亡的不同态度，决定了安乐死在中国行不通。
（　　）
13. 夏敏认为，实际上日本才是最早使安乐死合法化的国家。（　　）
14. 夏敏认为，安乐死合法化是符合人道的。（　　）

话题三

15. 夏敏认为，正义性与合法性之间不能画等号。（　　）
16. 夏敏认为，在罪刑法定的原则下，不存在任何不公平。（　　）
17. 夏敏认为，实现法律以外的正义，也应成为司法部门的责任。（　　）
18. 周曙认为，医生实施安乐死的行为有构成犯罪的社会危害性。（　　）
19. 周曙认为，实施安乐死的医生在侵权纠纷中负有证明其没有过错的责任。
（　　）

话题四

20. 商建刚不赞同安乐死在中国马上合法化。（　　）
21. 商建刚反对在任何条件下实施安乐死。（　　）
22. 商建刚认为安乐死合法化的话，将有可能被坏人利用。（　　）
23. 调查显示青年人大多赞成安乐死。（　　）
24. 王磊认为通过立法使安乐死合法化是值得考虑的。（　　）

二 根据课文内容，用指定的词语回答问题

1. 蒲连升是什么人？他的官司怎么样？

（实施　首例　尽管……并……但……而……　官司缠身　身陷囹圄　最终　无罪判决）

2. 西方人与中国人对死亡的态度有何不同？

（中国：通常　可怕　死亡教育　伴随恐怖　而西方：描绘　灵魂　天国　所以极少　嚎啕大哭　而中国：亲人去世　哭个死去活来　西方：发自　逝者　眷恋　而中国：多半　不幸）

3. 为什么商建刚认为安乐死合法化在中国应该缓行？

（首先　涉及　生命　立法　慎重　其次　"制衡、监督"的机制　完善　实施　法制环境　不成熟）

4. 关于安乐死的调查结果如何？

（通过　调查　目前　赞成　老年人　高知识阶层　而　离死……遥远　青年人　持　怀疑）

三 思考与讨论

1. 关于安乐死，网友们讨论的焦点问题是哪些？
2. 你认为个人有无权利为自己选择死亡？
3. 你认为用安乐死来解除病人痛苦是否有违医生的职业道德？
4. 无痛治疗以及临终关怀能否使人放弃安乐死的想法？
5. 你认为安乐死在中国合法化的可能性有多大？为什么？
6. 在当今世界上，你还关注其他什么有争议的社会问题？
7. 分组辩论：

　　辩题：实施安乐死是不是人道主义的体现

　　正方：实施安乐死是人道主义的体现

　　反方：实施安乐死是反人道的

阅读与理解

安乐死是人道，还是合理谋杀
（其他嘉宾的言论）

古原关于安乐死的看法（古原系中法网网友、北京市天正律师事务所实习律师）：

话题一

人是否有自主决定死亡的权利？尊重他人对死亡的选择，是否确实是人道主义的体现？

我非常赞成一个人既有庄严地生的权利，也有庄严地死的权利。人体作为人格的载体和表象，首先要受到人自身的绝对支配，可以直接表述为：生与死的权利是自然人身体权的一部分。无论如何一个人杀死自己的行为，在哪一个国家也不认为是违法与犯罪。既然法律不能对自然人课以必须生存的义务，我们宁可将自主决定生死视为一种权利。也正因此，如同我们需要尊重他人的其他权利一样，我们也应尊重他人自主决定自己生与死的权利，不论我们自己怎样看待与评价他人的这一行为。而这与人道主义无关。

倒是看到他人正处于一种十分痛苦的困境，应否帮助他人以结束生命的方式换取摆脱痛苦的自由，是一个有关人道主义精神和道德伦理的沉重话题。这一点，才真正是我们讨论安乐死过程中需要和值得争论的地方。这种尴尬不只发生在医院里，也同样会发生在战场上或其他危难事故中。我记得科幻片《银河战警》中有一个情节：中尉被巨蝎的利爪洞穿腹部、剪断双腿，血流如注，痛苦万状，他对身边年轻的战士下了最后一道命令："开枪，杀死我！"我想如果我是那位年轻的战士，我也会毫不犹豫地举枪结束中尉的痛苦。反之，如果我是中尉，亦会做出相同的抉择。显然，与其绝无生还希望，在痛苦的煎熬中等待死亡，不如直接选择死亡解脱痛苦。任何一个有良知的、理性的人，都不应为了表面上的人道，而实际给一个在痛苦的折磨中等待死亡的人，再多带来一丝的痛苦。

话题二

与其默认现实中杜绝不了的非法存在，不如制定法律让这种存在合法化，荷兰立法者的选择是否正是法律应该走的路？安乐死合法化，有何利弊？

国内外的一些调查资料表明，大多数人都十分赞成安乐死，尤其是那些身患绝症的人。从20世纪30年代，英、美等国先后成立了"自愿安乐死协会"或"无痛苦致死协会"，到20世纪60年代以后安乐死立法运动的重新兴起，澳大利亚、南非、丹麦、瑞典、瑞士、比利时以及意大利、法国、西班牙等国，涌现出大量志愿安乐死团体。这表明安乐死的观念已经深入社会的各个角落，得到了普遍的尊重，并在世界范围内具有深远的影响。1992年2月，荷兰议会通过"安乐死"法，正是在这种历史和社会背景下，以法律的形式解决了安乐死这一伦理学难题。

在正直和善良的人们受到鼓舞，并对我国的安乐死得到法律认可更增添了信心的同时，我们也不应忽视由此引发的一系列相关或类似的问题。比如对非自愿安乐死能否允许，帮助自杀的行为是否有罪，医院因费用问题终止依赖昂贵设备维持生命的绝症病人的治疗是否正当，以及设计、出售安乐死的机器是否合法？

话题三

根据我国法律，医生对病人实施安乐死是否构成犯罪？如果医生的确是根据绝症病人的请求，基于人道和良知帮助其结束生命，是否能免除实施"安乐死"这种行为的"违法性"？如果不能，是否存在对这位医生的不公？

自愿安乐死，不论是主动还是被动，都是一种帮助自杀行为。目前，我国《刑法》法理上将帮助自杀行为归入故意杀人罪，只是在量刑时从轻考虑。概因不论是否征得被害人同意，一个人无权非法剥夺他人的生命。但是，对于安乐死这个特殊的问题，从情理上考虑又不宜以犯罪论处。我国《刑法》第十三条明文规定："情节显著轻微危害不大的，不认为是犯罪"。安乐死正是这样一种情形。所以我国汉中首例安乐死案，经过6年的漫长审判，最终仍然认定被告无罪。

采取这种辩护方式，虽然可以达到认定被告无罪的目的，但是效率太低、代价太高了。必须由法律明示规定，实施安乐死不是我国刑法打击的犯罪行为，才能从根本上避免陷入法律的误区。

话题四

自1994年始，全国人民代表大会提案组每年都会收到一份要求为安乐死立法的提案。您认为我国是否有必要通过立法赋予安乐死合法地位？

从1987年年底首次对安乐死问题进行全国性大讨论开始，我国的法律、哲学、伦理学、医学、社会学专家和广大的公众就对这一现实而重要的问题，进行了深入持久的研究、讨论，并且得到了一些共识，基本上肯定了安乐死的进步意义。时至今日,社会意义和伦理道德观念又较以前有了大的改变,我认为将安乐死行为纳入国家法制轨道的时机已经成熟。有必要由法律规定对什么样的人才能实施安乐死,安乐死由谁来执行,以什么程序执行,哪些医院有资格执行等等。

(选自《中国法制报道丛书:法治聊天室2》)

阅读练习

一 根据文章内容判断正误

话题一:

1. 古原认为是否选择安乐死是个人的权利。　　　　　　　　　　　　(　　)

2. 古原认为讨论安乐死时值得争论的是:我们是否应该帮助他人以结束生命的方式换取摆脱痛苦的自由。　　　　　　　　　　　　　　　(　　)

3. 《银河战警》中的战士开枪杀死了中尉,以结束他的痛苦。　　　　(　　)

话题二:

4. 20世纪30年代,英、美等国已经有了与安乐死有关的协会。　　　(　　)

5. 20世纪60年代以后安乐死运动在中国兴起。　　　　　　　　　　(　　)

6. 古原认为应重视安乐死合法化后可能引起的其他问题。　　　　　(　　)

话题三:

7. 目前,中国《刑法》法理上没有把帮助自杀行为归入故意杀人罪。　(　　)

8. 目前,在中国帮助安乐死一律被判为有罪。　　　　　　　　　　　(　　)

9. 中国法律已经明示:实施安乐死不是刑法打击的犯罪行为。　　　(　　)

话题四:

10. 中国对安乐死问题进行全国性大讨论始于1987年。　　　　　　(　　)

11. 讨论中大部分人认为安乐死只有消极的一面。　　　　　　　　　(　　)

12. 古原认为在中国安乐死合法化的时机已经成熟。　　　　　（　　　）

二　谈一谈

1. 《银河战警》中受了重伤的中尉让战士朝自己开枪，以结束生命。你能否理解中尉的决定？如果你是这位战士，你会服从中尉的这一命令吗？为什么？

2. 如果医院因费用问题而终止依赖昂贵设备维持生命的绝症病人的治疗，你认为是否正当？为什么？

3. 你如何看待帮助自杀的行为？

4. 在这篇文章中，你最认同的一句话是什么？最不认同的呢？

基因时代的恐慌与真相

课前思考

1. 对于基因、转基因、克隆等新技术你知道些什么?
2. 在你们国家有转基因食品吗？人们对它有什么看法？
3. 这篇文章的作者方舟子，多年来在中国一直是颇具争议的人物，曾多次与别人发生公开的争论。他1967年9月生于福建。1985年考入中国科技大学生物系。1990年本科毕业后赴美留学。1995年获美国密歇根州立大学（Michigan State University）生物化学博士学位，先后在罗切斯特大学（University of Rochester）生物系、索尔克（Salk）生物研究院做博士后研究，研究方向为分子遗传学。目前他定居美国加利福尼亚州，从事互联网开发、写作和兼任美国生物信息公司的咨询科学家，是中文互联网的先驱者之一。美国《科学》杂志曾两次专文介绍他。在这篇文章中，作者阐述了对基因科技与社会、伦理、法律等的关系的一些看法，其中的有些观点是比较尖锐的。你赞同或是反对他的哪些意见呢？能说出你的理由来吗？

课文

第一部分

不是要转你的基因

反科学组织在中国的代理人有意煽动民族自尊心，声称欧美①企业对中国实行歧视政策，暗示欧美各国把自己不敢吃的转基因食品②倾销到中国来。事实上，美国不仅是世界上转基因食品最大的生产国，也是最大的消费国。美国人食用转基因食品已有十年的历史，目前美国市场上的食品中，大约60%～70%含有转基因成分，而且不做标记。美国人显然不重视这方面的"知情权"。

如果有所谓公众"知情权"的话，那么更应该强调的，是公众获得准确的信息，不被有偏见的舆论所误导的权利。例如，在转基因作物问题上，有必要知道究竟什么是转基因作物，既然转基因作物如此不得人心，科学家为什么还要研究、推广？人们是否有必要对此如此恐慌？

许多人望文生义，误以为转基因食品要转变人体的基因，并为此忧心忡忡。其实转基因指的是把外源基因③转入作物之中发挥有益的作用，目前用得最多的是从芽孢杆菌④克隆出来的一种基因，有了这种基因的作物会制造一种毒性蛋白，这种蛋白对其他生物无毒，但能杀死某些特定的害虫，这样农民就可以减少喷洒杀虫剂，从而减少或消除农药对食品的污染。反转基因的人士一直在声称"转基因食品还是需要慎重"。这是一句正确的废话，因为任何食品都需要慎重。但是在这种语境下，它暗含的意思却是，必须证明转基因食品绝

1	基因	jīyīn	（名）	生物体遗传的基本单位。gene
2	恐慌	kǒnghuāng	（形）	因担忧、害怕而慌张不安。
3	声称	shēngchēng	（动）	公开地用语言或文字表示。
4	歧视	qíshì	（动）	不平等地看待。
5	暗示	ànshì	（动）	不明白表示意思，而用含蓄的言语或示意的举动使人领会。

基因时代的恐慌与真相

6	倾销	qīngxiāo	（动）	在市场上用低于平均市场价格（甚至低于成本）的价格大量抛售商品，目的在于击败竞争对手，夺取市场。
7	事实上	shìshíshàng		事情的实际情况方面。
8	食用	shíyòng	（动）	做食物用。
9	含有	hányǒu	（动）	（事物）里面存有。
10	标记	biāojì	（名）	标志；记号。sign, mark, symbol
11	知情权	zhīqíng quán	（名）	当事人知道非秘密的真实情况的权利。
12	公众	gōngzhòng	（名）	社会上大多数的人；大众。
13	舆论	yúlùn	（名）	公众的言论。
14	误导	wùdǎo	（动）	不正确地引导。
15	不得人心	bùdérénxīn		得不到众人的感情、支持等。
16	望文生义	wàngwén-shēngyì		不懂某一词句的正确意义，只从字面上去理解，做出错误的解释。
17	忧心忡忡	yōuxīn-chōngchōng		形容忧愁不安的样子。
18	克隆	kèlóng	（动）	生物体通过体细胞进行无性繁殖，复制出遗传性状完全相同的生命物质或生命体。clone
19	毒性	dúxìng	（名）	毒素的性质及其危害生物体的程度。toxicity, poisonousness
20	蛋白	dànbái	（名）	指蛋白质。protein
21	特定	tèdìng	（形）	某一个（人、地方、事物等）。
22	喷洒	pēnsǎ	（动）	喷射散落（多用于液体）。
23	（杀虫）剂	(shāchóng)jì	（名）	指某些起化学作用或物理作用的物质。杀虫剂：用来杀死害虫的药物。
24	语境	yǔjìng	（名）	使用语言的环境。
25	暗含	ànhán	（动）	做事、说话包含某种意思而未明白说出。

Advanced III 237

对无害，排除转基因食品有害的可能性，才算得上慎重。

所谓"天然"食品同样不可能排除有害的可能性：海鲜可能导致过敏，胆固醇⑤可能引起心脏病，等等。我们所能做的，只是问：有没有合理的理由和确凿的证据表明市场上的转基因食品要比相应的"天然"食品更有害健康？目前的答案是没有。我们不能为了一种没有依据的未来风险而放弃已知的益处，这些益处包括减少农药使用、增加产量、增加营养价值等等。

目前正准备大力推广的转基因水稻"金大米"，就是通过转基因技术让水稻制造β-胡萝卜素⑥，有助于消灭在亚洲⑦地区广泛存在的维生素⑧A缺乏症。转基因技术也可提高水稻中铁元素的含量，以减少亚洲妇女常见的贫血症。

事实上，转基因食品不仅是安全的，而且往往要比同类非转基因食品更安全。种植抗虫害转基因作物能不用或少用农药，因而减少或消除农药对食品的污染，而大家都知道，农药残余过高一直是现在食品安全的大问题。抗病害转基因作物能抵抗病菌的感染，从而减少食物中病菌毒素的含量。

应用转基因技术，还可以改变某些食物的致敏成分，使得对这些食物过敏的人也可以放心地食用。此外，用转基因技术改变种子油⑨的成分，降低饱和脂肪酸⑩的含量，或降低重金属在果实、种子中的沉积，都是很有益身体健康的。

转基因技术与传统育种技术（例如杂交）相比，有其独特性，比如，它可以打破物种的界限，将动物、微生物基因转入植物中。但是，从总体上来说，

26	无害	wúhài		没有危害。
27	排除	páichú	（动）	除掉；消除。
28	有害	yǒuhài		有危害。
29	海鲜	hǎixiān	（名）	供食用的新鲜的海鱼、海虾等。seafood
30	过敏	guòmǐn	（动）	肌体对某些药物或外界刺激的感受性不正常地增高的现象。allergy
31	胆固醇	dǎngùchún	（名）	醇的一种，白色晶体，质地软。cholesterol
32	心脏病	xīnzàngbìng	（名）	人的心脏结构、功能出现的异常或疾病的统称。heart disease
33	确凿	quèzáo	（形）	非常确实。

基因时代的恐慌与真相 8

34	相应	xiāngyìng	（动）	互相呼应或照应；相适应。
35	风险	fēngxiǎn	（名）	可能发生的危险。
36	益处	yìchù	（名）	对人或事物有利的因素；好处。
37	有助于	yǒuzhùyú	（动）	对某人某事有帮助。
38	症	zhèng	（名）	疾病。
39	常见	chángjiàn	（形）	经常见到或碰到的。
40	贫血	pínxuè	（动）	人体的血液中红细胞的数量或血红蛋白的含量低于正常的数值时叫作贫血。anaemia
41	同类	tónglèi	（形）	类别相同。
42	虫害	chónghài	（名）	昆虫或蛛螨等对植物造成的危害。insect pest
43	残余	cányú	（名）	在消灭或淘汰的过程中残留下来的人、事物、思想意识等。
44	病害	bìnghài	（名）	细菌、真菌、病毒或不适宜的气候、土壤等对植物造成的危害。(plant) disease
45	感染	gǎnrǎn	（动）	病原体侵入机体，在体内生长繁殖引起病变；受到感染。infect
46	毒素	dúsù	（名）	某些机体产生的有毒物质。toxin
47	重金属	zhòngjīnshǔ	（名）	通常指密度大于4.5g/cm³的金属。heavy metal
48	沉积	chénjī	（动）	指物质在溶液中沉淀积聚起来。
49	育种	yùzhǒng	（动）	用人工方法培育动植物新品种。
50	杂交	zájiāo	（动）	不同种、属或品种的动物或植物进行交配或结合。hybridize, cross
51	相比	xiāngbǐ	（动）	互相比较。
52	物种	wùzhǒng	（动）	生物分类的基本单位，不同物种的生物在生态和形态上具有不同特点。species
53	界限	jièxiàn	（名）	不同事物的分界。
54	微生物	wēishēngwù	（名）	形体微小、构造简单的生物统称。microorganism, microbe
55	总体	zǒngtǐ	（名）	若干个体所合成的事物。

转基因技术仍是传统的育种方法的延伸，它所面临的健康、环保问题，传统作物同样也有。我们甚至可以说，转基因技术在某些方面要比传统的育种方法更安全可靠，因为当我们用传统的育种方法将两种亲本进行杂交时，对它们的基因大多数都茫然无知，无法预知其可能的后果；而在转基因时，转入的却是有了透彻了解的特定基因。

第二部分

不必害怕"克隆人"

克隆人的特征是与他（她）的供体有几乎相同的遗传物质。也可以说，他（她）与其供体是不同时出生的孪生。事实上，克隆人与供体的遗传相似性还不如孪生子。如果我们不觉得孪生子有什么可怕，就不该对克隆人感到可怕。那么人们为什么纷纷谴责对人的克隆？他们有什么反对理由，这些理由是否成立？

反对克隆人的理由包括神学或哲学的、学术的、社会伦理的和技术的四个方面。这些反对大都是出于对克隆技术的无知或误会。国际人文主义学院的31名桂冠人文主义者签署的《为克隆和科研完整性辩护宣言》中指出："我们看不出在克隆非人类的高等动物问题上存在内在的道德难题。我们也看不出来未来在克隆人体组织或甚至克隆人的进展将会产生人类理性无法解决的道德困境。"

56	延伸	yánshēn	（动）	延长；伸展。
57	环保	huánbǎo	（名）	环境保护。
58	亲本	qīnběn	（名）	杂交时所选用的父本和母本的统称。parent
59	茫然	mángrán	（形）	完全不知道的样子。
60	无知	wúzhī	（形）	缺乏知识；不明事理。
61	预知	yùzhī	（动）	预先知道。
62	供体	gōngtǐ	（名）	课文中指在克隆时提供体细胞的个体。

基因时代的恐慌与真相

63	遗传物质	yíchuán wùzhì		亲代与子代之间传递信息的物质。
64	孪生	luánshēng	（形）	（两人）同一胎出生的。
65	谴责	qiǎnzé	（动）	责备；严正申斥。
66	神学	shénxué	（名）	援用唯心主义哲学来论证神的存在、本质和宗教教义的一种学说。
67	出于	chūyú	（动）	从某种立场、态度出发。
68	人文主义	rénwén zhǔyì		欧洲文艺复兴时期的主要思想，反对宗教教义和中古时期的经院哲学，提倡学术研究，主张思想自由和个性解放，肯定人是世界的中心。是资本主义萌芽时期的先进思想，但缺乏广泛的民主基础。
69	桂冠	guìguān	（名）	月桂树叶编的帽子，古代希腊人授予杰出的诗人或竞技的优胜者。后来欧洲习俗以桂冠为光荣的称号，现在也用来指竞赛中的冠军。laurels
70	签署	qiānshǔ	（动）	在重要的文件上正式签字。
71	辩护	biànhù	（动）	为了保护别人或自己，提出理由、事实来说明某种见解或行为是正确合理的，或是错误的程度不如别人所说的严重。
72	高等动物	gāoděng dòngwù		在动物学中，一般指身体结构复杂、组织和器官分化显著并具有脊椎的动物。higher animal
73	内在	nèizài	（形）	事物本身所固有的（跟"外在"相对）。
74	进展	jìnzhǎn	（动）	（事情）向前发展。
75	理性	lǐxìng	（形）	指属于判断、推理等活动的（跟"感性"相对）。rational
76	困境	kùnjìng	（名）	困难的处境。

Advanced III

在我看来，并没有一种能经得起推敲的理由禁止克隆人。那么我是否赞同现在就进行人的克隆呢？并不，只不过我反对的理由，并不是理论原因，而是技术因素。在克隆成功率非常低、克隆后代容易产生遗传缺陷的情况下，贸然进行人类的克隆，无疑是不人道的。在现在的技术条件下，应该暂时禁止对人的克隆。但是在条件成熟，有充足的证据（例如对其他灵长类克隆的结果）证明对人的克隆安全可靠时，则没有充分的理由禁止任何克隆人的尝试。滥用克隆技术，例如成批地克隆同一个人，则在任何条件下都是应该禁止的。

不管怎样，不管是否有法律严禁、有多少个国家禁止，都无法阻止有人进行克隆人的尝试，因为禁止克隆人的法律，就像一切的法律，都无法禁止有人为了种种原因而以身试法。克隆人的诞生，只是迟早的事。在了解了克隆是怎么一回事后，我们根本不必为之惊慌。值得指出的是，不反对、不禁止克隆人并不等于就要支持、鼓励克隆人。事实上，克隆人除了可以作为一种辅助生殖手段，在科学上并没有什么价值，更有价值的是克隆动植物和克隆人体器官组织，后者才是我们应该大力研究的。

虽然对克隆人的必要性、合理性都是值得讨论的，也会长期争论下去，但是在讨论时，应该先明白问题的所在，起码也应该先了解一下克隆人究竟是怎么回事，而不要想当然地妄下论断，这才是诚实的态度。

第三部分

生物技术⑪的是是非非

今天我们所食用的、所役使的粮食、蔬菜、家畜、家禽，就都是几千年来通过人工选择所创造出来的新物种。基因工程⑫不过是使这个创造过程更有意

77	经得起	jīngdeqǐ	（动）	承受得了。也写作"禁得起"。
78	推敲	tuīqiāo	（动）	比喻斟酌字句，反复琢磨。
79	赞同	zàntóng	（动）	赞成；同意。
80	只不过	zhǐbuguò	（副）	只是；仅仅是。
81	（成功）率	(chénggōng)lǜ	（名）	两个相关的数在一定条件下的比值。成功率：成功的可能性。

基因时代的恐慌与真相

82	缺陷	quēxiàn	（名）	欠缺或不够完备的地方。
83	贸然	màorán	（副）	轻率地；不加考虑地。
84	灵长类	língzhǎnglèi	（名）	也称灵长目，指哺乳动物的一目，是最高等的哺乳动物。primate
85	尝试	chángshì	（动）	试；试验。
86	滥用	lànyòng	（动）	胡乱地过度地使用。
87	成批	chéngpī	（形）	大宗；大量。
88	种种	zhǒngzhǒng	（名）	各种各样。
89	以身试法	yǐshēn-shìfǎ		以自己的行为来试试法律的威力。指明知法律的规定还要去做触犯法律的事。
90	迟早	chízǎo	（副）	或早或晚；早晚。
91	惊慌	jīnghuāng	（形）	害怕紧张。
92	辅助	fǔzhù	（形）	辅助性的；非主要的。
93	生殖	shēngzhí	（动）	生物产生幼小的个体以繁殖后代。reproduction
94	后者	hòuzhě	（代）	称上文所列举的两件事中的后一件或两个人中的后一个。（与"前者"相对）
95	起码	qǐmǎ	（形）	最低限度的。
96	想当然	xiǎngdāngrán	（动）	凭主观推测，认为事情大概是或应该是这样。
97	妄	wàng	（副）	非分地，出了常规地；胡乱。
98	论断	lùnduàn	（名）	推论判断。
99	是是非非	shìshì-fēifēi		"是非"的重叠式。指事理的正确和错误。
100	役使	yìshǐ	（动）	使用（牲畜）；强迫使用（人力）。
101	家畜	jiāchù	（名）	人类为了经济或其他目的而驯养的兽类。
102	家禽	jiāqín	（名）	人类为了经济或其他目的而驯养的鸟类。

识、更有效率而已。如果我们真的相信"任何人为的东西都不如自然的生命那么和谐",那么我们就应该回到吃野菜、打野兽的野蛮时代。

我们不能仅仅根据目前的利益而决定如何从事科学研究。现在没有价值的研究,以后有可能带来无限的价值。现在只供少数人享用的技术,以后也可能造福大众。今天为无数患者带来福音的基因工程,起源于科学家对生物遗传奥秘的好奇。当限制性内切酶⑬在1970年被发现的时候,没有人料到它们会迅速地带来这场医学革命。甚至是那些目前看来有百害无一利的"坏"技术,也未尝不可以变害为利。比如核武器技术,能毁灭人类,在许多人看来应属于祸害无穷。但它却也能成为拯救人类的技术。地球总有一天会再次被大流星撞上导致物种大灭绝,在预测到这种情况时,发射核武器将流星炸毁或改变轨道,是目前我们所能想到的拯救地球的唯一办法。

如果我们能够同意,遗传设计在某些条件下是可取的,那么是否应该把这种权利完全交给父母,而政府并不加以干涉?个人的选择有时会危及人类社会的利益。最简单的一种遗传设计是选择后代的性别,这是目前就可以做到的。在传统社会中,父母倾向于生男孩,如果允许他们自由选择后代的性别,必然会导致性别比例的失调,造成严重的社会问题,这是在某些国家已经出现的,而在这些国家,也都因此禁止对婴儿的性别进行选择。在未来的遗传设计中,无疑还会有类似的社会问题出现。如何处理个人自由与社会利益的矛盾,并没有简单的答案。

随着遗传技术的发展,对这些问题的解答越来越迫切。伦理问题与科学问题不同,难以有明确的答案。但是科学技术的进展在提出新的伦理的同时,却也有助于我们了解某些伦理问题的实质并寻找答案。现在我们基本上还处于提出问题的阶段,不要贸然下结论,更不要迫不及待地关上某扇科学研究的大

103	而已	éryǐ	(助)	罢了。
104	人为	rénwéi	(动)	课文中是"人类制造"的意思。
105	野菜	yěcài	(名)	可以做蔬菜的野生植物。
106	野蛮	yěmán	(形)	不文明;没有开化。
107	享用	xiǎngyòng	(动)	使用某种东西而得到物质上或精神上的满足。

108	造福	zàofú	（动）	给人带来幸福。
109	料到	liàodào	（动）	料想到；估计到。
110	有百害无一利	yǒu bǎihài wú yílì		有很多坏处，没有一个好处。
111	未尝	wèicháng	（副）	加在否定词前面，构成双重否定，意思跟"不是（不、没）"相同，但口气比较委婉。
112	核武器	héwǔqì	（名）	利用核子反应所放出的能量造成杀伤和破坏的武器。也叫原子武器。nuclear weapon
113	毁灭	huǐmiè	（动）	摧毁消灭。
114	祸害	huòhài	（动）	损害。
115	无穷	wúqióng	（形）	没有穷尽；没有限度。
116	拯救	zhěngjiù	（动）	救。
117	流星	liúxīng	（名）	分布在星际空间的微小物体和尘粒，叫作流星体。它们飞入地球大气层，与大气摩擦发生热和光，这种现象叫流星。meteoroid, shooting star
118	灭绝	mièjué	（动）	完全消灭。
119	预测	yùcè	（动）	预先推测或测定。
120	炸毁	zhàhuǐ	（动）	爆炸使毁坏。
121	唯一	wéiyī	（形）	只有一个；独一无二。
122	可取	kěqǔ	（形）	可以采纳接受；值得学习或赞许。
123	危及	wēijí	（动）	有害于；威胁到。
124	失调	shītiáo	（动）	失去平衡；调配不当。
125	随着	suízhe	（动）	跟着。
126	迫不及待	pòbùjídài		急迫得不能再等待。

门。

从基因的观点看

在分子水平上研究人类的遗传差异，进一步否定了"人种"的存在，我们没能找到任何决定种族的基因。没有特别的基因决定了你是白种人、黄种人或其他种人。那些导致"种族"特征的基因在所有人种中都存在，只不过频率不同而已。人类群体肤色的差异，乃是自然选择作用下对阳光多寡的适应结果。

优生学[14]的遗传学[15]基础是完全错误的，其结果是可怕的。我们应该认识到，人类的遗传存在着极其广泛的多样性，而且大都是正常的。这种多样性，是自然选择的结果，也是生存的必要条件。

我们对人类在同一性之下的多样性了解得越多，就越明白它是多么复杂。任何试图抹杀人类同一性和多样性，将全人类简单地划分成几大种族的努力，在科学上都是站不住脚的。但是种族作为一个社会和政治概念，作为历史的产物，仍然会存在下去。在我们使用这一名词的时候，必须牢牢记住，种族不具有生物学[16]的意义。

每个人都有自己的个性，那么一个人的性格是先天决定的还是后天形成的？对性格的形成是遗传因素还是环境因素更重要？这是千百年来哲学家、科学家争论不休的问题，而采取哪种立场，有时与个人的体验有关。一位心理学家曾经说过，他的同事起初都是环境决定论者，直到他们有了第二个孩子，才意识到遗传因素的重要性。

简单地说，我们可以说遗传因素和环境因素对性格的影响大约同等重要。两个人的遗传差异越大，环境越不同，性格差异也就会越大。而两个人的性格相似主要是由于相似的遗传因素引起的，共享环境的影响很小。但是我们必须记住，遗传因素和环境因素实际上是无法截然分开的，而是混杂在一起、交互发生作用的，从这个意义上说，区分影响性格的因素有多少属于遗传的影响，有多少属于环境的影响，是不可能的。遗传、环境，以及经常被忽视的随机因素，都对人性有重要的影响，这大概是我们对人性是天然还是使然这个千古难题所能做出的最好回答。

（作者：方舟子　选自《基因时代的恐慌与真相》）

127	分子	fēnzǐ	（名）	物质中能够独立存在并保持本物质一切化学性质的最小微粒，由原子组成。molecule
128	差异	chāyì	（名）	差别；不相同。
129	种族	zhǒngzú	（名）	人种。race (of people)
130	肤色	fūsè	（名）	皮肤的颜色。
131	乃（是）	nǎi(shì)	（副）	是；就是。
132	多寡	duōguǎ	（名）	指数量的大小。
133	多样	duōyàng	（形）	多种样式。
134	同一	tóngyī	（形）	一致；统一。
135	试图	shìtú	（动）	打算。
136	划分	huàfēn	（动）	把整体分成几部分。
137	站（不）住脚	zhàn(bu)zhùjiǎo		（理由）等不成立。
138	先天	xiāntiān	（名）	人跟动物的胚胎时期（与"后天"相对）。congenital, inborn
139	不休	bùxiū	（动）	不停止。
140	体验	tǐyàn	（动）	通过实践来认识周围的事物；亲身经历。
141	同事	tóngshì	（名）	在同一单位工作的人。
142	同等	tóngděng	（形）	等级或地位相同。
143	共享	gòngxiǎng	（动）	共同享用。
144	截然	jiérán	（副）	形容界限分明，像割断一样。
145	混杂	hùnzá	（动）	混合掺杂。
146	交互	jiāohù	（副）	互相。
147	区分	qūfēn	（动）	区别。
148	随机	suíjī	（形）	不设任何条件，随意地。
149	人性	rénxìng	（名）	人所具有的正常的感情和理性。human feelings
150	使然	shǐrán	（动）	（由于某种原因）致使这样。
151	千古	qiāngǔ	（名）	长远的年代。

注释

① **欧美**：指欧洲和美洲。Europe and America

② **转基因食品**：即GM食品，指经过遗传工程改造的食品。

③ **外源基因**："外源基因"通常是指在生物体中原来不存在的基因，或指生物体中已存在但不表达的基因。转移了外源基因的生物体会因产生新的多肽或蛋白质而出现新的生物学性状（表型）。

④ **芽孢杆菌**：细菌的一科。本科细菌对外界有害因子抵抗力强，分布广，存在于土壤、水、空气以及动物肠道等处，与人类关系密切。

⑤ **胆固醇**：醇的一种，白色晶体，质地软。人的胆汁、神经组织、血液中含胆固醇较多。胆固醇代谢失调会引起动脉硬化和胆结石。

⑥ **β-胡萝卜素**：β-胡萝卜素是具有保健作用的天然色素，也是一种抗氧化剂。它在多种植物中存在，令水果和蔬菜拥有了饱满的黄色和橘色。

⑦ **亚洲**：Asia, Asian。

⑧ **维生素**：人和动物所必需的某些少量有机化合物，对机体的新陈代谢、生长、发育、健康有极重要的作用。vitamin

⑨ **种子油**：指植物的种子中所含的油脂。种子油既是人类的食品，又是重要的工业原料。

⑩ **饱和脂肪酸**：简称SFA，其中没有人体必需的脂肪酸。动物油脂都是饱和脂肪酸。它的"低密度脂蛋白胆固醇"及"甘油三脂"是导致高血压和动脉粥样硬化的主要成分。

⑪ **生物技术**：指在生物方面的高新技术。

⑫ **基因工程**：利用高新技术，将细胞中带有遗传功能的基因加以剪切和连接，使染色体出现性质的变化，进而培育出符合人类需要的动植物制品或生物制品。

⑬ **限制性内切酶**：英文名restriction endonuclease，在生物体内有一类酶，它们能将外来的DNA切断，即能够限制异源DNA的侵入并使之失去活力，但对自己的DNA却无损害作用，这样可以保护细胞原有的遗传信息。由于这种切割作用是在DNA分子内部进行的，故名限制性内切酶(简称限制酶)。

⑭ **优生学**：运用遗传学原理来改善人类的遗传素质的学科。

⑮ **遗传学**：研究生物遗传与变异规律，亦即研究负载遗传信息基因的传递和表达规律的学科。

⑯ **生物学**：亦称"生物科学"，自然科学的一个部门。研究动物、植物和微生物的生命物质的结构和功能，它们各自发生和发展的规律，生物之间以及生物与环境之间的相互关系。

综合练习

Ⅰ 词语练习

一 用画线的字组成其他的词

1. 误导：（　　　）（　　　）（　　　）（　　　）
2. 贫血：（　　　）（　　　）（　　　）（　　　）
3. 感染：（　　　）（　　　）（　　　）（　　　）
4. 缺陷：（　　　）（　　　）（　　　）（　　　）
5. 截然：（　　　）（　　　）（　　　）（　　　）

二 填入合适的名词

（一）暗示（　　　）　　倾销（　　　）　　含有（　　　）

　　　误导（　　　）　　克隆（　　　）　　喷洒（　　　）

　　　暗含（　　　）　　排除（　　　）　　感染（　　　）

　　　预知（　　　）　　签署（　　　）　　推敲（　　　）

　　　滥用（　　　）　　造福（　　　）　　毁灭（　　　）

　　　危及（　　　）　　抹杀（　　　）　　划分（　　　）

（二）（　　　）恐慌　　（　　　）过敏　　（　　　）相应

　　　（　　　）沉积　　（　　　）延伸　　（　　　）进展

　　　（　　　）灭绝　　（　　　）失调　　（　　　）共享

（三）特定的（　　　）　　确凿的（　　　）　　同类的（　　　）
　　　茫然的（　　　）　　无知的（　　　）　　透彻的（　　　）
　　　人道的（　　　）　　惊慌的（　　　）　　起码的（　　　）
　　　和谐的（　　　）　　野蛮的（　　　）　　无穷的（　　　）

三　填入合适的动词

（一）（　　　）真相　　（　　　）知情权　　（　　　）偏见
　　　（　　　）舆论　　（　　　）毒性　　　（　　　）虫害
　　　（　　　）残余　　（　　　）毒素　　　（　　　）界限
　　　（　　　）环保　　（　　　）桂冠　　　（　　　）困境
（二）贸然（　　　）　　成批（　　　）　　截然（　　　）
　　　交互（　　　）　　随机（　　　）　　透彻（　　　）

四　填入合适的形容词或副词

（一）（　　　）的标记　　（　　　）的舆论　　（　　　）的语境
　　　（　　　）的缺陷　　（　　　）的论断　　（　　　）的风险
　　　（　　　）的肤色　　（　　　）的群体　　（　　　）的流星
（二）（　　　）贫血　　　（　　　）谴责　　　（　　　）推敲
　　　（　　　）辩护　　　（　　　）签署　　　（　　　）抹杀

五　填入合适的量词或名词

一（　　　）桂冠　　一（　　　）野菜　　一（　　　）流星

六　写出下列词语的近义词或反义词

（一）写出近义词

歧视——　　恐慌——　　公众——　　偏见——
特定——　　排除——　　风险——　　感染——
谴责——　　辩护——　　赞同——　　尝试——
和谐——　　毁灭——　　拯救——　　差异——

（二）写出反义词

歧视—— 恐慌—— 益处—— 常见——

同类—— 无知—— 内在—— 理性——

贸然—— 后者—— 野蛮—— 先天——

七 选词填空

暗示　倾销　误导　暗含　感染　延伸　谴责　进展
推敲　滥用　拯救　抹杀　不休　危及　失调

1. 中国社会的改革开放是从农村（　　　）到城市的。
2. 一群孩子在外面吵闹（　　　），搞得人无法静下心来。
3. "夕阳无限好，只是近黄昏"这两句诗表面上是描写自然景色，实际上（　　　）着对人生的感慨。
4. 人类的活动已经给自然环境造成了极大的破坏，如果再不采取措施（　　　）地球，今后的环境问题会越来越严重。
5. 课文中的每一句话都经过作者认真的（　　　），所以是经得起我们仔细研读的。
6. 朋友给了他一个（　　　），让他赶快离开这个是非之地。
7. 不要小看一些身体的小毛病，如果不及时治疗，有时会（　　　）我们的生命。
8. 自从那次郊游之后，他们俩的感情（　　　）很快，现在已经到了形影不离的程度。
9. 陈大妈之所以会买这种毫无用处的保健品，就是受了广告的（　　　）。
10. 医生一再告诫他，千万不要（　　　）药物，否则对身体有害无益。
11. 电影中的故事深深地（　　　）了每一位观众，整个剧场鸦雀无声。
12. 医生认为他的肠胃病是由于饮食（　　　）造成的。
13. 年末或换季的时候，商家都会采取各种手段把商品（　　　）出去。
14. 他现在虽然犯了错误，但也不能因此把他以前所做的一切都一笔（　　　）了呀。
15. 他们这种造假卖假的行为受到了社会舆论的严厉（　　　）。

恐慌　确凿　同类　茫然　透彻　起码　贸然　和谐
截然　随机　可取　同等　野蛮　未尝　迟早

16. 创建（　　　）社会是当今中国人的追求的一个重要目标。

17. 人类创造的文明使我们远离了茹毛饮血的（　　　）时代，但我们要警惕另一种"（　　　）"，那就是对自然界的（　　　）掠夺。

18. 看着对方一副（　　　）的表情，小张猜测他也许是个聋哑人，听不见别人在说什么。

19. 为了考第一名就去作弊，你说你这样做（　　　）吗？

20. 上课和完成作业是老师对一个学生的最（　　　）的要求。

21. 王教授在一千个人中（　　　）抽取了一百人来作为自己的调查对象。

22. 一场大地震使这个城市陷入了（　　　），面对倒塌的房屋和死伤的人大家的心情难以平静下来。

23. 我（　　　）不想过轻松舒服的日子，但生活的压力让我轻松不起来。

24. 他还没有搞清楚对方的意图，就（　　　）答应了对方的要求。这说明他处理事情还是比较幼稚。

25. 在我的人生中，家庭和事业（　　　）重要，哪个都不能偏废。

26. 老师把孙子兵法解释得非常（　　　），使我们深受教益。

27. 她们俩虽然是孪生姐妹，但性格却（　　　）不同，一个大胆泼辣，一个温柔贤惠。

28. 一个人外在的青春（　　　）会流逝，但内心的青春却是可以永久保留下去的。

29. 有经济学家做过研究，（　　　）的商店开在一起，让消费者有更大的选择余地，反而有利于商品的销售。

八 解释句子中画线部分的意思

1. ……，<u>暗示</u>欧美各国把自己不敢吃的转基因食品<u>倾销</u>到中国来。

   A. 暗暗地表示，不当面说　用高于平均价格的价格抛售商品

   B. 含蓄地表示，不明白地说　用低于平均价格的价格抛售商品

   C. 暗中地指示，不清楚地说　用市场平均价格抛售商品

2. 美国人显然不重视这方面的"<u>知情权</u>"。

   A. 指当事人知道非秘密的真实情况的权利

   B. 指当事人知道所有的真实情况的权利

   C. 指当事人知道知识和真实情况的权利

3. 既然转基因作物如此<u>不得人心</u>，科学家们为什么还要研究、推广？

   A. 得不到众人的感情、支持等

B. 得不到人们的帮助、信任等

C. 得不到大家的同情、援助等

4. 许多人望文生义，误认为转基因食品要转变人体的基因，……

   A. 看着文章的内容对它的意思产生理解

   B. 从文章的表面上去猜测它的意思

   C. 只从字面上去附会词句的意思，做出错误的解释

5. ……，误认为转基因食品要转变人体的基因，并为此忧心忡忡。

   A. 形容心里担忧害怕

   B. 形容内心忧愁痛苦

   C. 形容忧愁不安的样子

6. ……，对它们的基因大多数都茫然无知，无法预知其可能的后果。

   A. 完全不知道，缺乏这方面的知识

   B. 心里很糊涂，没有这方面的信息

   C. 不知怎么办，缺少这方面的经验

7. ……，并没有一种经得起推敲的理由禁止克隆人。

   A. 经得起对理由的反复质疑和批判

   B. 经得起对字句的反复斟酌和琢磨

   C. 经得起对事件的反复回忆和思考

8. 在……的情况下，贸然进行人类的克隆，无疑是不人道的。

   A. 突然地　　B. 轻率地　　C. 冒失地

9. 滥用克隆技术，例如成批地克隆同一个人，则在任何条件下都是应该禁止的。

   A. 很多地长期地使用

   B. 随便地一般地使用

   C. 胡乱地过度地使用

10. ……，都无法禁止有人为了种种原因而以身试法。

    A. 指不知法律的规定而去做了触犯法律的事

    B. 指明知法律的规定还要去做触犯法律的事

    C. 指明知法律的规定就不去做触犯法律的事

11. ……，而不要想当然地妄下论断。

    A. 胡乱　　　B. 轻易　　　C. 错误

12. 甚至是那些目前看来有百害无一利的"坏"技术，也<u>未尝不可以</u>变害为利。

    A. 未曾不可以

    B. 未免不可以

    C. 不是不可以

13. ……，不要贸然下结论，更不要<u>迫不及待</u>地关上某扇科学研究的大门。

    A. 急迫得不能再等待

    B. 迫切得来不及对待

    C. 紧迫得不可以期待

14. 任何试图<u>抹杀</u>人类同一性和多样性，……

    A. 全部取消；完全不管

    B. 一律消除；完全不留

    C. 一概不计；完全勾销

15. ……，将全人类简单地划分成几大种族的努力，在科学上都是<u>站不住脚</u>的。

    A. 研究不彻底

    B. 理由不成立

    C. 做法不可靠

16. ……，遗传因素和环境因素实际上是无法<u>截然</u>分开的，……

    A. 形容特点明显，像割断一样

    B. 形容界限分明，像割断一样

    C. 形容风格不同，像割断一样

九 用所给的词语填空，并模仿造句

> 不得人心　望文生义　忧心忡忡　人文主义　以身试法　是是非非
> 有百害无一利　迫不及待　争论不休　站（不）住脚　有助于　经得起

1. 唐代诗人杜甫的作品表现了强烈的忧国忧民的思想感情，有着浓厚的（　　　　）色彩。

2. 香喷喷的饭菜一端上来，饥肠辘辘的孩子们就（　　　　）地狼吞虎咽起来。

3. 他（　　　　）地说："我现在欠了银行一大笔钱。买房子的贷款要到60岁时才能还清。我现在成了真正的'房奴'"。

4. 围绕着哪一种学习方法更好的问题,同学们(　　　),始终不能得出一个一致的结论。

5. 政府如果不为老百姓谋利益的话,就会成为一个(　　　)的政府。

6. 从科学的角度来看,吸烟对健康有好处的观点是完全(　　　)的。

7. 家庭生活中的(　　　)难以分辨清楚,难怪有俗话说,清官难断家务事。

8. 在婚姻生活中,猜疑和不信任(　　　),是婚姻的主要"杀手"。

9. "叶公好龙"这个成语出自古代寓言故事,它的寓意是:并不真正爱某个事物;而不仅仅是"叶公喜欢龙"这个意思。学习成语一定不能(　　　)。

10. 经常的运动和科学的生活方式(　　　)我们保持健康的身体和年轻的精神状态。

11. 老王明明知道利用职权收受贿赂是违法行为,但他无法抵抗金钱的诱惑,不惜(　　　),换来的结果是银铛入狱。

12. 书法大师的作品功力深厚,(　　　)欣赏者仔细地品味;而普通的作品只要看上一眼就能发现很多缺陷。

II 课文理解练习

一 根据课文内容判断正误

【不是要转你的基因】

1. 欧美各国的人们都不敢吃转基因食品。　　　　　　　　　　(　　)
2. 在美国,转基因食品的生产和消费量都很大。　　　　　　　　(　　)
3. 根据第二段的内容,作者认为公众还没有获得准确的关于转基因作物的信息。　　　　　　　　　　　　　　　　　　　　　　　　(　　)
4. 很多人认为转基因食品会改变人体的基因,这种担心是有根据的。(　　)
5. 转基因作物的一大好处是可以减少杀虫剂的使用,降低农药的污染。(　　)
6. 作者认为,天然食品也不是绝对无害的。　　　　　　　　　　(　　)
7. 转基因技术还可以增加植物的营养,对某些疾病有防治作用。　(　　)
8. 就安全性而言,作者认为非转基因食品比转基因食品更好。　　(　　)
9. 传统的育种技术还是比转基因技术更加成熟、可靠。　　　　　(　　)

【不必害怕"克隆人"】

10. 因为克隆人与他的供体的遗传物质是基本相同的,所以可以说,他们是不同时出生的孪生。　　　　　　　　　　　　　　　　　　　　　　　(　　)

11. 现在反对克隆人的理由主要神学或哲学方面的。　　　　　　(　　)

12. 作者认为反对克隆人的理由是完全成立的。　　　　　　　　(　　)

13. 作者并不赞成现在就进行人的克隆。　　　　　　　　　　　(　　)

14. 作者认为,现在克隆人的技术条件已经很成熟了,完全可以进行人类的克隆了。　　　　　　　　　　　　　　　　　　　　　　　　(　　)

15. 作者认为,克隆人的行为是法律所阻止不了的。　　　　　　(　　)

16. 作者认为克隆人体器官比克隆人更有价值。　　　　　　　　(　　)

【生物技术的是是非非】

17. 作者赞成"任何人为的东西都不如自然的生命那么和谐"这个观点。(　　)

18. 目前看来没有价值的科学研究以后都会产生无限的价值。　　(　　)

19. 在作者看来,核武器技术是有百害无一利的。　　　　　　　(　　)

20. 在遗传设计方面,始终存在着个人自由与社会利益的矛盾。　(　　)

21. 科学技术的进步有助于人们了解某些伦理问题的实质。　　　(　　)

22. 作者认为,不要贸然对我们还不清楚的问题下结论。　　　　(　　)

【从基因的观点看】

23. 根据文章的内容,人类皮肤颜色的差异是基因决定的。　　　(　　)

24. 人类遗传存在着广泛的多样性,这是自然选择的结果。　　　(　　)

25. 作者不赞成把人类简单地划分成几大种族的做法。　　　　　(　　)

26. 作者认为,是遗传因素决定了一个人的性格。　　　　　　　(　　)

27. 就对人的性格的影响而言,遗传因素和环境因素是结合在一起,不可分割的。　　　　　　　　　　　　　　　　　　　　　　　　　(　　)

28. 影响人性的因素就是遗传和环境两个方面。　　　　　　　　(　　)

基因时代的恐慌与真相 8

二 根据课文内容，用指定的词语回答问题

1. 根据作者的介绍，美国人食用转基因食品的情况如何？
   （事实上　不仅是……，也是……　食用　含有　标记　知情权）

2. 在作者心目中，"知情权"应该是什么？
   （公众　强调　获得　偏见　误导　在……问题上　不得人心　恐慌）

3. 转基因食品有什么优越性？
   （指的是　转入　发挥　克隆　作物　制造　无毒　特定　喷洒　从而）

4. 对人体来说，转基因食品比天然食品更加有害吗？
   （所谓　排除　确凿　表明　相应　答案）

5. 为什么说转基因食品是安全的？
   （不仅……，而且……　种植　因而　残余　抵抗　从而　含量　过敏　此外）

6. 与传统的育种技术相比，转基因技术有什么独特性？
   （打破　物种　将……转入……　甚至　杂交　茫然无知　预知　透彻）

7. 作者对克隆人类有什么看法？
   （经得起　只不过　技术　缺陷　贸然　无疑　暂时　充足　滥用）

8. 作者认为克隆人会出现吗？
   （不管……，都……　以身试法　迟早　为之　事实上　更有价值的是）

9. 作者认为应该如何看待新的科学技术研究？
   （仅仅……而……　价值　享用　造福　有百害无一利　未尝）

10. 如果实现"遗传设计"的话会有什么矛盾？
    （是否……，而……　危及　选择　失调　未来　无疑）

11. 在分子水平上研究人类的遗传差异，可以发现"人种"是怎么回事？
    （否定　导致　频率　群体　乃是　多样性　抹杀　站不住脚）

12. 对人的成长来说，遗传因素和环境因素哪个更重要？
    （同等　越……，越……，也就越……　相似　共享　截然　混杂　交互　区分）

三 思考与讨论

1. 读完文章，请总结一下作者对转基因技术的看法。
2. 作者是反对克隆人还是赞成克隆人？他这样看的理由是什么？
3. 在第三部分中，作者对目前的一些新的生物技术有什么看法？

4. 在第四部分中,作者对"种族"有什么看法?你同意他的看法吗?

5. 你认为人的性格的形成是先天决定的还是后天决定的?哪方面的影响更大一些?

6. 作者在这篇文章中所表达的观点,哪些是你同意的?哪些是你反对的?说说你的理由。

7. 面对形形色色的高科技成果走进我们的生活,你认为是利大于弊还是弊大于利?

8. 分组辩论:

   辩题1:你赞成克隆人吗

   正方:我赞成克隆人

   反方:我反对克隆人

   辩题2:遗传因素和环境因素哪个对人的性格形成影响更大

   正方:遗传因素对人的性格形成影响更大

   反方:环境因素对人的性格形成影响更大

阅读与理解

人工智能时代来了

人工智能概念诞生于20世纪50年代。进入21世纪以来,互联网和大数据推动人工智能进入新的春天。语音识别、图像分类、机器翻译、可穿戴设备、无人驾驶汽车等人工智能技术均取得了突破性进展。

中国人工智能技术攻关和产业应用虽然起步较晚,但发展势头迅速。有数据显示,2014年,中国市场的工业机器人销量猛增54%,达到5.6万台。2014年我国智能语音交互产业规模达到100亿元;指纹、人脸、虹膜识别等产业规模达100亿元。有业内人士表示,人工智能技术的快速发展,将是中国制造弯道超车的一次绝佳机会。对此谭铁牛院士也很乐观,他认为,人工智能将在国防、医疗、工业、农业、金融、商业、教育、公共安全等领域取得广泛应用,引发产业结构的深刻变革。在他看来,人工智能和人类智能各有所长,融合多种智能模式的混合智能，即"人+机器"，将在未来有广阔的应用前景。

人工智能真便捷

似乎从"元老级"的苹果Siri开始，语音助手的应用变得普及起来，有人如此评价，如果每个人都是孤独的个体，那么语音助手的出现则给了人们当一回小公主的机会，外出迷路又不愿意问人的时候，拉出语音助手来，分分钟解决交流障碍症；而一切吃喝住行方面的问题，只要能够做到言简意赅、意思明确，基本都能够通过语音助手获得帮助。

现在市场上流行的语音助手越来越多，其用途都差不多，既可以充当用户生活的百事通，又能够一定程度上陪着用户插科打诨。它们的推出是电子产品进一步智能化的表现，也是人工智能技术的一个应用。

在中国中文信息学会理事长李生教授看来，人工智能早已经渗透到我们生活的方方面面。"当我们搜索'羽绒服能水洗吗'这个问题时，搜索引擎会自动汇总网上的大量信息，计算并得到精准答案，这难道不是一种智能吗？"

因为具备了与人交流的一些功能，机器变得更聪明，这当中离不开自然语言处理领域的突破，自然语言处理就是将人类的语言分析转化生成计算机可以理解的语言。李生认为，搜索引擎中的意图分析和精准问答、电子商务中的自动客服、社交网络中的好友推荐，这些应用背后都有自然语言处理技术作为支撑，而自动问答、知识挖掘、情感分析、图像视频识别等正是目前人工智能重点关注的领域，"比如解决跨语言交流的机器翻译，目前有的机器翻译产品已具有相当程度的智能水平，既支持文本翻译，也支持语音翻译和拍照翻译，翻译的准确度和流畅度都很好，这样即使不懂外语的人，今后在手机上安装一个机器翻译App，也可以放心地出国旅行"。李生判断，随着互联网、大数据时代的到来，人工智能的发展将进入井喷期。

完全替代不可能

想象一下，随着人工智能科技的发展，未来人类将从很多危险和繁重的工作中解脱出来，享受机器人提供的便捷服务，从而把更多精力和智慧投入到真正需要人去完成的科学研究、艺术创作等工作中，这样的世界是不是更美好吗？

不过现实却并非如此惬意,在人工智能研究早期,有些科学家非常乐观地认为,随着计算机的普及和CPU计算能力的提高,实现人工智能指日可待。但事实证明,人工智能的发展没有预期的那么美好。直到进入21世纪,由于互联网的发展推动,人工智能才进入了春天。

中国科学院院士、中国人工智能学会副理事长谭铁牛表示,相比专业人工智能只擅长做特定的事情,人类的大脑有着更大的通用性,人类可以应对各种各样的环境,这种能力是与生俱来,无须学习的。目前来看,具备类似人脑这种能力的通用人工智能依然任重而道远。"比如说人脸识别现在比较火,前不久马云在德国说用人脸识别来刷脸支付,当然不是说人脸识别不好,但有时候双胞胎识别不了,儿子和父亲也区别不开。"

中国工程院院士、香港中文大学(深圳)校长徐扬生对此也有同感,他认为,过去几十年,科学家往往将更多的精力集中在机器人动作的研究上,让机器人能像人类一样爬、抓、行、跳等,在真正的"智能"问题上却鲜有建树。他打了一个比方:前50年,我们研究的多是机器人"穿衣服"这个动作,却没有让机器人学会"要不要穿衣服"等感知和认知能力。

谭铁牛说,人的大脑是一个通用智能系统,可以举一反三、融会贯通。与之相比,现有的人工智能还做不到,因此人工智能并不比人类聪明,比如人工智能虽然可以在国际象棋比赛中打败人类冠军,但在对智能水平要求更高的围棋项目中只相当于业余五段水平[①],目前无人驾驶的概念车只能在某些测试路段做到高度自动驾驶,而在人口密集型城市街道实现完全自动驾驶还需要长期攻关。

是天使还是魔鬼

几乎从人类幻想出"人工智能"这一概念的时刻起,关于"人工智能是天使还是魔鬼"的争论便从未停止,一方面,人们期待人工智能可以像卡通形象"大白"一样造福于人类;但另一方面,不少人却担心人工智能一旦拥有智慧,人类或遭遇灭顶之灾。

曾经,大众汽车新生产线上的安装机器人将一名技师抓住并按压致死,

[①] 编辑注:本文写于2015年。2017年5月,围棋机器人AlphaGo击败世界围棋冠军柯洁。

有人预言人类发明的自动驾驶汽车总有一天会撞死一位人类,而《终结者》《黑客帝国》等电影早已描绘出计算机开发超级智能、毁灭人类的反乌托邦前景,还有媒体列出12种"末日危机",其中就包括人工智能接管世界,而近年来包括斯蒂芬·霍金、比尔·盖茨、埃隆·马斯克在内的一些科技和理论巨人都曾警告人工智能可能是人们面临的最大灭绝风险,这样的观念从当今最聪明的头脑中说出,不得不引发人们思考。

不过持积极态度的人也不少,牛津大学的哲学家尼克·博斯特伦就认为"人工智能不会毁灭人类",他举的例子是,将一名母语为英语、从未说过汉语的聪慧女孩关进一间有大量汉语学习用书的房间,要求她流利地说汉语,无论她多么聪明多么努力,也无法达到母语是汉语的人的水平,因为要想熟练掌握一门语言,关键是要同语言流利的人一起交流,同样人工智能在缺少与人类自然交流的情境下很难达到人类的智能水平。

在一些科幻小说或电影大片中会有未来像机器人那样的智能生命代替人类接管地球的场景,人工智能如果获得超越人类的智能,是否会反过来统治人类,一些乐观人士持否定态度,因为如果智商能成就权力,那国家就应由科学家、哲学家或象棋天才来统治,然而世界大多数国家的首脑并不是智力最为超群的那拨人,而是因为他们能力强、人脉广、魅力十足等原因才成为领袖从而号令他人,这些特点恰恰是未来的人工智能很难学到的,况且任何占领地球的计划都需要很多人的协作,人工智能会具备如此强大统一的执行力吗,值得怀疑。

还有人担心,如果人工智能发展不合理,未来的人类世界不仅会处于自己创造的危机之中,还极有可能出现人群两极化,精英人群控制智能终端,而普通大众则在智能化产品的包围和照顾下逐渐退化,最后成为被奴役的对象。

人工智能的发展终端是福是祸,谭铁牛院士给出了一个较为乐观的回答:"'水能载舟,亦能覆舟',把握得好,人工智能就是天使。"在他看来,当前,人工智能的发展尚处于初级阶段,难以超越人类,远不足以威胁人类的生存。任何高技术都是一把双刃剑。随着人工智能的深入发展和应用的普及,其社会影响日益明显。

(作者:蔡文清)

阅读练习

一 根据文章内容判断正误

1. 人工智能是21世纪出现的一项新科技。（　　）
2. 人工智能可以用在我们生活中的很多方面。（　　）
3. "中国制造弯道超车"的意思是，"中国制造"已经在各方面超过了发达国家制造的产品。（　　）
4. 谭铁牛院士认为，人工智能超过了人类智能。（　　）

【人工智能真便捷】

5. 苹果Siri的语音助手就是人工智能的较早的应用。（　　）
6. 消费者使用苹果"语音助手"的感受很不错。（　　）
7. 李生教授认为，搜索引擎并不属于人工智能的范畴。（　　）
8. 人工智能的实现必须建立在处理自然语言的技术上。（　　）
9. 目前人工智能还不能很好地实现跨语言交流的问题。（　　）

【完全替代不可能】

10. 人工智能可以帮助我们完全从危险和繁重的工作中解脱出来。（　　）
11. 人工智能与互联网的结合有很大的发展前途。（　　）
12. 人脑所具备的通用智能目前人工智能还没有完全做到。（　　）
13. 人脸识别技术已经很成熟，可以区别任何两个人。（　　）
14. 机器人在感知和认知等方面均已经跟人类相同。（　　）
15. 机器人在国际象棋、围棋等方面都已经能够战胜所有人类。（　　）
16. 无人驾驶汽车还不够成熟，不能在城市中使用。（　　）

【是天使还是魔鬼】

17. 有人担心机器人一旦拥有智慧，会让让人类遭受灭顶之灾。（　　）

18. 牛津大学的哲学家尼克·博斯特伦认为机器人的智能不会超过人类,因为它们缺少跟人类自然交流。　　　　　　　　　　　　　　　　(　　)
19. 人工智能发展到一定程度,会反过来统治人类。　　　　　　(　　)
20. 随着人工智能的发展,对社会的影响越来越明显。　　　　　(　　)

谈一谈

1. 你觉得文章的基本观点是倾向于支持还是反对人工智能?你为什么这样认为?
2. 在你的生活中用到了哪些人工智能?你的感受如何?
3. 你认为如果人工智能不断发展下去,到最后会不会控制人类?为什么?
4. 在你看来,历史上最伟大的科学发明是什么?
5. 说说你们国家最值得你自豪的科学发明。

附录一　词语索引

A

1	安乐死	ānlèsǐ	7
2	安贫乐道	ānpín-lèdào	6
3	安然	ānrán	7
4	安危存亡	ānwēi-cúnwáng	6
5	安详	ānxiáng	5
6	案情	ànqíng	7
7	暗含	ànhán	8
8	暗示	ànshì	8
9	黯然	ànrán	1
10	昂贵	ángguì	4

B

11	柏油	bǎiyóu	4
12	摆布	bǎibù	7
13	版图	bǎntú	2
14	半壁江山	bànbì jiāngshān	2
15	包容	bāoróng	1
16	保养	bǎoyǎng	5
17	背离	bèilí	4
18	本体	běntǐ	6
19	本土	běntǔ	3
20	比喻	bǐyù	6
21	比重	bǐzhòng	2
22	弊病	bìbìng	3
23	编纂	biānzuǎn	5
24	遍布	biànbù	5
25	辩护	biànhù	8
26	辩证思维	biànzhèng sīwéi	6
27	标榜	biāobǎng	2
28	标记	biāojì	8
29	标准化	biāozhǔnhuà	2
30	表决	biǎojué	7
31	表态	biǎotài	7
32	别墅	biéshù	3
33	并非	bìngfēi	5
34	病害	bìnghài	8
35	博大精深	bódà-jīngshēn	5
36	博客	bókè	1
37	博弈	bóyì	3
38	补给	bǔjǐ	4
39	不得人心	bùdérénxīn	8
40	不乏	bùfá	4
41	不合时宜	bùhé-shíyí	5
42	不堪设想	bùkān-shèxiǎng	4
43	不堪一击	bùkān-yìjī	1
44	不可告人	bùkě-gàorén	5
45	不偏不倚	bùpiān-bùyǐ	6
46	不容	bùróng	4
47	不为人先	bùwéi-rénxiān	6
48	不为已甚	bùwéi yǐshèn	6

49	不休	bùxiū	8
50	不治之症	búzhìzhīzhèng	7
51	布局	bùjú	2
52	步伐	bùfá	2
53	部落	bùluò	5
54	部族	bùzú	5

C

55	财富	cáifù	6
56	参与	cānyù	2
57	参照	cānzhào	3
58	残余	cányú	8
59	操守	cāoshǒu	2
60	层面	céngmiàn	4
61	差异	chāyì	8
62	拆除	chāichú	4
63	掺杂	chānzá	5
64	缠身	chánshēn	4
65	产权	chǎnquán	2
66	产业	chǎnyè	2
67	阐发	chǎnfā	6
68	长河	chánghé	5
69	尝试	chángshì	8
70	常见	chángjiàn	8
71	常人	chángrén	7
72	超脱	chāotuō	1
73	超越	chāoyuè	1
74	沉淀	chéndiàn	5
75	（成功）率	(chénggōng)lǜ	8
76	沉积	chénjī	8
77	沉沦	chénlún	4
78	陈旧	chénjiù	4
79	成批	chéngpī	8
80	吃亏是福	chīkuī-shìfú	6
81	迟早	chízǎo	8
82	持	chí	7
83	持重	chízhòng	6
84	虫害	chónghài	8
85	出台	chū tái	7
86	出于	chūyú	8
87	传承	chuánchéng	1
88	传媒	chuánméi	3
89	创业	chuàngyè	2
90	淳厚	chúnhòu	3
91	从何而来	cóng hé ér lái	5
92	从业	cóngyè	2
93	存量	cúnliàng	2
94	寸土寸金	cùntǔcùnjīn	4

D

95	大都市	dàdūshì	2
96	大多	dàduō	5
97	大亨	dàhēng	1
98	大同	dàtóng	3
99	大侠	dàxiá	1
100	大摇大摆	dàyáo-dàbǎi	1
101	大有人在	dàyǒu-rénzài	1
102	代称	dàichēng	5
103	殆	dài	4
104	单单	dāndān	5
105	胆固醇	dǎngùchún	8
106	蛋白	dànbái	8

107	当今	dāngjīn	3
108	档次	dàngcì	3
109	导向	dǎoxiàng	6
110	道观	dàoguàn	5
111	得以	déyǐ	3
112	德泽	dézé	6
113	诋毁	dǐhuǐ	5
114	抵触	dǐchù	4
115	地表	dìbiǎo	4
116	地层	dìcéng	4
117	地貌	dìmào	4
118	地域	dìyù	5
119	弟子	dìzǐ	6
120	帝王	dìwáng	6
121	颠覆	diānfù	1
122	典籍	diǎnjí	5
123	动力	dònglì	6
124	都城	dūchéng	5
125	毒素	dúsù	8
126	毒性	dúxìng	8
127	杜绝	dùjué	7
128	端倪	duānní	2
129	对策	duìcè	4
130	对抗	duìkàng	5
131	对照	duìzhào	7
132	多寡	duōguǎ	8
133	多样	duōyàng	8
134	多元化	duōyuánhuà	5
135	多元文化	duōyuán wénhuà	6
136	躲藏	duǒcáng	5

		E	
137	恶性循环	èxìng xúnhuán	4
138	恶意	èyì	5
139	而已	éryǐ	8

		F	
140	发奋	fāfèn	3
141	发奋图强	fāfèn-túqiáng	3
142	发扬光大	fāyáng-guāngdà	5
143	发育	fāyù	2
144	发源	fāyuán	5
145	发源地	fāyuándì	5
146	法案	fǎ'àn	7
147	藩篱	fānlí	3
148	翻天覆地	fāntiān-fùdì	3
149	繁杂	fánzá	5
150	反衬	fǎnchèn	1
151	反躬修己	fǎngōng-xiūjǐ	6
152	反躬自省	fǎngōng-zìxǐng	6
153	反省	fǎnxǐng	3
154	反思	fǎnsī	3
155	反作用	fǎnzuòyòng	4
156	返还	fǎnhuán	4
157	范畴	fànchóu	5
158	方家	fāngjiā	4
159	防患于未然	fáng huàn yú wèi rán	6
160	放达	fàngdá	6
161	放肆	fàngsì	6
162	放眼	fàngyǎn	5
163	分化	fēnhuà	3

164	分体	fēntǐ	3
165	分子	fēnzǐ	8
166	纷呈	fēnchéng	5
167	氛围	fēnwéi	2
168	丰富多彩	fēngfù-duōcǎi	5
169	风暴	fēngbào	1
170	风采	fēngcǎi	5
171	风马牛不相及	fēng mǎ niú bù xiāng jí	4
172	风险	fēngxiǎn	8
173	缝补	féngbǔ	3
174	缝纫机	féngrènjī	3
175	俸禄	fènglù	6
176	肤色	fūsè	8
177	扶持	fúchí	1
178	福音	fúyīn	3
179	辅	fǔ	5
180	辅助	fúzhù	5
181	辅助	fǔzhù	8
182	赋予	fùyǔ	2
183	富而好礼	fù ér hào lǐ	6
184	腹地	fùdì	2

G

185	感染	gǎnrǎn	8
186	刚毅进取	gāngyì jìnqǔ	6
187	高等动物	gāoděng dòngwù	8
188	高度	gāodù	6
189	高科技	gāokējì	2
190	高危	gāowēi	6
191	高新技术	gāoxīn-jìshù	2
192	割据	gējù	2
193	格格不入	gégé-bùrù	3
194	格言	géyán	6
195	个体	gètǐ	6
196	个体经济	gètǐ jīngjì	2
197	个中	gèzhōng	4
198	各不相同	gèbù xiāngtóng	6
199	各界	gèjiè	5
200	各异	gèyì	2
201	根子	gēnzi	4
202	公民	gōngmín	7
203	公正	gōngzhèng	3
204	公众	gōngzhòng	8
205	供体	gōngtǐ	8
206	共通	gòngtōng	6
207	共享	gòngxiǎng	8
208	勾画	gōuhuà	2
209	孤军奋战	gūjūn-fènzhàn	1
210	古董	gǔdǒng	5
211	固然	gùrán	6
212	故伎重演	gùjì-chóngyǎn	5
213	挂一漏万	guàyī-lòuwàn	4
214	关联	guānlián	4
215	关注	guānzhù	3
216	官方	guānfāng	5
217	官司	guānsi	7
218	管制	guǎnzhì	2
219	冠	guàn	2
220	光大	guāngdà	1
221	光亮	guāngliàng	6

222	广义	guǎngyì	4
223	广远	guǎngyuǎn	5
224	归服	guīfú	5
225	归根结底	guīgēn-jiédǐ	4
226	归结	guījié	5
227	归宿	guīsù	6
228	规避	guībì	7
229	规范	guīfàn	2
230	规范化	guīfànhuà	2
231	轨迹	guǐjì	2
232	桂冠	guìguān	8
233	国度	guódù	7
234	过错	guòcuò	7
235	过敏	guòmǐn	8

H

236	海滨	hǎibīn	2
237	海纳百川	hǎinàbǎichuān	5
238	海鲜	hǎixiān	8
239	含蓄	hánxù	1
240	含有	hányǒu	8
241	涵养	hányǎng	4
242	罕见	hǎnjiàn	4
243	航运	hángyùn	2
244	号啕	háotáo	7
245	耗	hào	4
246	和谐	héxié	6
247	核武器	héwǔqì	8
248	核心	héxīn	3
249	衡量	héngliáng	7
250	轰动	hōngdòng	2

251	弘扬	hóngyáng	6
252	宏大	hóngdà	5
253	后裔	hòuyì	5
254	后者	hòuzhě	8
255	厚积薄发	hòujī-bófā	1
256	户口	hùkǒu	3
257	划分	huàfēn	8
258	华夏儿女	Huáxià érnǚ	5
259	化育万物	huàyù-wànwù	6
260	话题	huàtí	2
261	环保	huánbǎo	8
262	缓行	huǎnxíng	7
263	患者	huànzhě	7
264	毁灭	huǐmiè	8
265	混杂	hùnzá	8
266	祸害	huòhài	6
267	祸害	huòhài	8

J

268	机制	jīzhì	3
269	基因	jīyīn	8
270	基于	jīyú	5
271	激励	jīlì	2
272	及其	jíqí	2
273	吉凶祸福	jíxiōng-huòfú	6
274	极度	jídù	3
275	极为	jíwéi	4
276	极限	jíxiàn	4
277	即便	jíbiàn	5
278	即位	jíwèi	5
279	集群	jíqún	2

280	计划经济	jìhuà-jīngjì	2		310	节操	jiécāo	6
281	既	jì	1		311	节用	jiéyòng	6
282	绩效	jìxiào	2		312	节制	jiézhì	6
283	加剧	jiājù	4		313	杰作	jiézuò	4
284	加快	jiākuài	2		314	结晶	jiéjīng	6
285	加速器	jiāsùqì	3		315	截然	jiérán	8
286	加之	jiāzhī	4		316	解脱	jiětuō	7
287	家畜	jiāchù	8		317	界限	jièxiàn	8
288	家禽	jiāqín	8		318	借机	jièjī	2
289	价值	jiàzhí	2		319	借鉴	jièjiàn	6
290	价值观	jiàzhíguān	6		320	金融	jīnróng	2
291	价值观念	jiàzhí guānniàn	2		321	尽头	jìntóu	4
292	价值取向	jiàzhí qǔxiàng	6		322	进而	jìn'ér	5
293	艰苦朴素	jiānkǔ-pǔsù	3		323	进取	jìnqǔ	2
294	兼容	jiānróng	2		324	进退迂回	jìntuì-yūhuí	6
295	见地	jiàndì	6		325	进展	jìnzhǎn	8
296	见微知著	jiànwēi-zhīzhù	6		326	经得起	jīngdeqǐ	8
297	建制	jiànzhì	4		327	经史	jīngshǐ	5
298	江湖	jiānghú	1		328	惊慌	jīnghuāng	8
299	僵化	jiānghuà	6		329	精华	jīnghuá	5
300	疆土	jiāngtǔ	3		330	精明	jīngmíng	2
301	降水量	jiàngshuǐliàng	4		331	精髓	jīngsuǐ	5
302	交互	jiāohù	8		332	精英	jīngyīng	1
303	交互作用	jiāohù zuòyòng	2		333	景观	jǐngguān	2
304	交汇	jiāohuì	2		334	警句省人	jǐngjù-xǐngrén	6
305	交往	jiāowǎng	2		335	警世	jǐngshì	6
306	角力	juélì	2		336	警喻	jǐngyù	6
307	脚踏实地	jiǎotàshídì	5		337	境地	jìngdì	7
308	接轨	jiē guǐ	3		338	境界	jìngjiè	5
309	揭示	jiēshì	4		339	迥异	jiǒngyì	4

340	纠纷	jiūfēn	7
341	救死扶伤	jiùsǐ-fúshāng	7
342	居	jū	2
343	局限	júxiàn	3
344	巨变	jùbiàn	3
345	具	jù	2
346	据此	jù cǐ	6
347	聚居	jùjū	5
348	聚沙成塔	jùshā-chéngtǎ	1
349	眷恋	juànliàn	7
350	决策	juécè	2
351	决战	juézhàn	5
352	绝症	juézhèng	7
353	崛起	juéqǐ	2

K

354	开工	kāi gōng	3
355	开拓	kāituò	3
356	康健	kāngjiàn	3
357	亢龙有悔	kàng lóng yǒu huǐ	6
358	考证	kǎozhèng	1
359	可取	kěqǔ	8
360	可谓	kěwèi	2
361	克隆	kèlóng	8
362	刻不容缓	kèbùrónghuǎn	4
363	恐慌	kǒnghuāng	8
364	口耳相传	kǒu'ěr-xiāngchuán	5
365	口吻	kǒuwěn	6
366	枯竭	kūjié	4
367	快意	kuàiyì	1
368	脍炙人口	kuàizhì-rénkǒu	6
369	宽容	kuānróng	2
370	困境	kùnjìng	8
371	扩展	kuòzhǎn	3

L

372	来历	láilì	5
373	来源（于）	láiyuán(yú)	5
374	滥用	lànyòng	8
375	浪花	lànghuā	1
376	乐趣	lèqù	5
377	乐志于道	lè zhì yú dào	6
378	累积	lěijī	5
379	理念	lǐniàn	6
380	理性	lǐxìng	8
381	力图	lìtú	3
382	历程	lìchéng	3
383	立法	lìfǎ	7
384	立交桥	lìjiāoqiáo	4
385	立身	lìshēn	5
386	利于	lìyú	5
387	例证	lìzhèng	7
388	连锁反应	liánsuǒ fǎnyìng	4
389	联名	liánmíng	7
390	良性	liángxìng	4
391	良知	liángzhī	7
392	凉爽	liángshuǎng	4
393	辽阔	liáokuò	5
394	料到	liàodào	8
395	林立	línlì	4
396	临界	línjiè	4
397	临终	línzhōng	7

#	词	拼音	课
398	灵长类	língzhǎnglèi	8
399	凌驾	língjià	1
400	领先	lǐngxiān	2
401	留有余地	liúyǒu-yúdì	6
402	流量	liúliàng	2
403	流派	liúpài	5
404	流失	liúshī	4
405	流星	liúxīng	8
406	流言	liúyán	1
407	流域	liúyù	2
408	龙的传人	lóng de chuánrén	5
409	龙头	lóngtóu	2
410	路径	lùjìng	3
411	路子	lùzi	3
412	孪生	luánshēng	8
413	伦理	lúnlǐ	6
414	论断	lùnduàn	8
415	论述	lùnshù	6
416	论证	lùnzhèng	5
417	履行	lǚxíng	7
418	绿化	lǜhuà	2

M

#	词	拼音	课
419	蛮干	mángàn	6
420	茫然	mángrán	8
421	莽撞	mǎngzhuàng	3
422	毛孩子	máoháizi	1
423	贸然	màorán	8
424	门楣	ménméi	1
425	密度	mìdù	2
426	免除	miǎnchú	7
427	妙语连珠	miàoyǔ-liánzhū	6
428	灭绝	mièjué	8
429	民事	mínshì	7
430	民俗	mínsú	5
431	民意	mínyì	7
432	民众	mínzhòng	3
433	名垂千古	míngchuí qiāngǔ	6
434	名列	mínglìe	2
435	名胜	míngshèng	2
436	明星	míngxīng	2
437	谬	miù	4
438	魔力	mólì	1
439	抹杀	mǒshā	1
440	默认	mòrèn	7
441	谋杀	móushā	7
442	目不忍睹	mùbùrěndǔ	7

N

#	词	拼音	课
443	乃（是）	nǎi(shì)	8
444	乃至	nǎizhì	5
445	难熬	nán'áo	4
446	难得糊涂	nándé hútu	6
447	内地	nèidì	2
448	内涵	nèihán	2
449	内在	nèizài	8
450	内在关系	nèizài guānxì	6
451	拟	nǐ	6
452	年均	niánjūn	2
453	酿	niàng	4
454	尿毒症	niàodúzhèng	7
455	宁静	níngjìng	5

#	词	拼音	课
456	凝固	nínggù	6
457	凝聚	níngjù	2
458	扭曲	niǔqū	1

O

#	词	拼音	课
459	呕吐	ǒutù	7

P

#	词	拼音	课
460	排除	páichú	8
461	排名	pái míng	2
462	攀升	pānshēng	3
463	判决	pànjué	7
464	抛砖引玉	pāozhuān-yǐnyù	4
465	泡沫	pàomò	1
466	配套	pèi tào	2
467	喷洒	pēnsǎ	8
468	喷嚏	pēntì	1
469	批判	pīpàn	6
470	毗邻	pílín	2
471	偏见	piānjiàn	5
472	贫苦	pínkǔ	6
473	贫血	pínxuè	8
474	频率	pínlǜ	5
475	品格	pǐngé	6
476	品位	pǐnwèi	3
477	平台	píngtái	2
478	凭空	píngkōng	3
479	迫不及待	pòbùjídài	8
480	迫使	pòshǐ	3
481	铺设	pūshè	4
482	朴实	pǔshí	6

Q

#	词	拼音	课
483	蹊跷	qīqiao	4
484	歧视	qíshì	8
485	骑士	qíshì	1
486	杞人忧天	qǐrén-yōutiān	4
487	起码	qǐmǎ	8
488	起诉	qǐsù	7
489	气定神闲	qìdìng-shénxián	5
490	气质	qìzhì	6
491	迄今	qìjīn	4
492	千古	qiāngǔ	8
493	迁移	qiānyí	5
494	谦恭有礼	qiāngōng-yǒulǐ	6
495	签署	qiānshǔ	8
496	前列	qiánliè	2
497	前身	qiánshēn	5
498	前提	qiántí	6
499	潜力	qiánlì	2
500	潜在	qiánzài	4
501	谴责	qiǎnzé	8
502	强国	qiángguó	5
503	强健	qiángjiàn	5
504	强劲	qiángjìng	3
505	强盛	qiángshèng	5
506	巧合	qiǎohé	4
507	惬意	qièyì	5
508	侵略者	qīnlüèzhě	1
509	侵权	qīnquán	7
510	亲本	qīnběn	8

511	勤俭耐劳	qínjiǎn-nàiláo	6
512	倾销	qīngxiāo	8
513	清醒	qīngxǐng	6
514	求生	qiúshēng	7
515	求助信	qiúzhùxìn	7
516	区分	qūfēn	8
517	区位	qūwèi	2
518	趋（向）（于）	qū(xiàng)(yú)	5
519	趋势	qūshì	4
520	曲解	qūjiě	6
521	取代	qǔdài	5
522	取向	qǔxiàng	2
523	取笑	qǔxiào	1
524	全球化	quánqiúhuà	2
525	缺陷	quēxiàn	8
526	确凿	quèzáo	8
527	阙疑	quēyí	6
528	群体	qúntǐ	3

R

529	惹	rě	1
530	热门	rèmén	2
531	人道	réndào	7
532	人道主义	réndào zhǔyì	7
533	人格	réngé	6
534	人均	rénjūn	2
535	人力资源	rénlì zīyuán	2
536	人身自由	rénshēn zìyóu	6
537	人生观	rénshēngguān	6
538	人为	rénwéi	8
539	人文	rénwén	2
540	人文环境	rénwén huánjìng	6
541	人文主义	rénwén zhǔyì	8
542	人性	rénxìng	8
543	忍让	rěnràng	1
544	忍无可忍	rěnwúkěrěn	1
545	认同	rèntóng	3
546	认知	rènzhī	6
547	任意妄为	rènyì-wàngwéi	6
548	荣辱不惊	róngrǔ-bùjīng	5
549	荣衔	róngxián	2
550	融合	rónghé	5
551	入侵	rùqīn	1
552	入仕	rù shì	6
553	弱智	ruòzhì	7

S

554	色调	sèdiào	4
555	杀伤力	shāshānglì	4
556	率性	shuàixìng	4
557	（杀虫）剂	(shāchóng)jì	8
558	山水风情	shānshuǐ fēngqíng	5
559	善事	shànshì	6
560	商机	shāngjī	2
561	上好	shànghǎo	4
562	上述	shàngshù	6
563	少私寡欲	shǎosīguǎyù	6
564	身陷囹圄	shēnxiàn-língyǔ	7
565	深层	shēncéng	5
566	深厚	shēnhòu	6
567	深邃	shēnsuì	6

568	神仙	shénxiān	5
569	神学	shénxué	8
570	神韵	shényùn	5
571	神志	shénzhì	7
572	审批	shěnpī	2
573	审视	shěnshì	3
574	肾	shèn	7
575	渗	shèn	4
576	慎言、慎行	shènyán、shènxíng	6
577	升华	shēnghuá	6
578	升级	shēngjí	5
579	生灵	shēnglíng	4
580	生命力	shēngmìnglì	5
581	生命线	shēngmìngxiàn	4
582	生怕	shēngpà	5
583	生态	shēngtài	4
584	生殖	shēngzhí	8
585	声称	shēngchēng	8
586	省会	shěnghuì	2
587	圣贤	shèngxián	6
588	盛夏	shèngxià	4
589	失控	shīkòng	1
590	失调	shītiáo	8
591	师承	shīchéng	1
592	施展	shīzhǎn	3
593	时不时	shíbushí	5
594	时尚	shíshàng	3
595	实力	shílì	2
596	实例	shílì	3
597	食用	shíyòng	8
598	史称	shǐchēng	5
599	史书	shǐshū	5
600	使然	shǐrán	8
601	世俗	shìsú	1
602	市民	shìmín	2
603	市容	shìróng	4
604	市政	shìzhèng	4
605	势头	shìtóu	5
606	事实上	shìshíshàng	8
607	试图	shìtú	8
608	是是非非	shìshìfēifēi	8
609	适可而止	shìkě'érzhǐ	6
610	首位	shǒuwèi	2
611	首要	shǒuyào	4
612	受制	shòuzhì	4
613	枢纽	shūniǔ	2
614	疏散	shūsàn	4
615	顺其自然	shùn qí zìrán	6
616	说到底	shuōdàodǐ	5
617	司法	sīfǎ	7
618	死去活来	sǐqù-huólái	7
619	寺庙	sìmiào	5
620	伺机	sìjī	5
621	叟	sǒu	1
622	随机	suíjī	8
623	随着	suízhe	8
624	所有制	suǒyǒuzhì	3

T

625	塌陷	tāxiàn	4

626	摊点	tāndiǎn	3		656	土著	tǔzhù	3
627	探究	tànjiū	7		657	吐故纳新	tǔgù-nàxīn	5
628	探讨	tàntǎo	6		658	推崇	tuīchóng	1
629	探源究本	tànyuán-jiūběn	5		659	推行	tuīxíng	3
630	陶然忘机	táorán-wàngjī	5		660	推敲	tuīqiāo	8
631	淘	táo	1		661	推销	tuīxiāo	2
632	特定	tèdìng	8		662	退场	tuì chǎng	1
633	特性	tèxìng	5		663	退化	tuìhuà	5
634	提案	tí'àn	7		664	退让	tuìràng	1
635	提升	tíshēng	2		665	吞服	tūnfú	4
636	体验	tǐyàn	8		666	托儿	tuōr	1
637	体制	tǐzhì	2		667	拖累	tuōlěi	7
638	替代	tìdài	2				**W**	
639	天国	tiānguó	7		668	外来	wàilái	2
640	天灾人祸	tiānzāi-rénhuò	5		669	外星人	wàixīngrén	1
641	调控	tiáokòng	6		670	外资	wàizī	2
642	停滞	tíngzhì	3		671	晚年	wǎnnián	6
643	通畅	tōngchàng	3		672	网络	wǎngluò	1
644	通行	tōngxíng	7		673	网民	wǎngmín	1
645	同等	tóngděng	8		674	网友	wǎngyǒu	7
646	同类	tónglèi	8		675	妄	wàng	8
647	同气连枝	tóngqì-liánzhī	1		676	忘乎所以	wànghūsuǒyǐ	6
648	同事	tóngshì	8		677	望文生义	wàngwén-shēngyì	8
649	同一	tóngyī	8		678	危及	wēijí	8
650	统称	tǒngchēng	5		679	危言耸听	wēiyán-sǒngtīng	4
651	头脑	tóunǎo	6		680	威风	wēifēng	5
652	透彻	tòuchè	6		681	微生物	wēishēngwù	8
653	透视	tòushì	6		682	为学	wéi xué	6
654	透析	tòuxī	7		683	为政	wéi zhèng	6
655	途径	tújìng	6		684	违背	wéibèi	6

685	唯一	wéiyī	8
686	伪装	wěizhuāng	1
687	卫星城	wèixīngchéng	4
688	未尝	wèicháng	8
689	未免	wèimiǎn	6
690	位居	wèijū	2
691	喂养	wèiyǎng	5
692	文人学者	wénrén xuézhě	5
693	稳健	wěnjiàn	1
694	问卷	wènjuàn	7
695	无害	wúhài	8
696	无力	wúlì	4
697	无米之炊	wúmǐzhīchuī	4
698	无穷	wúqióng	8
699	无声无息	wúshēng-wúxī	4
700	无谓	wúwèi	5
701	无一例外	wúyīlìwài	2
702	无以为继	wúyǐwéijì	4
703	无知	wúzhī	8
704	务工	wùgōng	3
705	务实	wùshí	2
706	物极必反	wùjí bìfǎn	6
707	物象	wùxiàng	6
708	物种	wùzhǒng	8
709	误导	wùdǎo	8
710	误解	wùjiě	6
711	悟性	wùxìng	6

X

712	戏曲	xìqǔ	5
713	细心	xìxīn	6
714	下沉	xiàchén	4
715	下水道	xiàshuǐdào	4
716	先天	xiāntiān	8
717	现行	xiànxíng	7
718	现状	xiànzhuàng	2
719	陷入	xiànrù	1
720	乡民	xiāngmín	5
721	乡土文化	xiāngtǔ wénhuà	5
722	相比	xiāngbǐ	8
723	相应	xiāngyìng	8
724	享用	xiǎngyòng	8
725	想当然	xiǎngdāngrán	8
726	向心力	xiàngxīnlì	3
727	消亡	xiāowáng	5
728	小人	xiǎorén	6
729	效益	xiàoyì	2
730	邪恶	xié'è	7
731	心病	xīnbìng	4
732	心态	xīntài	1
733	心脏病	xīnzàngbìng	8
734	心志	xīnzhì	6
735	新大陆	Xīn Dàlù	1
736	新生代	xīnshēngdài	1
737	薪酬	xīnchóu	2
738	信仰	xìnyǎng	5
739	信誉	xìnyù	2
740	兴旺	xīngwàng	3
741	行使	xíngshǐ	7
742	行之有效	xíngzhīyǒuxiào	4
743	胸怀	xiōnghuái	5

744	秀才	xiùcai	5
745	虚拟	xūnǐ	1
746	需求	xūqiú	1
747	序列	xùliè	2
748	喧嚣	xuānxiāo	1
749	炫耀	xuànyào	6
750	学术专著	xuéshù zhuānzhù	5
751	血统	xuètǒng	5
752	寻求	xúnqiú	7

Y

753	压抑	yāyì	6
754	压阵	yā zhèn	2
755	亚热带	yàrèdài	2
756	延年益寿	yánnián-yìshòu	6
757	延伸	yánshēn	8
758	延续	yánxù	5
759	严峻	yánjùn	3
760	言传身教	yánchuán-shēnjiào	5
761	炎黄子孙	Yán-Huáng zǐsūn	5
762	眼睁睁	yǎnzhēngzhēng	7
763	演变	yǎnbiàn	5
764	殃	yāng	4
765	样本	yàngběn	2
766	要	yào	6
767	要件	yàojiàn	7
768	要人	yàorén	5
769	要义	yàoyì	5
770	野菜	yěcài	8
771	野蛮	yěmán	8
772	一般无二	yìbān-wú'èr	4
773	一旦	yídàn	5
774	一脉因循	yímài-yīnxún	5
775	一时间	yìshíjiān	2
776	医师	yīshī	7
777	依次	yīcì	2
778	依存	yīcún	2
779	怡情适性	yíqíng-shìxìng	5
780	移民	yímín	2
781	遗传物质	yíchuán wùzhì	8
782	遗迹	yíjì	5
783	以便	yǐbiàn	6
784	以身试法	yǐshēn-shìfǎ	8
785	异端	yìduān	3
786	异性	yìxìng	1
787	抑或	yìhuò	6
788	役使	yìshǐ	8
789	益处	yìchù	8
790	意气	yìqì	5
791	意愿	yìyuàn	7
792	毅然	yìrán	6
793	因势利导	yīnshì-lìdǎo	6
794	因循自然	yīnxún-zìrán	6
795	音响	yīnxiǎng	3
796	引发	yǐnfā	4
797	引以为傲	yǐnyǐwéi'ào	1
798	营建	yíngjiàn	5
799	赢得	yíngdé	1
800	应对	yìngduì	4
801	硬化	yìnghuà	4
802	拥有	yōngyǒu	2

803	永存	yǒngcún	6
804	勇于	yǒngyú	6
805	优惠	yōuhuì	2
806	忧心忡忡	yōuxīn-chōngchōng	8
807	由不得	yóubude	4
808	由此	yóucǐ	5
809	由来	yóulái	5
810	有百害无一利	yǒu bǎihài wú yílì	8
811	有待	yǒudài	2
812	有害	yǒuhài	8
813	有意无意	yǒuyì-wúyì	5
814	有助于	yǒuzhùyú	8
815	余地	yúdì	2
816	鱼死网破	yúsǐ-wǎngpò	4
817	舆论	yúlùn	8
818	与众不同	yúzhòng-bùtóng	3
819	语境	yǔjìng	8
820	语系	yǔxì	5
821	育种	yùzhǒng	8
822	预测	yùcè	8
823	预见	yùjiàn	6
824	预警	yùjǐng	3
825	预知	yùzhī	8
826	域	yù	7
827	喻	yù	2
828	原本	yuánběn	1
829	原住民	yuánzhùmín	3
830	源泉	yuánquán	6
831	源头	yuántóu	1
832	远古	yuǎngǔ	5
833	远远	yuǎnyuǎn	5
834	约束	yuēshù	2
835	芸芸众生	yúnyún-zhòngshēng	1
836	运行	yùnxíng	6
837	运作	yùnzuò	3
838	蕴含	yùnhán	6

Z

839	杂交	zájiāo	8
840	灾祸	zāihuò	6
841	赞同	zàntóng	8
842	糟粕	zāopò	6
843	造成	zàochéng	4
844	造福	zàofú	8
845	增长率	zēngzhǎnglǜ	2
846	扎根	zhāgēn	5
847	乍	zhà	4
848	炸毁	zhàhuǐ	8
849	展示	zhǎnshì	1
850	站(不)住脚	zhàn(bu)zhùjiǎo	8
851	张扬	zhāngyáng	1
852	长者	zhǎngzhě	1
853	哲理	zhélǐ	6
854	真相	zhēnxiàng	8
855	阵营	zhènyíng	2
856	振兴	zhènxīng	3
857	争勇好斗	zhēngyǒng-hàodòu	1
858	拯救	zhěngjiù	8
859	正负	zhèngfù	6

#	词	拼音	课
860	正史	zhèngshǐ	5
861	正视	zhèngshì	7
862	正是	zhèng shì	6
863	正统	zhèngtǒng	5
864	正直	zhèngzhí	6
865	症	zhèng	8
866	只不过	zhǐbuguò	8
867	知情权	zhīqíng quán	8
868	知识阶层	zhīshí jiēcéng	7
869	知足常乐	zhīzú chánglè	6
870	执法	zhí fǎ	2
871	直系亲属	zhíxì qīnshǔ	7
872	直辖市	zhíxiáshì	2
873	职责	zhízé	7
874	止境	zhǐjìng	4
875	指数	zhǐshù	2
876	至理名言	zhìlǐ-míngyán	6
877	至善至美	zhìshàn-zhìměi	6
878	志向	zhìxiàng	6
879	制裁	zhìcái	7
880	治乱	zhìluàn	6
881	治政	zhìzhèng	5
882	终结	zhōngjié	3
883	种种	zhǒngzhǒng	8
884	种族	zhǒngzú	8
885	众多	zhòngduō	5
886	重金属	zhòngjīnshǔ	8
887	周边	zhōubiān	4
888	周而复始	zhōu'érfùshǐ	4
889	骤	zhòu	4
890	诸	zhū	2
891	诸如	zhūrú	5
892	逐年	zhúnián	4
893	主次分明	zhǔcì-fēnmíng	5
894	主导	zhǔdǎo	5
895	主流	zhǔliú	3
896	注定	zhùdìng	4
897	注重	zhùzhòng	6
898	转化	zhuǎnhuà	6
899	准则	zhǔnzé	3
900	自称	zìchēng	5
901	自成一统	zìchéng-yītǒng	5
902	自古以来	zìgǔ-yǐlái	6
903	自居	zìjū	5
904	自立	zìlì	3
905	自强	zìqiáng	3
906	自强不息	zìqiáng-bùxī	6
907	自然经济	zìrán jīngjì	2
908	自生自灭	zìshēng-zìmiè	1
909	自主	zìzhǔ	3
910	总称	zǒngchēng	5
911	总体	zǒngtǐ	8
912	总体（上）	zǒngtǐ(shàng)	5
913	总值	zǒngzhí	2
914	纵横	zònghéng	4
915	走向	zǒuxiàng	6
916	祖先	zǔxiān	6
917	祖宗	zǔzōng	5

918	祖祖辈辈	zǔzǔbèibèi	5
919	最终	zuìzhōng	5
920	罪刑	zuìxíng	7

921	尊严	zūnyán	6
922	作风	zuòfēng	6
923	坐标	zuòbiāo	6

附录二　词语辨析索引

第一课
颠覆——推翻　　　赢得——取得　　　展示——展现
伪装——假装

第二课
赋予——给予　　　拥有——具有　　　信誉——信用
管制——管理　　　效益——效果　　　宽容——宽恕
步伐——步调

第三课
历程——过程　　　停滞——停止　　　品位——品味
时尚——时髦　　　反思——反省

第四课
流失——流逝　　　首要——重要　　　疏散——分散
蹊跷——奇怪

第五课
精髓——精华　　　乐趣——趣味　　　发源——起源
宏大——巨大——庞大　　胸怀——心胸　　　进而——从而
消亡——消失——消灭

第六课

借鉴——参考　　共通——共同　　误解——曲解
批判——批评　　违背——违反　　节制——控制
调控——调整　　弊病——毛病

附录三　语言点索引

第一课
个　　　坛　　　多少　　　看似　　　如同

第二课
真可谓是　　　无一例外　　　各异　　　有待　　　仅次于

第三课
得以　　　类似于　　　以……为例　　　化……为
把……视为

第四课
无……之分　　　不容　　　不乏　　　如此之
随之　　　加之　　　由不得

第五课
趋于、趋向（于）　　以……为主，以……为辅　　挂在嘴边
之多　　　有……之别　　　基于

第六课
至　　　方　　　长于　　　何等的
以／用……的口吻　　有……之嫌